本课题作为浙江大学中国特色社会主义研究中心/马克思主义理论和中国特色社会主义研究与建设工程研究2021年度专项重点课题——"新时代中国共产党对优秀传统文化的继承创新"的最终成果，受"中央高校基本科研业务费专项资金资助"。

| 光明社科文库 |

以文化人
新时代中国共产党对优秀传统文化的继承创新

周玲俐　张应杭◎著

光明日报出版社

图书在版编目（CIP）数据

以文化人：新时代中国共产党对优秀传统文化的继
承创新 / 周玲俐，张应杭著. -- 北京：光明日报出版
社，2023.8

ISBN 978-7-5194-7421-8

Ⅰ.①以… Ⅱ.①周…②张… Ⅲ.①中国共产党—
中华文化—文化事业—建设—研究 Ⅳ.①G122

中国国家版本馆 CIP 数据核字（2023）第 163594 号

以文化人：新时代中国共产党对优秀传统文化的继承创新
YIWENHUAREN：XINSHIDAI ZHONGGUO GONGCHANDANG DUI
YOUXIU CHUANTONG WENHUA DE JICHENG CHUANGXIN

著　　者：周玲俐　张应杭

责任编辑：许　怡　　　　　　　责任校对：王　娟　李海慧
封面设计：中联华文　　　　　　责任印制：曹　净

出版发行：光明日报出版社
地　　址：北京市西城区永安路 106 号，100050
电　　话：010-63169890（咨询），010-63131930（邮购）
传　　真：010-63131930
网　　址：http：//book.gmw.cn
E - mail：gmrbcbs@gmw.cn
法律顾问：北京市兰台律师事务所龚柳方律师

印　　刷：三河市华东印刷有限公司
装　　订：三河市华东印刷有限公司

本书如有破损、缺页、装订错误，请与本社联系调换，电话：010-63131930

开　　本：170mm×240mm
字　　数：253 千字　　　　　　印　　张：16
版　　次：2023 年 8 月第 1 版　　印　　次：2023 年 8 月第 1 次印刷
书　　号：ISBN 978-7-5194-7421-8
定　　价：95.00 元

引　言

　　著名的现代化问题专家阿历克斯·英格尔斯（Alex Inkeles）有句在学界流传甚广的名言："现代化首先是人的现代化。"① 为此，英格尔斯从共性的视域研究和归纳了现代化人格的若干指标体系。值得指出的是，英格尔斯的这一研究成果颇具全球影响力。一个很有说服力的例子就是他的《人的现代化》一书，在20世纪80年代被四川人民出版社列为"走向未来"丛书的一种，翻译成中文公开出版，发行量巨大，一时洛阳纸贵。而且，作者本人也先后两次受邀来中国就现代化问题进行讲学与交流，在中国学界乃至媒体一时间声名鹊起。

　　斗转星移，世事沧桑。进入新时代的中国共产党在深刻反思引领中国现代化进程的历史之后，在2022年召开的中国共产党第二十次全国代表大会通过的政治报告中明确地提出了中国式现代化的重要论断："从现在起，中国共产党的中心任务就是团结带领全国各族人民全面建成社会主义现代化强国、实现第二个百年奋斗目标，以中国式现代化全面推进中华民族伟大复兴。"② 中国式现代化肯定具有各国现代化的共同特征，但显然更内蕴着基于自己国情的中国特色。如果英格尔斯关注的是现代化进程中的共性，那么新时代中国共产党人提出的中国式现代化彰显的侧重点无疑是现代化进程中的个性。借用英格尔斯"现代化首先是人的现代化"的命题，我们也许同样可以说，

　　① 英格尔斯．人的现代化——心理·思想·态度·行为［M］．殷陆君，译．成都：四川人民出版社，1985：7．

　　② 习近平．高举中国特色社会主义伟大旗帜　为全面建设社会主义现代化国家而团结奋斗——在中国共产党第二十次全国代表大会上的报告［M］．北京：人民出版社，2022：21．

中国式现代化首先是中国人在心理、思想、态度、行为方面都具备中国式文化自信自强的现代化。在我的理解看来，这正是党的二十大政治报告中提出"推进文化自信自强，铸就社会主义文化新辉煌"的历史与现实语境。

由此，置身持续推进中国式现代化以实现中华民族伟大复兴中国梦的新时代，如何构筑起坚定的文化自信自强，便成为一个时代课题摆在了中国共产党人面前。它既需要执政的中国共产党引领人民大众进行积极的实践创新，也需要对已有5000多年历史积淀的中华优秀传统文化、民族独立解放年代形成的革命文化和社会主义建设时期产生的先进文化进行整理、传承和弘扬光大。在这个过程中，我们尤其需要大力传承和发展中华优秀传统文化，因为它具有源头性和基础性的地位。这就正如习近平主席论及的那样："如果没有中华五千年文明，哪里有什么中国特色？如果不是中国特色，哪有我们今天这么成功的中国特色社会主义道路？我们要特别重视挖掘中华五千年文明中的精华。"①

在习近平主席关于挖掘中华优秀传统文化以增强文化自信自强的一系列论述中，把中华优秀传统文化视为"中华民族的根和魂"的论断具有重要的指引意义。2014年12月20日，习近平主席在出席庆祝澳门回归祖国15周年大会暨澳门特别行政区第四届政府就职典礼上发表讲话时指出："泱泱中华，历史悠久，文明博大。中华民族在几千年历史中创造和延续的中华优秀传统文化，是中华民族的根和魂。"② 尔后，习近平总书记在多个场合提及这一论断。这一论断的提出意味着中国共产党不仅要以客观、科学、礼敬的态度认真对待中华民族在几千年历史长河中创造和延续下来的这些优秀文化遗产，而且还要推动优秀传统文化创造性转化和创新性发展，使其成为我们在世界性的多元文化激荡中保持定力和底气的根基。

中华优秀传统文化之所以是中华民族的根和魂，是因为它积淀和承载着中华民族五千年来最深沉、最博大、最悠久的民族精神。它是中华文明的精神支柱，也是我们不同于其他民族的精神标识和文化识别码。

---

① 习近平谈治国理政：第4卷［M］．北京：外文出版社，2022：315.
② 习近平在出席庆祝澳门回归祖国15周年大会暨澳门特别行政区第四届政府就职典礼并发表重要讲话［N］．人民日报，2014-12-21（1）.

正是缘于此，作为中华民族之根和魂的中华优秀传统文化，千百年来为中华民族提供了独特的安身立命之道。事实上，中西文化在解决人如何更好地安身立命的过程中，都会面临与自然、与他人、与自身这三重矛盾关系合理解决的问题。但中西文化有着迥然不同的解决思路。作为中华文化之道统而世代沿袭的基本原则是恪守天人合一、人我合一（群己合一）、身心合一（欲理合一）之道。具体地说，中华传统文化在天人关系中因为有彰显天人合一之道的"道法自然"（老子语）、"物吾与我"（张载语）之类立场的坚守，使得我们在如何对待自然的问题上没有像西方那样出现征服自然的偏激和狂妄，更没有出现人类中心主义和非人类中心主义的无谓争论；在人我关系中因为有彰显人我合一、群己合一之道的诸如"仁者爱人"（孔子语）、"兼爱"（墨子语）原则的教化，使得我们在对待他人的问题上没有出现西方"人对人像狼"（霍布斯语）、"他人即地狱"（萨特语）之类的利己主义算计；在欲理关系中因为有体现欲理合一之道的"以理制欲"（朱熹语）、"淡泊明志"（诸葛亮语）之类的理性自觉，使得我们这个民族自古以来便没有消费主义、享乐主义人生观滋长的文化土壤。

也正是缘于此，作为中华民族的根和魂的中华优秀传统文化，还以世代相承、生生不息的方式熔铸了中华民族独特的民族精神。正如老子所言："道生一，一生二，二生三，三生万物。"（《道德经》第四十二章）中华民族安身立命之"道"必然要转化为诸多个体的内在之"德"。这是一个由道而德、由一而多、由抽象而具体的过程。所谓民族精神正是由此而被培植和熔铸的。比如，中华优秀传统文化中的天人合一之道培植出了敬畏自然、顺天、慎取、节用等诸多的民族精神；人我合一、群己合一之道涵养出了推己及人、孝亲、贵和、崇义，以及诸如"天下兴亡，匹夫有责"的忧患与担当意识、"民贵君轻"的民本主义情怀、"己所不欲，勿施于人"的为人处世境界、"勇者不惧"的抗争精神、"先天下之忧而忧"的奉献精神等；身心合一、欲理合一之道衍生了以理制欲、知耻、克己、尚俭，以及"见素抱朴，少私寡欲""破山中贼易，破心中贼难""唯俭可以养廉""静以养身，俭以养德，非淡泊无以明志，非宁静无以致远"之类的修身养性格言。这些中华民族特有的民族精神世代相传，不仅成为我们民族具有强大生命力和非凡凝聚力的根脉之所在，而且也是新时代我们积极推进中国式现代化宏伟事业不竭的精神动力。

　　树无根终将枯萎，人无魂则与鸟兽无异。事实上，一个没有了根和魂的民族是无法屹立于世界民族之林的。中国式现代化的全面推进与中华民族的伟大复兴必然需要民族文化的复兴作为序曲。我们有理由期待置身这个百年未遇、风云激荡的历史征程中，在中国共产党的积极引领下，中华优秀传统文化作为中华民族的根和魂，在为中华儿女固根铸魂提供精神滋养的过程中，其自身也将在创造性转化和创新性发展中完成凤凰涅槃式的新生。

　　这便是这本《以文化人：新时代中国共产党对优秀传统文化的继承创新》的出场语境。

目 录
CONTENTS

第一章

绪　　论

任何社会的新文化一定不是骤然降临的，而是对已有文化的继承与创新。正是基于对这一文化发展的规律性现象的把握，中国共产党人自诞生那一刻起至今，一直在以踔厉奋发的精神探索着中华优秀传统文化如何更好地转化为民族精神这一时代课题。

——题记

在庆祝中国共产党成立 100 周年大会的重要讲话中，习近平总书记明确提出"坚持把马克思主义基本原理同中华优秀传统文化相结合"[①] 这一重大命题。在 2022 年召开的中国共产党第二十次全国代表大会的政治报告中再次强调："坚持和发展马克思主义，必须同中华优秀传统文化相结合。只有植根本国、本民族历史文化沃土，马克思主义真理之树才能根深叶茂。"[②] 这意味着以马克思主义世界观和方法论为指导，着力推进对优秀传统文化的批判性继承与创新性发展构成了当代中国一项重要的文化工程。要做好马克思主义同中华优秀传统文化相结合的推进工作，无疑是一项系统工程，但梳理、研究和阐释好宏丰博大的传统文化中哪些是优秀文化、哪些构成了中华民族的文化基因、哪些可以转化成现代中国人的价值共识等问题无疑具有基础性的意义。

---

① 习近平．在庆祝中国共产党成立 100 周年大会上的讲话［J］．求是，2021（14）：3.

② 习近平．高举中国特色社会主义伟大旗帜　为全面建设社会主义现代化国家而团结奋斗——在中国共产党第二十次全国代表大会上的报告［M］．北京：人民出版社，2022：18.

第一节　课题的选题缘起

从学理逻辑来说，"选题缘起"实质上是问题意识产生的缘由。本课题之所以选择"新时代中国共产党对优秀传统文化的继承创新"作为选题，从宏观背景而论是基于对当代中国文化自信自强构建的国家战略，尤其是对"马克思主义基本原理同中华优秀传统文化相结合"这一重大命题的一个学理回应，从微观的背景而论则是力图梳理新时代中国共产党人对中华优秀传统文化做了哪些具体的继承创新工作，从而更好地发掘与彰显古老传统文化具有的以文化人的现代价值。

一、优秀传统文化是文化自信的历史源头

我们把文化自信自强的构筑理解为本选题缘起的最重要语境。事实上，文化自信自强的构筑堪称近年来当代中国马克思主义理论研究中的重要论题和实践工程。正是有缘于此，习近平总书记高度重视文化自信问题。他在庆祝中国共产党成立 95 周年大会上的讲话专门就文化自信做出了一系列深刻阐述。而且，他进而认为："文化自信是更基础、更广泛、更深厚的自信。"① 在党的二十大政治报告中，习近平总书记再次强调了中国共产党"推进文化自信自强，铸就社会主义文化新辉煌"② 的历史使命。这是新时代赋予执政的中国共产党在第二个百年奋斗目标新征程中的新使命。因此，当今中国增强文化自信、建设文化强国已然是新时代中国共产党治国理政层面的战略任务。

对于文化自信自强与中华优秀传统文化的关联性，习近平总书记曾这样指出过："要讲清楚中华优秀传统文化的历史渊源、发展脉络、基本走向，增

---

① 习近平在庆祝中国共产党成立 95 周年大会上的讲话［N］.人民日报，2016-07-02（1）.

② 习近平.高举中国特色社会主义伟大旗帜　为全面建设社会主义现代化国家而团结奋斗——在中国共产党第二十次全国代表大会上的报告［M］.北京：人民出版社，2022：42.

强文化自信。"① 他认为中国正处于现代化征程中，必须以厚实的文化底蕴为支撑，这就需要不忘中国文化之源。事实上，习近平总书记在多个场合强调"不忘本来"，要求对古代文化古为今用、返本开新。他认为要梳理这条继往开来的文化线索，离不开"先秦诸子百家争鸣、两汉经学兴盛、魏晋南北朝玄学流行、隋唐儒释道并立、宋明理学发展等几个历史时期"②。他强调："我们不是历史虚无主义者，也不是文化虚无主义者，不能数典忘祖、妄自菲薄。"③ 在庆祝建党 100 周年的重要讲话中，习近平总书记代表党中央首次提出了"坚持把马克思主义基本原理同中华优秀传统文化相结合"这一重大理论命题。党的二十大政治报告继续强调了这一重要论断："坚持和发展马克思主义，必须同中华优秀传统文化相结合。只有植根本国、本民族历史文化沃土，马克思主义真理之树才能根深叶茂。"④ 这不仅为新时代继续推进马克思主义中国化指明了方向，而且为这一中国化的进程开辟了具体的路径。这也就是说，我们构建文化自信自强的一个重要路径就是要以马克思主义世界观和方法论为指导，着力推进对优秀传统文化的批判性继承与创新性发展。

二、优秀传统文化内蕴着丰厚的以文化人智慧

中华传统文化几千年来一直承担着以文化人、以文育人的重要使命。作为从事马克思主义政治理论课教学与研究的高校教师，我们在本课题中研究新时代中国共产党人对中华优秀传统文化做了哪些层面的具体继承创新，以及在实践中发掘和弘扬了中华优秀传统文化内蕴的哪些以文化人价值原则，不仅是为文化自信自强的构建，尤其是为马克思主义基本原理同中华优秀传统文化相结合做一些力所能及的微薄贡献，而且它本身就是高校马克思主义

---

① 习近平在中共中央政治局第十三次集体学习时强调把培育和弘扬社会主义核心价值观作为凝魂聚气强基固本的基础工程 [N]. 人民日报，2014-02-26（2）.
② 习近平在纪念孔子诞辰 2565 周年国际学术研讨会暨国际儒学联合会第五届会员大会开幕会上发表重要讲话 [N]. 人民日报，2014-09-25（2）.
③ 习近平在中共中央政治局第十八次集体学习时强调牢记历史经验历史教训历史警示为国家治理能力现代化提供有益借鉴 [N]. 人民日报，2014-10-14（1）.
④ 习近平. 高举中国特色社会主义伟大旗帜　为全面建设社会主义现代化国家而团结奋斗——在中国共产党第二十次全国代表大会上的报告 [M]. 北京：人民出版社，2022：18.

理论课教师教学与研究生涯中践行立德树人之使命的题中应有之义。

在确立了这一大的选题方向后，接下来要思考和探究的问题便是如何从博大精深的传统文化思想宝库里去撷取最彰显以文化人智慧的内容予以阐述。通过对新时代以习近平同志为核心的党中央关于推进中华传统文化继承创新的一系列重大决策部署的学习与思考，本课题撷取了天人之辩、人我之辩（群己之辩）和身心之辩（欲理之辩）这样三个向度进行阐述和发掘。这是基于人与世界客观存在的三重逻辑来考量的。因为从人与世界的客观关系来看，不外乎人与自然、与他者（以及诸多他者构成社会集体）、与自身这样三重关系。在处理与协调这三大基本关系的过程中，中华传统文化均形成了非常优秀的文化传统。这些传统通过天人之辩、人我之辩和群己之辩、身心之辩和欲理之辩，形成了天人合一、人我合一、群己合一、身心合一、欲理合一的基本立场与价值观共识，以及相应的诸如"顺天、慎取、节用""孝亲、睦邻、贵和""敬业、爱国、兼善天下""勤俭、戒贪、知耻"等道德规范，其内蕴的以文化人智慧显然非常值得发掘。

第二节　课题的研究意义与文献综述

选题的提出肯定不是基于个人的某些学术偏好，更不可能是阅读文献或听课、听讲座时偶然的心血来潮，它一定是基于这一选题内蕴的重要理论价值或重大的现实意义。通过必要的文献综述，如果我们发现这些具有重要理论价值或重大现实意义的选题尚未被学界思考与探究，它自然就进入了我们的研究视域。

一、本课题的研究意义

从课题的学理意义而论，选择"新时代中国共产党对优秀传统文化的继承创新"作为选题，有一个前置性的理论问题必须解决。这个问题就是：如何以最宏观的视域对"中华优秀传统文化"进行学理概括？

一方面，这是一个实践逻辑的遵循过程。这就是说，我们要考察和梳理好新时代中国共产党人以文化自信来打造"文化中国"的治国理政实践中，在哪些问题上批判性继承与创新性发展了中华优秀传统文化。这一方面的问题也可表述为，自先秦至汉唐明清的传统文化历史演进中，哪些文化成分被执政的中国共产党人认定在新时代依然具有现代性。另一方面，这也是一个学理逻辑的确立过程。这一学理逻辑就意味着要系统梳理好中华优秀传统文化在人与自然、人与他者、人与自我这三个向度的相关理论。只有做好这一工作，才可以为以文化人智慧的发掘提供必要和充分的学理支撑。

本课题在天人之辩、人我（群己）之辩、身心（欲理）之辩这三个向度对几千年的中华文化比较系统地进行梳理，尤其是梳理出若干体现中华民族特有之民族精神的基本原则和道德行为范式，其理论意义在于，这一学理梳理一方面可以为"中华优秀传统文化"这一命题摆脱抽象性做出些许理论贡献，另一方面也可以对"中华优秀传统文化究竟优秀在哪里"的疑惑予以答疑解惑，给出清晰而具体的结论。

可以肯定地说，从实践逻辑与学理逻辑相结合的角度，梳理新时代中国共产党在天人之辩、人我（群己）之辩、身心（欲理）之辩这三个向度中积淀下来的中华优秀传统文化的批判性继承与创新性发展，还不是本课题的目的。本课题的目的是通过这一梳理，可以为贯彻落实立德树人这一学校教育根本宗旨的有效性提供若干来自传统的理论依据。这是对古老的以文化人这一教化之道的现代发掘。这方面的理论意义具体表现为：一方面可以据此对西学东渐后进入中国的西方那些错误的社会思潮进行学理清算或批判，另一方面则可以用马克思主义世界观和方法论为指引对传统文化的天人观、人我观、身心观中精华成分进行现代性转化，使其为新时代以文化人、以文育人提供必要的理论和方法依据。

研究"新时代中国共产党对优秀传统文化的继承创新"这一课题的现实意义无疑可以从不同的角度解读或阐发，如果从文化自信自强的构建及其对以文化人之教育功能的激活而言，大致体现在如下几个方面。

其一，有助于文化自卑心态的扬弃和文化自信心的回归。在五千年历史发展长河中，中华文明与文化大致经历了三个发展阶段，即近代以前"天朝上国"的高度自信、1840 年鸦片战争战败后的文化自卑以及当代文化自信自强的重建。然而，重建文化自信自强并非易事，因为中华民族自鸦片战争以来在饱受西方列强侵略中所产生的自卑感的确太沉重了，不容易一下子消除。但是，我们欣喜地看到党的十八大以来，中国共产党带给新时代的中国诸多举世瞩目的成就。已然让绝大多数国人特别是年轻人，不再迷恋西方文化，不再产生"西方的月亮比中国圆"之类的自卑观念。

重要的还在于，我们的研究将证明中国模式成功的背后，有中华优秀传统文化潜移默化的熏陶作用。比如，在人我之辩中西方推崇的原子式的个人主义理念和中华文化倡导的家国情怀，在很大程度上就决定了西方和中国抗疫模式的不同，这一不同的模式也就决定了抗疫效果的大相径庭。由此，我们对近代以来随着船坚炮利而来的西方文化的盲目崇拜心态自然就会消解。与此同时，对几千年积淀与传承的中华文化自信心就在这个实践的验证中得以有效培植。这恰是中国共产党人之所以要在新时代着力对中华优秀传统文化批判性继承与创新性发展的现实意义之所在。

其二，有助于对中华传统文化之现代价值的讨论与认知摆脱抽象性而变得具体。事实上，在人与自然、人与社会、人与自身的关系上，现代性的发展确实带来了诸多难题，传统文化只有在积极回应并解答这些难题的过程中才能够真正彰显其现代性价值，发挥其对现代社会以文化人的规范、影响和熏陶作用。我们的研究将以诸多具体的结论来表明：传统文化虽然产生于以小农经济和宗法等级制为前提的社会中，但从文明进化和累积的角度考察，它显然有着诸多普遍性的价值可以用于解决现代人类生活中的诸如物欲主义、财富主义、消费主义、享乐主义、个人主义、利己主义以及价值虚无、精神涣散等问题。在作为执政党的中国共产党人看来，它不仅对中国式现代化的推进以及社会主义核心价值观构建颇有启迪意义，而且这些经过了现代转化与价值创新的传统文化的优秀成分，其本身就是中国特色社会主义现代化进程中"中国特色"之语境的重要而具体的含义之一。

2014年习近平在与北京大学师生座谈时，曾论及社会主义核心价值观与中华优秀传统文化的关联性："富强、民主、文明、和谐，自由、平等、公正、法治，爱国、敬业、诚信、友善，传承着中国优秀传统文化的基因，寄托着近代以来中国人民上下求索、历经千辛万苦确立的理想和信念，也承载着我们每个人的美好愿景。我们要在全社会牢固树立社会主义核心价值观，全体人民一起努力，通过持之以恒的奋斗，把我们的国家建设得更加富强、更加民主、更加文明、更加和谐、更加美丽，让中华民族以更加自信、更加自强的姿态屹立于世界民族之林。"①

特别值得指出的是，在中国式现代化成为热词的当下，中国共产党引领中国人民继承创新中华优秀传统文化更是具有重大的现实意义。因为对中华优秀传统文化批判性继承与创新性发展本身就构成中国式现代化的重要精神动力与文化支撑，对这其中的内涵做具体的现代性发掘，无疑成为文化自信自强这一重大国家文化工程的一个有机构成部分。

其三，也有助于切实提升思想政治教育的有效性。列宁曾经提出思想意识形成的根本途径是依靠"灌输"②。从传播学的基本原理来看，用以灌输的理论不仅要能够说服人，而且还必须是喜闻乐见的。马克思主义理论的真理性无疑具有说服人的理论魅力，但如果这个理论同时还能够采取喜闻乐见的表达方式，那么思想政治教育达到"润物细无声"的效果显然是非常值得期待的。中华优秀传统文化由于是源自中华几千年的文明史，它是我们民族世代相传的文化基因，是人民群众日用而不觉的共同价值观，因而它作为一种"民族集体记忆"③不仅容易被唤醒，而且它本身的概念、范式和思维习惯都属于中国人喜闻乐见的。

重要的还在于，马克思主义理论本身和中华传统文化有着诸多的内在契合点。比如，在马克思主义中国化进程中做出颇为重要理论贡献的冯契先生就认为，20世纪初在"主义的论战"中，中国为什么选择了马克思主义而不是别的主义，这其中就有一个问题很值得研究。这个问题就是：马克思主义在诸如人我（群己）之辩、义利之辩、欲理之辩问题上具有诸多与中华传统文化（尤其是儒家的道统）相契合的精神气质。④进入新时代的我们如果能

---

① 习近平谈治国理政 [M]．北京：外文出版社，2014：169．
② 列宁选集：第1卷 [M]．中共中央马克思、恩格斯、列宁、斯大林著作编译局，译．北京：人民出版社，2012：317．
③ 费孝通．文化中国论集 [M]．香港：三联书店（香港）有限公司，2000：201．
④ 杨海燕．智慧的回望——纪念冯契先生百年诞辰访谈录 [M]．桂林：广西师范大学出版社，2015：131．

够以马克思主义为指导，在探索马克思主义中国化时代化的进程中找到一条与传统文化相结合的发展路径，并将其行之有效地灌输给教育对象，那我们的思想政治教育的有效性肯定将得到切实的、长久的提升。

二、本课题的相关文献综述

已有文献的梳理、综述及援引，可为研究提供前辈与时贤的相关成果，这既可以避免重复研究带来的心力浪费，又可以为本课题的研究提供可以借鉴的观点或思路。由于本课题是立足于新时代中国共产党在天人之辩、人我之辩（群己之辩）、身心之辩（欲理之辩）这三个向度中积淀下来的中华优秀传统文化的批判性继承与创新性发展，及其这一优秀成分内蕴的以文化人智慧，故相关文献可谓极为宏丰与广博，我们尝试着撷取最有代表性的文献予以综述。

从国内研究现状来看，在天人观、人我观、身心观方面，国内学者对马克思主义的相关思想理论，对中华传统文化中关于人与自然的天人合一、人与他者的人我合一与群己合一、人与自我的身心合一、欲理合一传统有着许多的研究成果积累。这些成果无疑为本课题的研究奠定了丰厚的学理基础。

首先，马克思主义天人观、人我观、身心观方面的研究成果梳理。这方面的研究为本课题更好更全面地在对待传统文化问题上坚持马克思主义的世界观与方法论提供了重要的学理支撑和观点借鉴。

一是关于马克思主义自然观的研究。有学者提出，自在自然与人化自然构成了马克思自然概念的双重内涵。其中，自在自然是人化自然的前提和基础，人化自然是自在自然的目的和归宿。论文作者认为这恰恰是传统天人观中论及不够的问题。[①] 有学者指出，马克思的自然观包含了对人与自然关系的理论与实践双重规定：从哲学与伦理维度看，自然是"人类之母"，人在享用"天赋人权"的同时必须承担保护自然的"天赋人责"；从实践维度看，自然是人必需的实践对象，同时自然界因人的实践获得属人的价值，人与自然命

---

① 王伟，刘陆鹏．马克思自然概念的形成过程、双重内涵及其辩证关系［J］．河北学刊，2021（3）：49-56.

运与共。正是据此，马克思科学地勾勒出人与自然之间的生命共同体关系。①
还有学者认为，马克思全面确证了自然既是人肉体生命保存和生命时空延展
的基础，也是人精神生命生成的根本前提。因此，人与自然的关系影响着人
整体生命本质的样态。只有完成"自然的人"和"人化自然"的统一，才能
形成人丰富而全面的整体生命本质。更为重要的是，马克思人与自然关系的
思想是建立在对无产阶级乃至全人类整体生命境遇的深切关怀之上的。②

有学者认为，在马克思从自然出发的人与自然关系思考方式的视域中，
人的自由并不意味着人对自然单向度的改造、控制和支配，而是始终伴随并
遵循着"自然必然性"和人的局限性的有限自由；人的历史实际是被劳动实
践这一中介关联起来的人与自然关系史，人和自然共同创造了人类历史；人
的解放并不是单纯摆脱自然界的限制，更重要的是从人对自然界的认识和实
践的误区中自我解放；人的未来也不可能是撇开或脱离自然界的人类的"独
舞"，而是"和解"过程中人与自然的"共舞"。这与中国传统的天人合一、
天人和谐思想高度契合。③

在以马克思主义立场和方法解决人与自然矛盾与困境的问题上，有学者
提出，随着资本主义工业文明的发展，人与自然的关系遇到前所未有的整体
性危机。为此，马克思指出问题产生的根源不在于工业技术而在于资本逻辑，
现代性的生态危机是资本增值的一个副产品。具体来说，资本寻求不断地扩
张时离不开一定的生态空间支持。当资本试图不断压缩运转周期时，这就与
自然资源数量有限性、生态循环周期性形成了矛盾。资本家为了获取更多的
利益，既忽视污染物的大量排放，也不顾及自然界的生态循环周期，最终导
致生态危机的爆发，导致人与自然的不可持续发展。这是资本增值逻辑的反
生态性本质。④

有学者还提出，马克思揭露的人与自然的矛盾，实际上是人与人的矛盾

① 郑海友. 马克思人与自然关系思想及其当代价值——基于生命共同体的视角 [J]. 南京
工业大学学报（社会科学版），2021（4）：87-96.

② 陈思敏. 马克思人与自然关系思想的生命哲学议题及其时代价值——以《1844 年经济
学哲学手稿》为例 [J]. 东南学术，2021（3）：23-30.

③ 张兴国. 马克思视域中的"人与自然"关系及其启示——《1844 年经济学哲学手稿》
中人与自然关系思想再解读 [J]. 湖南社会科学，2021（2）：51-57.

④ 徐水华. 论资本逻辑与资本的反生态性 [J]. 科学技术哲学研究，2010（6）：34-39.

在生态领域的反映，生态危机爆发的根源在于资本主义制度以及与之相适应的生产方式。因此，想要协调好人与人之间的关系，很大程度上取决于制度的合理性，即扬弃资本主义制度的不合理性。因此，当代中国马克思主义者必须直截了当地指出，建立在以生态文明为主导的发展理念基础上的当今社会，彻底扬弃反生态的资本主义生产方式和生活方式的社会主义制度，才蕴含着马克思恩格斯和谐生态观中解决生态危机的最终"密码"①。

二是马克思主义人我观的研究。有学者提出，马克思在历史与逻辑双重视域下理解的人，不再把人看成抽象的存在而是现实的个人。同时，这一个人不是孤立的而是具有社会性的，其无论"我"还是"他者"，虽表现方式不同，但其本质都是一切社会关系的总和。这就为"我"与"他者"的关系研究奠定了历史唯物主义的基础。②

有学者提出，以马克思的批判立场来看，近代以来，"我"与"他者"逐渐发生分离。这就导致在交往过程中，我们往往只是着眼于"我"之主体自身权利的实现，而非对"他者"责任的履行，于是道德与正义总是处于缺场的状态。此外，在资本增值过程中，工人的劳动力成为商品，与工人身心发生了分离。出卖自身劳动力之后的无产阶级丧失了其主体的本质属性，只能作为工具性的他者为少数资本家服务，这就最终导致工人沦为社会关系中的异化性存在。然而，资本逻辑所带来的恶果远不止此。在资本日益全球化的语境下，生活在"地球村"里的人们处在一个由"陌生人""陌生国家"构成的使人困惑和极易迷失的虚幻共同体中。③ 还有学者认为，在全球化背景下，资本超越了空间壁垒得以在全球范围内扩张，相对落后的东方国家遭到西方国家的掠夺，沦为边缘化的他者。比如，西方发达国家为摆脱资本主义生产方式所带来的生态恶果，毫无道德底线地将污染产业向第三世界转移。

---

① 李超超. 对马克思恩格斯生态文明思想科学认识论的探索 [J]. 学校党建与思想教育，2021（10）：67-73.

② 张秀华. 在场的他者——马克思与怀特海的他者之维 [J]. 上海交通大学学报（哲学社会科学版），2017（4）：56-62.

③ 刘同舫. 全球现代性问题与人类命运共同体智慧 [J]. 福建论坛（人文社会科学版），2019（9）：58-66.

这都是当下人我关系中必须予以解决的时代问题。①

有学者提出，在资本主义制度下，由于劳动异化，人与他人、人与自然的关系都处于相互对立的状态。因此，必须扬弃资本主义私有制，让人们共同占有社会财富，建立自由人联合体。在这个联合体中，每个人的发展将是一切人发展的前提。换言之，人与人、人与自然关系的和解最终只能在共产主义社会实现。②

三是马克思主义对人与自我关系的论述。正如一些学者指出的那样，在马克思主义理论中，较之对人与自然关系、人与他者关系的论述，对人与自我关系的直接论述较少。因为这样的缘由，学界对马克思主义的自我观研究较少。有学者指出，马克思恩格斯的可贵之处，不仅在于他们敢于对黑暗的现实和各种错误的理论进行无情批判，而且还在于他们勇于自我反省、自我批判，不断克服自我的局限性，不断为自己的理论和人生实践开辟新境界。③有学者表示，马克思着重研究人的具体存在即作为社会人的具体社会性和个体性，主要试图理解"我是一个怎样的人"这一自我认识论的根本问题。同时，在自我与社会关系问题上，马克思认为我们需要的是通过社会（关系）来实现自我而不是通过社会（关系）来建构自我。这是马克思主义自我观的最重要立场。④

其次，关于中华传统文化天人观、人我观、自我观的研究综述。这方面的成果无疑是比较丰富的，主要体现为天人之辩、人我之辩和群己之辩、身心之辩和欲理之辩的诸多研究积累。

一是天人之辩方面的研究成果。以张岱年⑤、冯友兰⑥、冯契⑦先生为代表的学者们倾向于认为中国传统天人观持一元论的立场。这个立场的主要观

---

① 何景毅. 共同体的他者意蕴——马克思与怀特海正义观上的他者向度 [J]. 理论探讨, 2020（2）：22-29.

② 刘家和. 理性的结构：比较中西思维的根本异同 [N]. 光明日报, 2020-11-18（12）.

③ 赵家祥. 马克思主义是在自我革命过程中发展的 [J]. 北京行政学院学报, 2020（1）：3-11.

④ 张文喜. 马克思的自我认同观与现时代 [J]. 浙江社会科学, 2000（5）：34-42.

⑤ 张岱年. 中国哲学大纲 [M]. 北京：中国社会科学出版社, 1982：173.

⑥ 冯友兰. 中国哲学简史 [M]. 北京：北京大学出版社, 2010：46.

⑦ 冯契. 中国古代哲学的逻辑发展：上卷 [M]. 上海：上海人民出版社, 1983：92.

点是主张人来源于天地自然，自然具有先在性，故人应该敬畏天地自然。但另一方面，作为万物之灵的人并不是消极无为，而是在遵循自然规律的基础上可以达成天人合一、天人和谐的理想境界。

有学者描述了古代哲学在天人问题上的总体立场。这个立场就是从来不脱离人道去孤立地探索天道，也从来不脱离天道孤立地探讨人道，而是从天人的统一性角度，探讨天与人、主体与客体、自然与社会之内在的相互关系，并力图通过这种探讨，寻找一种带有普遍性、规律性的法则，来指导人们改造自然、治理社会以及完善人类自身的实践活动。① 也有学者从总体上比较了中西天人观的文化差异，并把这一差异总结为：中西文化的不同特质之一就是在人与自然的关系问题上，中国文化比较重视人与自然的和谐统一，而西方文化则强调人要征服自然、改造自然，才能求得自己的生存和发展。诚然，中国古代如荀子也有过"明于天人之分"和"人能胜乎天"（《荀子·天论》）的思想，但这种思想并未占主导地位。②

许多学者则具体研究了哲学史上那些代表人物的天人观。有学者研究老子以道法自然为核心命题的敬畏自然立场。作者认为在先秦以老子、庄子为代表的道家哲学奠定了"道法自然"的哲学传统。依据老庄这一自然哲学的立场，敬畏自然可以理解为禁止反自然地对待自然界、禁止反自然地对待他人的自然生命、禁止反自然地对待自我生命这三方面的命题。道家这一敬畏自然的理念为现代人解决人与自然、人与他人、人与自我的诸多问题提供着明确的价值指引。③ 有学者专门研究张载的天人观，认为张载虽然主张天人相分，但没有忽视天人相合。他从宇宙论高度对此加以论证：天地是万物和人的父母，人处天地之间，天地之气构成了人的身体，塑造了人的性格与气质。天地之性就是人之性，人性是对天道的体现。因此，张载的结论是人类是我的同胞，天地万物是我的朋友，天道与人道，万物与人类，本质上是一致的。作者认为张载继刘禹锡之后再一次总结性地论述了天人的辩证关系，其无论在理论深度上还是在涉及的内容上，都对以前的天人之辩有所突破，反映了

---

① 朱晓虹. 传统伦理文化的现代性研究［M］. 杭州：浙江大学出版社，2019：26.
② 任有为. 中西自然观的比较与当代意义［J］. 自然辩证法研究，1992（3）：71–88.
③ 谭俐莎. 自然之道与存在之思：生态视野中的道家自然观［J］. 求索，2021（4）：34–40.

当时的哲人对天人关系的新理解。①

二是人我之辩方面的研究成果。张岱年先生认为，在人我关系问题上，中国哲学的主流观点是推崇利他主义甚至必要时的自我牺牲精神。他认为这是中华文明得以延续久远的主要民族精神。也是因为这一道统的存在，像杨朱那样的利己主义主张从来是被儒家为代表的主流意识形态鄙视和批判的。②这一概括基本被国内学者认可。

在人我关系问题上，许多学者讨论了古代整体本位的伦理选择问题。有学者认为，中国伦理思想以家族为本位。家族本位重群体、轻个体，认为个体价值只有在群体中才能得到实现。同时还特别强调家国一体，主张体认无大家就无小家的道理。而西方文化以个人为社会本位，宣扬在社会中，个人具有最高价值，社会和他人不过是个人达到目的的手段。中西文化这迥然相异的两种立场各有利弊，应该扬长避短。③ 有学者认为，中国封建社会以小农经济为主，农业的生产活动以家庭为主要单位完成，家庭一直居于社会的中心地位。因此，这也使得中国人以家庭的模式来建构国家，这种家国一体的模式决定了中国传统文化必然具有重整体、轻个体的特征。与古代中国社会以农业为物质基础不同，以古希腊为代表的西方社会则以工商业经济为主。这种经济模式特别是商业经济活动，以其谋利性质和流动的生活方式淡化了家族社会和世系组织的血缘温情，所以西方一开始就表现出个人主义的伦理倾向。④ 还有学者提出，家族主义精神培养了中华民族识大体、顾大局的品质，促进了不计个人得失、勇于自我牺牲的整体主义精神的成长。在此基础上衍生的必然是国人内心深处的爱国主义情感较为强烈。然而，这种整体主义精神在很大程度上抹杀了个人的利益和权利，扼制了人们个性的发展。而个人主义精神则培养了西方民族注重个人利益、强调个人尊严的伦理倾向，有利于人们个性的发展和独立自由精神的形成。但是，个人主义精神是利己主义的温床，这又必然导致了社会的不和谐。因此，如何中西互补、扬长避

①　施炎平.论张载的自然哲学思想［J］.中国哲学史研究，2000（1）：87-93.
②　张岱年.中国伦理思想研究［M］.南京：江苏教育出版社，2009：175.
③　陈超.考量中西伦理价值观的差异与会通［J］.新视野，2007（2）：46-52.
④　杨中启.中西文化重演律的对比及反思［J］.东南学术，2011（2）：66-72.

短就是一个很值得思考和探索的问题。①

也有学者研究了推崇人我之辩问题上的"仁道"立场对管理绩效的意义。作者认为就企业管理而言，它的最大意义在于能够在管理者那里生成一种有别于权力的亲和力。这种亲和力是团队和谐的重要基础。为此，论文认为在企业管理中，西方管理理论当中通常说的"人力资源管理"就很不符合传统文化的治理智慧，因为它意味着企业把员工看成赚取利润的工具，即"人力资源"，它和资金、原材料、厂房、机器等资源一样，只是赚钱的一个工具，这个工具与其他工具的区别仅仅是会说话而已。因此，我们在政府管理、高校管理、社团管理中也同样必须超越"人力资源"的治理思路，否则，社会就会因为缺乏具备仁爱能力的个体而带来许多不和谐因素。②

更多的学者研究了孔子、墨子、孟子、朱熹、王阳明等人的人我观，并对其人我合一的思想进行了现代性阐发。有学者认为，孔子的"仁者爱人"观从"仁，二人也"的立场看，儒家其实是承认"我"作为人的欲求的合理性，但与此同时，孔子更强调另一个人"他人"及其欲求的合理性。而且，在孔子看来，因为爱"我"源自天性，它无须再强调，而爱"他者"的德性因为是后天才得以培植的，故才是修身、齐家、治国、平天下最应该注重的德性。这一思想显然是合理的。不过它后来演化为宋明理学鼓吹的无我无欲的"伪君子"人格，显然又是一种思想史的"异化"。③ 也有学者研究了墨子"兼爱"思想体现出的人我合一立场。在作者看来，这一"兼爱"比之儒家的"仁爱"更具理想主义的色彩。因为儒家的"仁爱"还是有差等的，墨家的"兼爱"却是主张人人平等。④ 还有学者研究了孟子的理想人格思想，认为其在人我之辩中继承孔子的仁学的基础上更予以了发展。因为孟子讲仁的同时更推崇义。在孟子看来，仁是内心的态度（仁心），义则是外在的行动（义举）。也就是说，孟子更注重利他主义之行动力的生成。⑤ 也有学者对朱

① 吴灿新. 中西伦理文化基本精神之比较 [J]. 现代哲学，1992（1）：34-40.
② 朱晓虹. 传统伦理文化的现代性研究 [M]. 杭州：浙江大学出版社，2019：70.
③ 刘绪晶. 关于宋明理学论证儒家伦理道德合理性的形上依据的思考 [J]. 内蒙古农业大学（哲学社会科学版），2011（1）：52-61.
④ 黄寅. 中华民族精神研究 [M]. 北京：当代中国出版社，2000：30.
⑤ 刘仁. 孔子的杀身成仁与孟子舍生取义思想比较 [J]. 孔子研究，2001（2）：44-53.

熹在《四书集注》中体现出来的人我关系进行专题的研究，认为朱熹一方面继承了孔孟之道的道统，反对利己主义地追逐饮食男女之欲，反对损人利己的功名利禄观；但另一方面朱熹走向了偏颇，以"存天理，灭人欲"的主张在人我关系中消弭了自我及其欲望的合理存在。① 也有学者对王阳明心学中凸显的人我观做了剖析，作者认为王阳明心学的指归是克己以利人，这个克己的手段，其目的是达到利他主义境界的生成。心学的一个巨大贡献是强调了"破山中贼易，破心中贼难"。其学说基于人我合一立场上注重克己之功的涵养，具有重大的现实启迪意义。②

三是身心之辩（欲理之辩）方面的研究成果。因为身心关系常常表现为身之欲与心之理的关系，故身心之辩和欲理之辩两者往往交织在一起，不太容易区分。事实上，学者们这方面的研究也常常在身与心、欲与理互为转化的意义上进行学理探究。

学者们在身心、欲理问题上比较倾向性地认为性善论是中国文化的传统立场。正如有学者指出的那样，性善的问题本质上是对身之本能欲望的心之约束，尤其是对这个约束之可能性的一种确信和自信。中华传统文化坚持性善论的理由恰在于此。孟子曾说："仁义礼智，非由外铄我也，我固有之也。"（《孟子·告子上》）《三字经》在开篇便指出："人之初，性本善；性相近，习相远。"这与西方的性恶论恰巧相反。与中国不同，西方文化却认为人一定是自私自利的。故英国哲学家霍布斯认为面对有限的财富，人与人之间就是狼与狼的关系。而且，黑格尔曾认为，主张性恶比主张性善的假设要好很多。因为这有助于对恶进行钳制。但是，中国传统伦理认为钳制是外在的路径，人可以反抗或无视这个钳制。而内在的性善之德性润泽更从根本上解决了身心的紧张甚至对抗问题。这典型地体现出中西文化的差异性。③

在身之欲与心之理的关系方面，张岱年先生认为先秦的欲理之辩还比较合乎人性，至少在孔孟荀那里没有禁欲主义的立场。汉代的董仲舒开启了中

---

① 陈文辉. 朱熹理学思想论稿［M］. 北京：中国文史出版社，1997：43.

② 邱金林. 论王阳明心学中的利他主义立场［J］. 贵州大学学报（哲学社会科学版），1999（2）：45-52.

③ 王怡然. 中西性善性恶的文化传统与德治法治的互补研究［J］. 文史哲，1997（2）：23-32.

国文化禁欲主义的传统，至朱熹则登峰造极。① 这一观点得到了绝大多数学者的认可。也是因为这样的缘由，改革开放以来，学界有非常多的学者对宋明理学在欲理问题上的禁欲主义立场进行了诸多的批判。李泽厚②、陈来③等以论著及相关论文、讲座的形式比较系统地讨论了宋明理学在人欲问题上合理与不合理的地方，引起了学术界广泛的关注和参与讨论。这其中也有一些学者从肯定的角度论述了宋明理学在欲理之辩中的合理性及其当代价值。④

也有一些学者讨论了宋明理学之外的思想家关于欲理之辩的问题。有学者讨论了老子的无欲说，并在对《道德经》做文本梳理、辨析的基础上得出道家创始人老子这一无欲理论的合理性。因为作者认为，无欲说作为老子欲望论的主旨，其实质是老子以"道法自然"（《道德经》第二十五章）为理性法则提出对反自然地对待自然、对待他人、对待自我的行为必须有所不欲的哲学主张。整理和开掘这一思想遗产的当代意义在于能为现代人在自然观上、社会道德观上和个人生活观方面提供价值指引。⑤ 也有学者研究了中国化了的佛教禅宗在欲望问题上超越印度原始佛教的话题，并认为禅宗一定程度上承认人欲的合理性不仅超越了印度原始佛教的局限性，而且其意义无异于是一个革命性的改变，它使中国佛教有了更多的世俗性与人间烟火味。在儒、释、道三教合一的教化历程中，为其对中华文明与文化的积极影响赢得了一席之地。⑥

值得一提的是，学界对欲理关系的探讨也还与义利之辩相交织。理是道德理性，欲是感性欲望。故与义利关系联系起来看，理近于义，而欲则与利相连。有学者提出，中国和西方的社会经济基础不同，因此在处理义利关系问题时采取了两种截然相反的态度。究其原因在于中国古代社会以小农经济为基础，生产力水平发展低下，追求经济利益和追逐物质享受的客观条件一

---

① 张岱年.中国哲学大纲［M］.北京：中国社会科学出版社，1982：445-454.

② 李泽厚.中国古代思想史［M］.北京：人民出版社，1979：347.

③ 陈来.宋明理学［M］.北京：生活·读书·新知三联书店，2011：23-37.

④ 魏明康.先秦儒学与程朱理学的义理利欲之辩及其当代意义［J］.南昌师范学院学报（哲学社会科学版），2017（4）：53-64.

⑤ 夏雨.论老子无欲说的"道法自然"立场与当代价值［J］.自然辩证法研究，2012（7）：35-42.

⑥ 张玉华.禅宗的欲理观漫谈［J］.读书，2001（6）：52-59.

直没有充分发展起来。同时，人们生活在极其狭窄的范围之内，父子、兄弟、夫妻等血缘关系的纽带长期地束缚着人们，更使人与人之间罩上了一层温情脉脉的面纱。而西方人的义利观是资本主义生产方式的反映，这种生产关系决定"共同利益就是自私利益的交换，一般利益就是各种自私利益的公约性"①。也有学者论证了中西义利观的差异性问题，在作者看来，中国人重视精神文化、重义轻利，西方人重视物质文化，宣扬利即是义。这种不同的文化传统在市场经济的当下各有利弊。② 也有学者提出，西方伦理史上也有过贵义贱利的思想，但随着资本主义商品经济的发展，功利越来越成为人们追求的目标。而且，作者认为这是不依人的意志为转移的。中国的市场经济虽然有别于西方，但是它依然具有市场经济的共性。因此，如何谨慎地对待功利主义的问题是个理论上要研究，实践上需探索的问题。③

还有学者认为，中国人的义利观有助于社会的和谐，但不可避免地束缚着人们大胆追求自己作为人应有的欲望和利益。同时，它一定程度上也会阻碍生产力的发展。西方义利观刺激了生产和生活的发展，促进了现代化的实现。但是，它肯定义就是利，则混淆了二者的界限。事实上，当下的人们如西方文化语境下主张的那样，过分追求个人利益、把个人利益看得高于一切，逃避应负的社会责任，这势必造成极端个人主义、拜金主义和享乐主义的泛滥，进而危及社会的和谐。④

从国外研究现状来看，如果我们撇开诸如马克斯·韦伯（Max Weber）、萨缪尔·亨廷顿（Samuel P. Huntington）等为代表的偏执于西方文化立场的一些学者的观点不论，仅瞩目国外学者对中华传统文化中关于人与自然、人与他者、人与自我的内容进行肯定性研究的相关成果，那么，应该看到他们也取得了相当的成果。这些成果林林总总，我们选其主要的观点综述如下。

首先，西方学者的相关观点综述。如果说罗马帝国时代中国文化仅以物

---

① 陈超. 考量中西伦理价值观的差异与会通［J］. 新视野，2007（2）：33-41.
② 钱俊君，王周. 中西伦理传统差异及对中西政治理念的影响［J］. 湖南师范大学学报（哲学社会科学版），2003（3）：55-65.
③ 杨玉荣. 中西伦理思想在近代的冲突与交融［J］. 河北师范大学学报（哲学社会科学版），2012（4）：22-31.
④ 萧功秦. 儒家文化的困境——中国近代士大夫与西方挑战［M］. 成都：四川人民出版社，1986：231-235.

态——丝绸的形式影响西方的话，那么，到了17—18世纪，在欧洲出现的"中国热"则表明西方人对中国的以道德观念、戏曲艺术为主要形态的文化已产生了浓厚的兴趣。学者们尤其集中在对古代中国人我关系中形成的道德理性非常认可。比如，德国哲学家莱布尼茨在他的著作中曾这样写道："从前，我们谁也不会相信在这个世界上还有比我们的伦理更完善，立身处世之道更先进的民族存在；现在，因为东方中国的发现，使我们觉醒了。"莱布尼茨对中国古代人与人之间和谐的伦理关系非常认可。[①] 在法国的思想启蒙运动中，伏尔泰等人则高举孔子人道思想的大旗，用以反对宗教神权、反对封建王权。他们对中国崇尚人与人之间的孝、悌、忠、信之类的道德理性的道德观念深为推崇，他们甚至著文主张欧洲各国政府必须以中国为范本。在这一时期，中国古代的道德理性甚至由此而成为法国启蒙思想的一个重要理论武器。[②]

即便是进入20世纪，中华传统文化的人我观、天人观同样得到西方一些学者的认可。自从1979年经济学家多米尼克·施特劳斯·卡恩（Dominique Strauss Kahn）在其《世界经济发展》中把东亚经济奇迹与儒家传统相联系之后，越来越多的西方人士开始注重中华传统文化的现代价值。[③] 罗德里克·麦克法夸尔（Roderick MacFarquhar）1980年提出"后儒家假设"，他认为在人我关系问题上："如果西方的个人主义适合于工业化的初期发展，儒家的集体主义或许更适合于大量工业化的时代。"[④] 1983年，波士顿大学的托马斯·伯杰（Thomas Berger）进而提出"两种现代化"理论：西方式的现代化和东亚的现代化；前者的根源在基督教，后者的根源在儒家思想。而且，他建议西方的现代化要借鉴儒家在人我关系方面重团队、重集体、重国家的精神。[⑤] 英国著名的科技史家李约瑟（Joseph Needham）在谈到现代科技"几乎每天都在做出各种对人类及其社会有巨大潜在危险的科学发现"时，坚定地指出："对它的控制必须主要是伦理的和政治的，而我将提出也许正是这方面，中华

---

① 冯契. 哲学大辞典［M］. 上海：上海辞书出版社，1985：1301.
② 马云华. 传统的辩证法［M］. 哈尔滨：哈尔滨出版社，1998：34.
③ 黄怀仁. 儒家思想在后工业化时代的价值［M］. 香港：海风出版社，2000：39.
④ 朱晓红. 传统伦理文化的现代性研究［M］. 杭州：浙江大学出版社，2019：132.
⑤ 刘小青. 现代化理论大观［M］. 北京：中国文史出版社，1999：45-58.

传统文化中的特殊养分，可以影响整个人类世界。"① 李约瑟认为，这个营养成分就是敬畏自然，推崇天人和谐的思想。

德裔美国学者墨子刻（Thomas A. Metzger）在香港中文大学的一次演讲中认为，当今西方对中华传统文化的肯定主要体现在几个方面：在自然观上，主要表现为对中国传统的天人合一、天人和谐精神的推崇；在社会观上，主要表现为对中国传统道德中的重义、贵和、兼善天下思想的汲取；在自我修养问题上，则主要表现为自觉、自在、自由心性的充实与尽心、知性、知天的理想人格的向往与追求。② 墨子刻在推崇中国文化的同时，也带有深刻的批判精神，尤其是对中华传统天下观中乌托邦精神的批判成为他一直的学术立场。但他又认为，这一兼善天下的群己观虽然有乌托邦的色彩，但也有其特定的合理性。比如，他认为晚清的改革动力的源头正是清朝官员们"以天下为己任"的儒家精神。③

其次，海外新儒家学者的相关观点综述。与一些西方学者对中国古代文化的认可相映成趣的另外一道文化风景线，那就是海外新儒家在全球化语境下的亮丽出场。有学者曾这样概括过海外新儒家出场的现实背景：一是由于人与自然的失衡而造成的自然生态环境的严重破坏，从根本上危及人类的生存；二是由于西方原子结构论和笛卡尔、牛顿力学思维方式的局限而造成当代科学发展的危机；三是由于极端个人利己主义和享乐主义的膨胀，造成人际关系失衡，人格为物欲、金钱所扭曲，人际关系冷漠、疏远；四是由于东方经济的起飞，以及它对西方管理模式的挑战，迫切需要建构东方式管理思想体系，以推动经济发展；五是由于现代人的物质生活与精神生活的失衡而造成价值体系瓦解、心理障碍、道德滑坡和社会无序，人为物欲所异化。④ 作者认为对这些问题的解决，儒家文化所内蕴的智慧都给出了很好的立场。

正如有学者指出的那样，"新儒家"是个很宽泛的概念⑤，我们将其理解

---

① 李约瑟. 道家与道教 [M]. 台北：大同出版事业公司，1972：132.

② 墨子刻. 墨子刻演讲集 [M]. 台北：智慧大学出版公司，1996：231-240.

③ 墨子刻. 摆脱困境——新儒学与中国政治文化的演进 [M]. 南京：江苏人民出版社，1996：207.

④ 葛荣晋. 儒道智慧与现代社会 [M]. 北京：中国人民大学出版社，1996：3.

⑤ 方克立，李锦全. 现代新儒家学案：上卷 [M]. 北京：中国社会科学出版社，1995：2.

为今天置身海外文化学术圈、不具备中国国籍却对儒家文化持"返本开新"立场的一批学者。这其中，美国哈佛大学教授杜维明无疑是最具影响力的一位。他对儒家人我之辩中蕴含的中国智慧极为推崇。这一方面是因为他置身于以个人主义为主流文化的西方，自然对这一文化的弊端有更直接的感受，但另一方面更是因为他对儒家文化几十年如一日的精深研究，使得他对儒家在人我关系问题上呈现出来的人我合一、群己合一等命题有特别独到的见地。杜维明认为五四以来的"工具理性"使儒家精神价值、传统中国文化、东方文明顿然成为糟粕，弃之唯恐不及。因此，重新揭示蕴含在儒家传统中的心性传统的意义与价值，就成为新儒家学者应该坚守的中心论题。儒家的心性传统主要表现为：内心以克己而达仁，外在以孝悌忠信礼义廉耻的践行以行仁。这是仁本和人本的回归，是"价值理性"的回归。①

　　儒家的身心、欲理观，也是海外新儒家学者非常关注的论题。与人我观一样，海外新儒家学者立足于儒家身心合一、欲理合一的立场，以现时代人们遇见的诸如消费主义、享乐主义之类的困境为突破口，提出了诸如简约主义、精神人文主义等新主张。② 此外，也有新儒家学者批评亨廷顿对儒家文化圈的偏见源自对儒家文化的无知。比如，亨廷顿曾经断言："当其他文明的力量相对增强、西方文化的感召力消退之时，非西方国家的人民对其本土文化的自信心和责任感也随之增强。"③ 他担忧非西方国家文化自信演变为文化狂妄，这就必然导致如中国这样的非西方国家与美国为代表的西方国家的直接冲突。正如有学者指出的那样，这至少表明亨廷顿对历来推崇人我合一、群己合一，主张包容汇通、和谐共享之儒家文化本性的无知。④

第三节　课题的研究方法及重点、难点、创新点

　　课题研究的目的及其理论意义、现实意义的彰显与实现均需要借助一定

① 杜维明. 杜维明学术文化随笔［M］. 北京：中国青年出版社，1999：141.
② 姜林祥. 儒学在国外的传播与影响［M］. 济南：齐鲁书社，2004：128.
③ 萨缪尔·亨廷顿. 文明的冲突与世界秩序的重建［M］. 周琪，刘绯，张立平，译. 北京：新华出版社，2010：161.
④ 蔡仁厚. 再论新儒家的精神方向［M］. 台北：学生书局，2002：203.

的方法。同样的道理，课题的重点问题归纳、有可能的难点与创新点的预计，也需要借助方法才可以实现。

一、课题的研究方法

方法是达到目的的必要工具。本课题研究的根本方法当然是马克思主义的辩证唯物主义与历史唯物主义方法。在这个总的方法论的指引下，我们所采取的具体方法则主要有如下一些。

其一是文献资料分析法。

为有效地避免自说自话，我们强调所有的研究结论均要以文本为依据。因此，进行本课题的研究需要收集、阅读、分析大量文献资料。这些文献资料大致可分为以下四类：一是马克思主义的相关经典著作，比如，《资本论》《关于费尔巴哈的提纲》《1844 年经济学哲学手稿》《反杜林论》等；二是中国古代经典著作，比如，《论语》《孟子》《荀子》《道德经》等，以及古代经典的权威注解本，比如，《十三经直解》《四书集注》等；三是以研究中华传统文化为主题的具有权威性的学术著作，比如，张岱年先生的《中国哲学大纲》、冯友兰先生的《中国哲学简史》和《中国哲学史史料学》、冯契先生的《中国古代哲学的逻辑发展》（上、中、下卷）、费孝通先生的《中国文化的重建》、杜维明先生的《传统的中国》等；四是以习近平为代表的中国共产党人在新时代对马克思主义、对优秀传统文化创新发展的相关论著，以及新时代党中央出台的有关政策、文件、法规，比如，《习近平谈治国理政》（一、二、三、四卷）、习近平总书记重要讲话报刊原文及中宣部等相关部门的阐述文献等。

当然，必须坚持阅读经典与理论创新的统一。尤其注重不局限于文献资料的研读，而是在此基础上结合社会现实提出的问题，结合中国式现代化实践的诸多观察与感受，积极培养独立思考的习惯，从而努力探索有价值的理论成果。

其二是比较研究法。

有比较才有鉴别。事实上，本课题研究会涉及大量的比较研究。比如，中华传统文化在人与自然、人与他者、人与自我三个向度上与西方文化的异同、新时代中国共产党在人与自然、人与他者、人与自我三个方面所采取的创新性举措与中华传统文化固有价值立场和思维方式的异同比较等。但是，本研究采取的比较不是"为了比较而比较"，而是注重理论与现实的统一，在比较研究中要清晰意识到比较研究的最终目的是为了构建全球化背景下中国新时代所推崇的新价值观，并将这些彰显中国文化特色、积淀着几千年中华优秀传统的新价值观，通过以文化人、以文育人的教化，进而提升思想政治教育的有效性，从而为中国式现代化的积极推进提供必要的信念支撑和精神动力。

其三是价值排序法。

因为涉及以文化人智慧的发掘，故我们还强调在中西文化比较中进行价值排序。英国社会学家齐格蒙特·鲍曼（Zygmunt Bauman）曾经这样说过："我们的时代是一个强烈地感受到道德模糊性的时代，这个时代给我们提供从未享有过的选择自由，同时也把我们抛入了一种从未如此令人烦恼的不确定状态。"[①] 但是，如果模糊和不确定成为一种常态，那社会包括伦理文化风险在内的诸多不可控因素就会陡然上升。解决的路径之一就是借助价值排序的方法。如果做一认真的审视，我们就可以发现，在人与自然（天人之辩）、人与他者（人我之辩、群己之辩）、人与自身（身心之辩、欲理之辩）关系问题上，中西文化有着不同的价值排序的思路，并因为思路的不同形成了不同的文化传承。可以肯定地说，多元而变化万千的现代社会迫切需要有确定性并形成共识的价值排序来引领现代化进程。这个引领的实现无疑必须有诸如天人之辩中经济与生态，人我之辩中自我与他者、与家、与国、与天下，身心之辩中乐道与乐欲之类何者优先的确定性价值排序。

二、课题研究重点、难点和主要创新点

经过大量的文献检索与阅读，以及与诸多学界同仁不同方式的交流讨论后，我们逐渐清晰了本课题需特别着力的研究重点、要留意攻克的研究难点，并对有可能实现的理论和实践创新点也做了基本的判断。这无疑可以避免写

---

① 齐格蒙特·鲍曼. 后现代伦理学 [M]. 张成岗，译. 南京：江苏人民出版社，2003：247.

作时出现的诸如主次不分、走弯路等状况。

本课题研究的重点有三。

其一是中国共产党对传统文化继承创新的现实语境问题。国家基于打造软实力背景下提出的文化自信自强构建肯定是一个重要现实语境。但还有一个现实语境也不可忽视，那就是近代以来，西方文化借助西学东渐之际，使我们在价值观层面上出现了诸多需要着力清算、亟待正本清源的错误思想观念。前者构成肯定性的语境，后者则是否定性的、批判性的语境。在积极推进中国式现代化的伟大实践中，中华优秀传统文化作为一个基础性、源头性的思想资源与精神动力正是在这一语境下出场的。

其二是在解决了传统文化出场语境后，新时代中国共产党人如何具体发掘传统文化内蕴的现代价值的具体内容便是更须着力的研究重点。也就是说，在解决了传统文化在当下继承创新的必要性问题之后，紧接着要讨论的问题自然是：在引领中国人民进行中国式现代化以实现民族复兴伟业的历史征程中，哪些传统的东西是有现代性价值的？这个问题如果阐述得不够有说服力或不够完整，那整个研究就缺乏了主干部分的支撑。

其三是在解决了传统文化的哪些内容具有现代性的问题之后，那么置身注重以文化人、以文育人的新时代，如何从这些有现代性价值的观念中提炼出具有实效性的立德树人原则成为另一个重点研究的问题。这不仅是从事思想政治理论课教学的职业要求使然，更是回应"培养什么人、怎样培养人、为谁培养人"这一教育之问的必然要求。

本课题研究的难点有二。

一是对传统文化之现代意义的诸多质疑的回应问题。从全球来看，兴起于19世纪末期的现代主义坚信有必要将过时的"传统"形式如艺术、文学、伦理、哲学以及社会组织和日常生活形态都扫除，只有这样人类才可能重新创造文化。[①] 从当下中国而论，文化自信自强的构建，尤其是对习近平总书记诸如"优秀传统文化是中华民族的根和魂""抛弃传统，丢掉根本，就等于割

---

① 冯俊．从现代主义向后现代主义的哲学转向［J］．中国人民大学学报（哲学社会科学版），1887（2）：33-41．

掉自己的精神命脉"① 等一系列讲话精神的学习与贯彻，当然极大地纠正了以往对传统文化的偏见，但如果说国民对传统文化的现代性问题已经完全达成共识，那显然言之过早。事实上，以曾赴西方求学归来的诸多学人为代表的一些质疑传统文化现代性的声音迄今依然存在。比如，在他们看来，中华传统文化并没有把近代中国引向现代化国家，他们尤其反对德治的治理思路，认为德治的本质就是人治，他们主张唯有法治更符合现代性，如此等等。本课题要回应好这些对传统文化之现代性价值的质疑之声，颇有难度。

二是对西方文化中的糟粕性成分进行批判的过程中，如何反对激进的民族主义立场的问题。从全球来看，由于西方在全球化进程中的先发优势，包括中国在内的后发国家处处感受到发达国家施与的不公正待遇。于是，民族主义立场便在这一历史境遇下悄然兴起。但问题是，全球化已然是一个不可逆转的趋势。在这个背景下，在对待外来文化问题上就有一个实事求是、客观理性的态度。尤其本课题是以中国共产党人对中华优秀传统文化发掘为主旨的，在有限的篇幅内如何在具体论述中既顾及外来文化的优秀成分，又对其糟粕进行剔除和批判，显然也颇有难处。

本课题可能的创新点也有二。

一是既从中国共产党打造文化强国的具体实践中，又从博大宏丰的传统文化资源中合乎逻辑地萃取出三个向度来整体阐述其具有现代性的内容。这曾经是个困扰了我们许久的难题：几千年传承下来的传统文化如何有内在关联地在一个研究框架里被合理地表述出来？最终我们借助逻辑学的穷尽项方法，把传统文化思考与探究的问题做三个向度的罗列：第一项是人与自然的关系（天人之辩）；第二项是人与他人的关系（人我之辩、群己之辩）；第三项是人与自身的关系（身心之辩、欲理之辩）。也就是说，人与世界的关系归根到底就这三重关系。借助这样的方法，得以解决了对传统文化梳理、探究和发掘的系统性（整体性）问题。正如我们在文献综述时看到的那样，天人之辩、人我之辩与群己之辩、身心之辩与欲理之辩分门别类地论述颇多，但从总体来梳理、概括和发掘的几乎没有。这使得我们的阐发具有了整体性的高度和广度。

---

① 习近平谈治国理政［M］．北京：外文出版社，2014：64.

二是以马克思主义世界观和方法论为指导，通过中西文化的三个具体向度的比较研究，对传统文化蕴含的以文化人智慧进行比较系统而具体的概括。这一方面使"古为今用"不再停留在抽象肯定的层面，而是能够具体地给出若干具有当下现实性的原则和范式。而且，本课题将探讨新时代中国共产党人如何对这些传统原则经过现代性的转化而使这些原则既是传统的、民族的，又是现代的、世界的。另一方面，这也为高校思想政治教育的具体育人原则增添了来自古代优秀文化传统的理念和范式。虽然由于传统的惯性作用，传统文化中那些优秀的因素也一直以"日用而不觉"的方式影响着现代中国人为人处世的基本态度与价值立场，但毕竟没有被系统地梳理和提升。本课题的研究弥补了这一缺憾。重要的还在于，这些基于中华民族特有的文化基因而确立的育人理念和范式，显然更具有亲和力，因为它作为民族的集体记忆，显然更容易被唤醒。这无疑是现时代我们以文化人、以文育人实效性的重要保障。

第二章

中西之辩与当代中国文化自信的构筑

就中西之辩而论，近代以来的中国以向西方学习为时代主题，但也在这个过程中渐渐丢失了对几千年积淀下来的传统文化的自信。新时代执政的中国共产党提出文化自信自强的口号，其潜台词可以被解读为：不再迷信西方文化，而是回望传统来重新寻找中国人自己的文化之根和安身立命之本。

——题记

从肯定即否定的辩证思维来看，我们今天提文化自信自强的话题恰恰是因为我们在过去的很长一段时间里缺乏文化自信。的确，近代以来，尤其是五四新文化运动以来，我们在过度反传统的过程中把那些优秀的、构成我们民族独特精神气质的传统也一概否定掉了。这一否定的结果是，在一些人那里出现了文化相对主义甚至是虚无主义的任性。在另一些人那里，虽然也意识到文化之于国家、社会和个体生活的必要性，却因为反传统而只瞩目西方文化，习惯于在西方价值观中寻找为人处世和安身立命的理论和方法。诸如"现代化就是西方化"之类的错误理念和实践主张正是由此而生的。

因此，作为本课题研究的一个逻辑起点，我们很有必要通过梳理和反省近代以来中西之辩的思想史进程，对其中的成败得失做某种总结，尤其需要对这期间过度反传统和过分迷信西方文化的问题进行学理层面的清理与反思。只有这样，我们才可能心平气和地对传统文化进行价值认同与现代性开掘。

第一节　近代的中西之辩与文化自信的丧失

从整个世界的文明与文化①发展来看，古代中国与古埃及、古巴比伦、古印度并称世界四大文明古国。作为世界文明与文化发展最古老的发源地之一，中国古代文明虽然在时间上稍晚于古埃及、古巴比伦与古印度文明，但与它们不同的是，中国古代文明从诞生直至今日一直绵延不绝，体现了非凡的生命延续力和时空穿透力。但是，以 1840 年鸦片战争为标志，中华传统文化遭遇了血与火的严峻考验，致使中华民族对自己的传统文化一度产生了严重的不自信。这成了五四新文化运动时登上历史舞台的中国共产党人一开始就遭遇的历史语境。

一、闭关锁国与中国古代文化的衰落

如果做点简略的历史考察，历史学家通常把自 1368 年朱元璋建立明朝至 1840 年鸦片战争前的清王朝视为中国社会开始进入封建社会的末期。与此相适应的是，中国古代文化也发展到了它盛极而衰的最后阶段。我们也许有理由说，明清两代已进入中华传统文化的总结性时代。这一总结性的特征主要体现在如下几个方面。

其一，在图书典籍方面，明清统治者调动巨大的人力物力，对几千年浩如烟海的典籍文物进行收集、钩沉、求证、考辨，编纂了大型类书《永乐大典》与《古今图书集成》、大型字典《康熙字典》、大型丛书《四库全书》

---

① 关于"文化"的概念，宽泛地理解可以认为是与人的活动相关的一切存在。在先秦的典籍里，"文"与"化"往往被单独使用，只是西汉以后，"文"与"化"才合成一个整词，如"圣人之治天下也，先文德而后武力。凡武之兴，为不服也。文化不改，然后加诛"（《说苑·指武》）。这里指谓的"文化"是与无教化的"质朴""野蛮"对举。可见，在汉语语境中，"文化"的本义就是"以文教化"，它表示对人的性情的陶冶、品德的涵养，属于精神领域之范畴。但是，精神的东西往往要物化为制度、典章、器物等形态。因此，我们习惯于把文化理解成人类实践活动的成果总和，它包含思想、制度、典章、器物等内容。就这一点而言，"文化"与"文明"的概念大致相同。当然，为了主题的聚焦及叙述的方便，我们在本课题中所指谓的文化概念更侧重于思想观念方面。

等。其中尤其值得一提的是《永乐大典》，它被公认为世界上最早、最大的一部百科全书。与此相类似，《康熙字典》是那个时代出现最早、字数最多的字典；《四库全书》至今为止依然是世界上页数最多的丛书。显然，大型图书的编纂，不仅是传统文化成熟的象征，其本身也包含着文化大总结的意蕴。

其二，在古典科技方面，明清之交出现了一批科学技术巨著。如李时珍的《本草纲目》，其在药物学和植物分类方面达到了当时世界的先进水平；潘季驯的《河防一览》作为一部治理黄河的专书，总结了我国历代治河经验，可谓洋洋大观；徐光启的《农政全书》记载了我国自古以来的农学理论，总结了元、明两代劳动者的农业生产经验，还介绍了欧洲的农田水利技术，成为我国古代最完备的一部农学著作；宋应星的《天工开物》记录了明末清初的生产新技术，是一部称誉海内外的工艺学百科全书。此外，《徐霞客游记》、方以智的自然科学专著《物理小识》等，都代表着中国古代封建社会晚期的最高科学文化成就。

其三，在学术文化方面，清代乾隆、嘉庆时期的学者对中国古代文献展开了空前规模的整理与考据。对中国传统学术文化的绵延不辍以及向前推进来说，乾嘉学派无疑做出了不可抹杀的学术贡献。

但也就在这一时期，随着传统文化走向顶峰，其背后已然隐藏着文化衰落的危机。这个危机的根源除了日益加剧的封建主义文化专制政策外，就文化自身的发展规律而论，更主要的还源于骄傲自大且自以为是的明清统治者的闭关锁国政策。

鸦片战争之前，中国在几千年的历史发展中，形成了儒家文化为核心的古老而悠久的文明，它曾以自己宽容的气魄接纳并消融了周边其他民族文化乃至印度的佛教文化，从而形成了生生不息、千古不绝的中华文化长河。也正因为如此，中国的帝王和士大夫们不自觉地养成了一种历史文化的优越感。他们向来称周边少数民族为"东夷""西戎""南蛮"和"北狄"，视其为野蛮落后的民族。即便是航海东来的西方殖民者，在那个时候的中国人眼里也难免落个"西夷"的蔑称。正是在这样一种文化意识的主导之下，专制没落的清王朝把国门给关闭了。于是，闭关自守与虚骄自大便成为一对孪生兄弟。在鸦片战争之前，上至皇帝，下至庶民，对世界的无知程度是令人吃惊的。

明朝末年著名的西方传教士利玛窦曾以亲身经历对中国人，尤其是士大夫的心态做过描述："他们不知道地球的大小而又夜郎自大，所以中国人认为所有各国中只有中国值得称羡。就国家的伟大、政治制度和学术名气而论，他们不仅把所有别的民族都看成是野蛮人，而且看成是没有理性的动物。在他们看来，世上没有其他地方的国王、朝代或者文化是值得夸耀的。"①

然而，就在明清统治者驱逐传教士、封关锁国，沉醉于虚幻的唯我华夏独尊的优越感的同时，西方已在进行着引起世界面貌根本改观的工业革命。于是，古老而庞大的农业古国——中国便成了西方列强眼中最好的商品倾销地和原料生产地。正是缘于此，1840 年爆发的鸦片战争终于使西方列强以其坚船利炮把中国推向了衰落与耻辱的时代。中国古代文化的发展也由此进入一个衰落、蜕变与新生并存的历史新阶段。

二、自由主义的兴起与传统文化的被批判

1840 年以来，历经丧权辱国之痛的中国人，尤其是知识分子，自然要思考近代中国为什么落后的问题。无论是以严复、魏源、龚自珍、林则徐为主要代表的知识分子，还是以曾国藩、李鸿章、张之洞、左宗棠为主要代表的洋务派官员，他们共同得出的一个重要结论就是：我们"委天命、重人伦"的传统文化不行，要向"恃人力、重技术"的西方文化学习。事实上，西方文化中推崇丛林法则与主张弱肉强食的达尔文学说就是在这一背景下被严复翻译而进入中国的。② 由此，中国古代文化的发展便进入一个衰落和否定的发展阶段。

也正是从这一时期开始，一些中国人在向西方学习的同时开始质疑和否定传统文化。这一反传统的倾向至 20 世纪 20—30 年代，自由主义者全盘西化论的观点可谓到达了顶峰。如果做点学术史追溯，那么我们就可以发现，

---

① 阙道隆.中国文化精要［M］.北京：中国青年出版社，1996：117.

② 清朝末年，甲午海战的惨败，再次将中华民族推到了危亡的关头。此时，严复翻译了英国生物学家赫胥黎的《天演论》，宣传了"物竞天择，适者生存"的进化论观点，并于 1897 年 12 月在天津出版的《国闻汇编》刊出。该书一经问世，即刻产生了严复自己也始料未及的巨大社会反响。康有为称赞严复是"精通西学第一人"。毛泽东也曾称赞严复是"代表了在中国共产党出世以前向西方寻找真理的那一派人物"（参见：毛泽东.毛泽东选集：第 4 卷［M］.北京：人民出版社，1991：1469.）。

自由主义主张的这一全盘西化论的文化思潮，肇始于鸦片战争所引发的社会危机以及"西学东渐"带来的传统文化危机。当时由于胡适、吴稚晖、张东荪等人的大肆宣扬，使全盘西化论成为颇具影响力的一种文化思潮。在自由主义者的全盘西化论观点看来，传统文化完全是一张束缚人性和个性发展的无形之网，它把一切交付给"天命"，给民族精神注入了消极无奈的宿命论成分，其弊端无穷。比如，胡适就认为孔教的伦理纲常是抹杀生命力与创造力的"不近人情的教条"，因此，现代中国哲学的使命就是"从儒学的道德教条和理学的枷锁中得到解放"①。由此，他竭力主张以美国的实用主义为基本价值取向来建构新文化、新伦理、新社会。吴稚晖则主张以张扬人的饮食男女自然本性的自然主义人性论与人生观。② 张东荪更是在反对传统伦理道德的基础上建构了他那以自由主义为主要特征的所谓"综合伦理学"。这一伦理学反对儒家伦理道德中社会国家为本位的传统观点，主张以自我存在为本位和出发点，以自我的扩充和放大为人生目的。③ 如此等等，不一一而论。如果要对自由主义思潮做一概括的话，那么全盘否定传统文化和主张新文化须全盘西化，无疑是其共同一致的思想纲领与文化宣言。

值得指出的是，这一主张彻底否定传统、全盘西化的自由主义思潮在20世纪80年代的"文化热"中，依然有其影响。一些学者在演讲和著述中就竭力主张"西体中用"，重提全盘否定以儒家为道统的传统文化和全盘接受西方个人主义价值观的主张。所谓"现代化就是西方化"的口号也是这一时期提出来的。更有甚者，那种"先被殖民化，再搞现代化"的荒谬主张也能引来一些人的喝彩。事实上，在中西之辩中，这种西化论思潮割裂了传统文化与新文化的血脉关系，否定文化发展的历史延续性，无疑有着明显的片面性。但这种片面性在所谓"矫枉必须过正"的理念下被有意识地忽视了。

正是在这样的历史与现实诸多因素的综合作用下，就中西之辩而论，这一时期的我们的确丢掉了文化自信，尤其是丢掉了对儒家文化为道统的延续了几千年的中华独特文明与文化的自信。我们憧憬着西方文化能够让中国社

---

① 胡适. 先秦名学史 [M]. 上海：学林出版社，1983：8-9.

② 吴稚晖. 一个新信仰的宇宙观及人生观（摘录）[M]. 北京：中国人民大学出版社，1961：125.

③ 张东荪. 伦理学纲要 [M]. 北京：中华书局，1933：自序.

会经历离经叛道的阵痛之后发生革命性的变革，我们幻想着西方化之后中国的文明与文化会有耳目一新的进步。然而，这种变革和进步不仅没有发生，而且，我们的社会面貌、我们的民众生活却因过度西化而失去了传统之根，"现今的我们，不像西方人，尽管我们穿着西装，说着流利的英语；我们更不像中国人，尽管依然是黄皮肤黑头发，却天地君亲师一概不认……"① 这一现状无疑是让人忧虑的，更是亟待改变的。

三、新文化运动以来对传统文化的基本评价

从"存在即合理"②（黑格尔语）的立场看，一方面必须承认近代以来，尤其是五四新文化运动以来，包括早期共产党人在内的中国知识分子对传统文化否定具有某种历史必然性。事实上，正是因为面对着西方列强的坚船利炮，以严复、魏源、龚自珍、林则徐等为代表的一些进步知识分子和开明官员开始反思和批判封建传统文化对国家民族发展的负面影响，并提出了向西方学习（"师夷"）的口号。这是非常了不起的一个文化觉醒。但另一方面我们也想指出的是，在这个过程中，知识界的一些人滋生了一种全盘否定传统文化的偏激情绪。正是在这样的历史背景下，中华传统文化自近代以来的确遭遇了空前的被怀疑、冷落与否定。在一些人看来，只有抛弃了传统文化才能重建适应现代化的新文化、新社会、新人格。

其实，正如我们在一些已完成现代化的国家那里所看到的那样，传统文化与现代化不仅不是截然对立的，而且还是现代化得以实现的历史文化前提。在西方，正如马克斯·韦伯论证的那样，基督教的新教伦理就曾成功地孕育了资本主义现代化所需要的伦理精神。同样，在置身于有中国特色的社会主义现代化的建设过程中，如果我们能以审慎科学的态度去追溯以孔孟之道为主要代表的传统文化发展的历史踪迹，取其精华，去其糟粕，那么我们就会

---

① 李敖在香港凤凰卫视开设的"李敖有话说"节目中谈到这个话题。

② 黑格尔的原文是："Was vernünftig ist, das ist wirklich, und was wirklich ist, das ist vernünftig."将这句话完整翻译成中文就是："凡是合乎理性的东西都是现实的；凡是现实的东西都是合乎理性的。"可见，这里说的"存在即合理"的合理不是价值评价，而是事实判断，意指具备存在理由或合乎某种现实性。参见：恩格斯．路德维希·费尔巴哈与德国古典哲学的终结：马克思恩格斯选集：第4卷［M］．中共中央马克思、恩格斯、列宁、斯大林著作编译局，译．北京：人民出版社，1995：215-216.

发现，成为封建"道统"的儒家文化固然有其封建主义的糟粕，但也不乏优秀而积极的精华成分。这些成分在几千年的文化发展中，已积淀成为中华民族的德性与品格。它维系着社会的秩序和个人心性世界的平衡。

尤其是以儒家为主的传统文化中那些被称为美德的部分，更是亘古及今地对我们的历史与现实生活产生着积极而深刻的影响。有学者曾把这一传统美德罗列为十大德目：一是仁爱孝悌；二是谦和好礼；三是诚信知报；四是精忠爱国；五是克己奉公；六是修己慎独；七是见利思义；八是勤俭廉正；九是笃实宽厚；十是勇毅力行。① 的确，这些以仁爱为核心而衍生的德性规范，几千年来已成为我们中华民族一以贯之的德性追求。这些美德规范的形成既是伦理思想家的精神创造，更是包括这些思想家在内的无数崇道贵德的志士仁人躬身践行的实践成果。

其实，中华民族在优秀传统文化规范和熏陶下形成的传统美德远不止这十条德目。比如，自强不息、厚德载物的进取精神和博大胸怀；"先天下之忧而忧，后天下之乐而乐""天下兴亡，匹夫有责"的责任感和使命感；"杀身成仁""舍生取义"的气节追求；"富贵不能淫，贫贱不能移，威武不能屈"的人格操守，以及重视人的现世生活与人伦关系，主张"己欲立而立人，己欲达而达人""己所不欲，勿施于人"；提倡"博施于民，而能济众"等，都构成中华民族的传统美德。此外，中华优秀传统文化注重道德教育和道德修养，强调道德修养过程中的学、问、思、辨、行并重的修养方法，强调道德教育应因材施教、启发诱导，以及重视蒙学家教、整肃门风等思想，也都构成中华传统文化中的优秀遗产，它对于我们建设中国特色社会主义新文化无疑有着积极的启迪意义。

尤其值得一提的是，2014 年习近平在与北大师生座谈时，曾借用古代的经典语录将传统文化的优秀内容做过概括性描述："中华文明绵延数千年，有其独特的价值体系。中华优秀传统文化已经成为中华民族的基因，植根在中国人内心，潜移默化影响着中国人的思想方式和行为方式。今天，我们提倡和弘扬社会主义核心价值观，必须从中汲取丰富营养，否则就不会有生命力和影响力。比如，中华文化强调'民惟邦本''天人合一''和而不同'，强

---

① 张岱年，方克立. 中国文化概论 [M]. 北京：北京师范大学出版社，1994：281-290.

调'天行健，君子以自强不息''大道之行也，天下为公'；强调'天下兴亡，匹夫有责'，主张以德治国、以文化人；强调'君子喻于义''君子坦荡荡''君子义以为质'；强调'言必信，行必果''人而无信，不知其可也'；强调'德不孤，必有邻''仁者爱人''与人为善''己所不欲，勿施于人''出入相友，守望相助''老吾老以及人之老，幼吾幼以及人之幼''扶贫济困''不患寡而患不均'，等等。像这样的思想和理念，不论过去还是现在，都有其鲜明的民族特色，都有其永不褪色的时代价值。"①

中共中央、国务院颁布的《新时代公民道德建设实施纲要》在"继承中华传统美德"一节中则对中华优秀传统文化和传统美德有如下的简要概述："深入阐发中华优秀传统文化蕴含的讲仁爱、重民本、守诚信、崇正义、尚和合、求大同等思想理念，深入挖掘自强不息、敬业乐群、扶正扬善、扶危济困、见义勇为、孝老爱亲等传统美德，并结合新的时代条件和实践要求继承创新，充分彰显其时代价值和永恒魅力，使之与现代文化、现实生活相融相通，成为全体人民精神生活、道德实践的鲜明标识。"②

当然，由于以儒家文化为"道统"的中华传统文化毕竟是封建专制主义时代的产物，因而在建设适应中国式现代化的新文化过程中，我们不仅需要继承传统文化中的优秀成分，而且也需要厘清传统文化的负面价值，清除其有可能的消极影响。比如，儒家伦理文化中强调尊卑贵贱、远近亲疏，因而主张爱有等差的思想，以及重群体而轻个体、重义务而轻权利、重道义而轻功利的偏颇，等等，这些观念对新文化的建设无疑起着严重的阻碍作用。正是因此之故，为了建构适应新社会的新文化，作为执政党登上中国现代历史舞台的中国共产党自1949年之后曾经引领中国人民在文化意识形态领域，着力于反对、抵制和消除儒家文化中封建主义因素的影响，并以诸如思想改造运动的方式一方面反对封建主义文化的残留影响，另一方面则弘扬社会主义、共产主义的先进文化。历史证明，它为百废待兴的新中国建设提供了强有力的精神动力和思想觉悟的保障。

以毛泽东为代表的中国共产党人在新中国成立之后，在对中华传统文化

---

① 习近平谈治国理政［M］．北京：外文出版社，2014：170-171.
② 中共中央，国务院．新时代公民道德实施纲要［M］．北京：人民出版社，2019：8.

的清理和开掘中所坚持的基本原则就是：立足于中国社会主义建设的客观实践，主张古为今用，即在清理的基础上既合理吸纳又更新和超越古老的传统文化。中国共产党人坚信只有这样，才可能真正建构起适应中国社会主义革命和建设的新文化。

事实上，一个民族在自己的新文化建构中毫无疑问地必须从传统文化中吸纳思想养分。也就是说，传统文化作为一种渊源的东西，是任何一个继之而起的新的文化所必须对接和承袭的。我们只有在这个基础上，才可能更新和超越，否则新文化就会成为无源之水、无本之木。正因为如此，在新文化建设中，我们反对全盘否定传统文化的做法，而主张回望传统，回溯我们民族包括儒家文化中的积极成分在内的所有优秀文化传统，并立足于这个深厚的根基之上去努力开掘其适应社会主义革命和建设的现代性价值。

也是基于这一理由，在对待传统文化遗产问题上，新中国成立以来我们旗帜鲜明地反对以新儒家①为代表的复古主义思潮。作为一个完整的文化思潮，现代新儒家产生于 20 世纪 20 年代初，其产生背景是对五四新文化运动激烈反传统的一种保守的理论回应。这一时期新儒家代表人物林林总总，学术观点与立场也颇为复杂，但作为对中西之辩的一种理论回应，他们的一个共同立场是：反对自由主义的全盘西化论，主张以儒家的道德为本位来建构新文化。新儒学的主要代表人物有熊十力、梁漱溟、马一浮、张君劢、冯友兰、钱穆等人。比如，梁漱溟在当时孔子思想受到猛烈抨击的情况下，通过对古代中国、西方和印度三大思想文化的比较分析后得出了以孔学为主干的中国思想文化最有生命力的结论。他由此而阐发了儒家文化的现代价值，并断言："世界未来文化就是中国文化的复兴。"② 张君劢在科学与玄学的论战中，坚持认为科学不能解决人生问题，只有儒家的心性之学才能解决人生问题，并由此而建立了以儒家心性学说为核心的人学理论。他还通过对"体用

①　严格地说，学界对新儒家有两种理解：其一是指宋明时期的儒家各学派，如"程朱理学""陆王心学"等。其二是指产生于 20 世纪 20 年代初期并发展至今的一个学术思想流派，以熊十力、梁漱溟、马一浮为主要代表，力图在当代中国恢复儒家思想的主导地位，重建儒家的价值系统，并以此为基础来吸纳、融合、会通西学，以谋求中国文化和社会的现代化。本书指称的新儒家所指的是后者。

②　梁漱溟. 中国文化的命运 ［M］. 北京：中信出版社，2010：自序.

不二""理气合一"等范畴的考察，在道德形而上学的层面上建构了一个博大精致的伦理学体系，试图弘扬和阐发儒家文化的现代意义。[①]

值得指出的是，以成中英、刘述先、杜维明、余英时等为代表的海外新儒家思潮，自 20 世纪 80 年代改革开放以来，以新的学术范式、新的论证方式开始直接或间接地影响着我们对古代传统文化的态度和看法。一些新儒家学者在文章中不加分析地对儒家文化中的心性、义理之学大加推崇。但在大陆主流学者看来，这种观点与全盘西化论的自由主义思潮一样，也是片面的。也就是说，传统从本质上讲它既是前代人同后代人在文化继承上的中介，又要靠后代人根据时代的需要进行自觉的扬弃，才能得以继承和发展。可见，包括儒家文化在内的传统文化并没有超时空的绝对合理性，它们的合理性只存在于继之而起的后人依据现实而对其进行不断选择、不断创造和不断超越的发展之中。

重要的还在于，我们之所以主张批判地继承和弘扬以儒家文化为主要代表的古代文化传统，只是因为这个传统文化中的精华部分，构成我们创造社会主义新文化的思想史前提。离开了创造社会主义新文化这个目标指向和现实境遇，我们民族的传统文化无疑会失去其合理性的现实依据。正是从这一点上讲，中国共产党人旗帜鲜明地反对新儒家的复古主义主张。

作为对近代中西之争中过度推崇西方文化弊端的超越，也作为中西之争衍生的古今之争[②]中或复古主义或历史虚无主义偏颇的扬弃，毛泽东在论述新民主主义文化建构的基本思想时，特别论述了应当如何看待中国古代文化的问题："中国的长期封建社会中创造了灿烂的古代文化。清理古代文化的发展过程，剔除其封建性的糟粕，吸收其民主性的精华，是发展民族新文化，提高民族自信心的必要条件；但是决不能无批判地兼收并蓄。必须将古代封建统治阶级的一切腐朽的东西和古代优秀的人民文化即多少带有民主性和革命

① 张君劢. 张君劢儒学著作集：民族复兴之学术基础［M］. 北京：中国人民大学出版社，2006：34-39.

② 中西之争、古今之争是冯契先生对近代中国思想史主题的概括。但是，他认为在救亡图存的历史背景下，中西之争显然更吸引着那个时代的知识分子和进步人士的关注度。正是由此，我们可以发现古今之争通常被学界理解为中西之争的一个延伸话题。参见：冯契. 中国近代哲学的革命进程：冯契文集：第 7 卷［M］. 上海：华东师范大学出版社，2016：3-4.

性的东西区别开来。中国现时的新政治新经济是从古代的旧政治旧经济发展而来的，中国现时的新文化也是从古代的旧文化发展而来，因此，我们必须尊重自己的历史，决不能割断历史。但是这种尊重，是给历史以一定的科学的地位，是尊重历史的辩证法的发展，而不是颂古非今，不是赞扬任何封建的毒素。"①

毛泽东的这段经典论述，可以被视为近代中西、古今之争在对待中华传统文化问题上中国共产党人基本立场的清晰表达。它事实上概括性地提出了我们对古老传统文化的两个基本原则：一是不能割断历史，二是必须批判地继承。因此，在传统文化的现代价值开掘问题上，我们只有立足于中国社会主义革命与建设的客观实际，既清理否定以儒家为主干的传统文化中的封建糟粕，又继承吸纳其中的精华成分。只有这样，我们才能既与自由主义的全盘否定论划清界限，也与复古主义的全盘肯定论分道扬镳②，从而真正科学地开掘出传统文化的现代价值。

第二节　新时代弘扬优秀传统文化的现实路径

如果说以毛泽东《新民主主义论》所确立的"古为今用""剔除糟粕，取其精华"的方针奠定了中国共产党人对待传统文化之基本立场的话，那么进入新时代我们如何对待传统文化又面临着新的困境：西方文化不仅借着全球化趋势和强势的话语权大规模地涌入国门，而且在一些西方学者看来，选

---

① 毛泽东. 毛泽东著作选读：上卷 [M] . 北京：人民出版社，1986：398-399.
② 其实，在这两个主张之外，还有一个彻底重建论。彻底重建论在对待中华传统文化问题上主张"以彻底的反传统来创立新传统"。这种观点之所以也是错误的，就在于它对传统的理解带有太强的主观性和情绪化，缺乏辩证的思考。其实，每个人都生活在一定的文化传统中，传统可以创新与转化，却不能随便割断与抛弃。因此，对中华传统文化不加分析地全面否定，不仅在理论上是不可能的，而且在实践上也危害极大。因为这种把传统文化视为建设新文化的沉重包袱，甚至把民族文化中的优秀遗产也视为糟粕的错误观点，只能导致丧失民族的自尊心和自信心。不过，由于这一主张的拥护者不多，故本书不专门讨论它。

择了市场经济的中国与其古老的传统文化被认为存在着先天的不相融性。① 于是，对传统文化是否具有现代性的问题再一次地被质疑，甚至是被否定。正是对这一质疑与困惑的回应，以习近平同志为核心的党中央审时度势，不仅提出了构筑文化自信自强这一时代命题，而且还找到新时代弘扬优秀传统文化的现实路径。

一、推进马克思主义同优秀传统文化相结合

在 2021 年庆祝中国共产党成立 100 周年大会的重要讲话中，习近平总书记明确提出"坚持把马克思主义基本原理同中国具体实际相结合、同中华优秀传统文化相结合"② 这一重大论断。这不仅为新时代继续推进马克思主义中国化指明了方向，为这一中国化的进程开辟了具体的路径，而且也为新时代弘扬优秀传统文化找到了切实的实现路径。这也就是说，新时代的中国共产党人要以马克思主义世界观和方法论为指导，着力推进对优秀传统文化的批判性继承与创新性发展。在党的二十大报告中，不仅再次强调了这一"两个结合"的思想，而且还进一步指出："中国共产党人深刻认识到，只有把马克思主义基本原理同中国具体实际相结合、同中华优秀传统文化相结合，坚持运用辩证唯物主义和历史唯物主义，才能正确回答时代和实践提出的重大问题，才能始终保持马克思主义的蓬勃生机和旺盛活力。"③

这事实上就意味着做好这一马克思主义基本原理同中华优秀传统文化相结合的推进工作，不仅对于探索马克思主义中国化时代化，对于构建二十一世纪马克思主义新形态具有不可替代的意义，而且更为解决近代中西之辩中文化自信的缺失找到了最新、最重要的实现路径。

---

① 马克斯·韦伯最早提出这一不相融性。在其《新教伦理与资本主义精神》中论证了西方基督教的新教伦理具有直接培育资本主义及其市场经济的功能。在其《儒教和道教》（也有译为《中国宗教》）一书中进而认为，孔子所创立的儒家伦理以及老子的道家文化由于对应的是农业文明，因此不仅与商品经济无缘，而且必然是阻碍和压抑资本和市场经济发生和发展的罪恶渊薮。迄今为止，马克斯·韦伯的这一论断在国内拥有颇多的认同者，有人甚至认为"这是继马克思之后在社会科学领域里的一个最伟大发现"。

② 习近平. 在庆祝中国共产党成立 100 周年大会上的讲话［J］. 求是，2021（14）：3.

③ 习近平. 高举中国特色社会主义伟大旗帜　为全面建设社会主义现代化国家而团结奋斗——在中国共产党第二十次全国代表大会上的报告［M］. 北京：人民出版社，2022：17.

正是基于这一理解，我们把文化自信的构筑理解为马克思主义基本原理同优秀传统文化相结合这一命题提出的最重要语境。事实上，就中西之辩而论，文化自信的构筑堪称近年来中国共产党人回应时代问题而实施的最重要的文化工程。也正是因此，习近平总书记高度重视文化自信的构建问题。他在庆祝中国共产党成立 95 周年大会上的讲话专门就文化自信做出了一系列深刻阐述，并且提出了"文化自信是更基础、更广泛、更深厚的自信"① 的命题。在党的十九大报告中他明确提出："没有高度的文化自信，没有文化的繁荣兴盛，就没有中华民族伟大复兴。"② 在党的二十大报告中更是以"推进文化自信自强，铸就社会主义文化新辉煌"为标题专列一节再次强调了文化自信构建是中国共产党人新时代最重要新使命之一。③ 可见，当今中国增强文化自信、建设文化强国已然是国家层面的战略任务。

正是基于系统梳理传统文化在当下的重要意义，习近平主席不仅高度认可有关部门编纂出版《复兴文库》之举，而且欣然应邀作序："修史立典，存史启智，以文化人，这是中华民族延续几千年的一个传统。编纂《复兴文库》，是党中央批准实施的重大文化工程。在我们党带领人民迈上全面建设社会主义现代化国家新征程之际，这部典籍的出版，对于我们坚定历史自信、把握时代大势、走好中国道路，以中国式现代化推进中华民族伟大复兴具有十分重要的意义。"④

然而，不可否认的是当今中国人正处于市场、资本的深度介入和影响中。人们对财富、商品、效率、价格、价值和消费等词汇已经没有了任何陌生感，更不会如改革开放初期时那样强烈排斥。由此带来的是商业文明迅速在中华大地蔓延与形成气候，与此相关联，文化也已然表现出更为深度的现代性转

---

① 习近平在庆祝中国共产党成立 95 周年大会上的讲话 [N]. 人民日报，2016-07-02（1）.

② 习近平. 决胜全面建成小康社会 夺取新时代中国特色社会主义伟大胜利——在中国共产党第十九次全国代表大会上的报告 [M]. 北京：人民出版社，2017：41.

③ 习近平. 高举中国特色社会主义伟大旗帜 为全面建设社会主义现代化国家而团结奋斗——在中国共产党第二十次全国代表大会上的报告 [M]. 北京：人民出版社，2022：42.

④ 习近平. 在复兴之路上坚定前行——《复兴文库》序言 [N]. 人民日报，2022-09-27（1）.

向。现代主义、后现代主义的理论在经济急速增长的带领下被催生、被唤醒或者被引入。于是，人们突然发现当代中国也面临着资本逻辑、资本意识形态对人的生活方式的支配，以及对人的自主性和个性的僭越。这其中尤其是西方文化推崇的物欲主义、消费主义、利己主义、享乐主义等思潮对当代中国人的影响力不可忽视。人在崇拜"物"的五光十色的外表的同时，不再关注内心的安宁、和谐与幸福。另外，中国在全球化的世界浪潮中迅速调整身姿，不断打开国门与世界深度融合。在这个过程中，中国文化的当下发展的确面临着非常复杂的由资本逻辑衍生的外来文化带来的诸多挑战。

于是，作为当代中国文化源头和基础部分的中华传统文化，该如何在新的场域中发出自己的声音，去回应资本的全球化，便成为一个重要的问题严峻地摆在了执政的中国共产党人和全中国人民面前。事实上，正如前文所述，在近代以来的中西文化大论战中，传统文化的优与劣问题就曾屡屡被论及。总体而言，我们在这波中西之辩中，逐渐失去了对传统文化的自信。也许正是基于找回文化自尊与自信这个缘由，自 20 世纪 80 年代以来，"国学复兴""传统文化热"开始引领过不小的一阵社会风尚。但是，面对着资本的全球性渗透与西方文化的强势话语权，这一波传统文化热并没有热太久。只是发展到了当下，文化自信自强作为中国共产党治国理政的重要理念，才真正促使传统文化的发掘、传授、研修走入了大众生活。可以毫不夸张地说，在中国共产党的主动引领与积极推进下，对中华优秀传统文化的继承与创新已成为当下中国文化领域里一道异常亮丽的风景线。

但是，毋庸讳言的另一个基本事实是，至今人们对于传统文化的态度依然是非常复杂的。无论是民众还是学界，无论是东方还是西方，对中华传统文化的评价显然充满着不同立场、不同观点的争议。有学者认为，当代中国所面临的主要文化矛盾已经是源自传统的中华优秀文化与代表资本利益的西方文化的矛盾。[①] 但也有学者并不认同这一概括，而是主张当今中国的主要文化矛盾是"社会主义市场经济内生的义利冲突"[②]。新儒家的代表人物杜维明认为，这一主要矛盾应该被恰当地表述为全球化语境下的普世价值遵循与中

---

① 黄寅 . 诸子经典散论［M］. 北京：中国言实出版社，2017：12.

② 黄力之 . 后革命语境中的中国文化矛盾［M］. 上海：上海三联书店，2016：46-153.

华民族独特精神的坚守之间的矛盾。① 诸如此类的观点见仁见智，不一一而论。不过争论归争论，透过不同观点争论的表象，我们还是可以发现，传统与现代之间的矛盾即便不再被认为是当今社会的主要文化矛盾，但这一矛盾始终或潜隐、或彰显地在现实中存在着。而且，从"人作为文化的存在"②这一共性出发，传统文化也必然在当代中国人的文化血脉和基因里起着不可估量的影响作用。以海外新儒家为主要代表在世界范围掀起的中华传统文化热，一定程度上表明了人们已然站在新时代的角度思索中华传统文化的当下价值。重要的还在于，这事实上正凸显了文明的现代危机和中华传统文化具有超越这一危机的内在潜力。

但同样毋庸讳言的是，传统文化无法不经批判与转化就彰显其现代价值。马克思主义以其对人类生存关切的内在逻辑而在超越传统与现代的对立中衍生了可贵的文化批判精神。而且，这一文化批判精神直接被以法兰克福学派为主要代表的西方马克思主义阵营继承和弘扬。事实上，西方马克思主义者在对西方启蒙时代以来的文化批判和反思可谓成就斐然。当代中国的马克思主义者显然可以从中汲取诸多的理论与方法层面的启迪。

可见，在马克思主义文化批判理论视域下对中华传统文化现代价值进行发掘、传承与转化不仅有着充分的必要性，而且也有了现实的可能性。这正是新时代中国共产党人积极推进马克思主义基本原理同中华优秀传统文化相结合的当下语境。

二、马克思主义同中华优秀传统文化相结合的文化意义

传统文化在当代社会既不是完全无用的，也不是像文化复古主义者所主张的那样不需要批判就可以直接拿来嫁接于现代社会。它需要现代转化与重新开掘才能适应并应用于现代人的生活世界。从中国共产党人积极推进马克思主义同中华优秀传统文化相结合的伟大实践来看，以马克思主义文化批判理论为视域去探寻中华传统文化的现代意义，至少将凸显出以下的文化意义。

---

① 杜维明. 杜维明学术文化随笔［M］. 北京：中国青年出版社，1999：25.
② "人是文化的存在"这一命题由英国学者爱德华·泰勒（Edward Tylor）在《原始文化》中提出并做了系统论证。这个观点一经提出便得到了学界广泛的认同。参见：爱德华·泰勒. 原始文化［M］. 杭州：浙江人民出版社，1988：67-68.

一是可以从马克思主义文化批判的角度来全面审视中华传统文化的时代价值与创造性转化的可能性。中国共产党从 1921 年诞生那一刻起，就是中华大地上真正的马克思主义信仰者和传播者。但是，在以往对马克思主义中国化时代化的推进中，我们在文化层面上比较多地关注了马克思主义与争取民族独立、与解放年代形成的革命文化和社会主义建设时期产生的先进文化的关联性，与此形成鲜明反差的是对马克思主义与中华传统文化的关联性关注不够，尤其在这一关联性的思想细节展开方面仍有很大的研究空间可以拓展。比如，我们在前文中曾有提及，在马克思主义中国化时代化进程中做出颇为重要理论贡献的冯契先生就认为，20 世纪初在"主义的论战"中，中国为什么选择了马克思主义而不是别的主义，这其中就有一个问题很值得研究。这个问题就是：马克思主义在诸如人我（群己）之辩、义利之辩问题上具有诸多与中华传统文化（尤其是儒家的道统）相契合的精神气质。① 依据这样的思路，我们显然可以为当今中国马克思主义中国化时代化找到一条与传统文化相结合的新的具体的发展路径。我们要具体地、条理清晰地研究好马克思主义与中华传统文化相契合的思想内容，从而激活古老传统的现代活力。这将是 21 世纪马克思主义的一个重要的生长点。

二是以传统文化为切入点，可以为构建中国特色哲学社会科学体系提供理论和方法的参考。2016 年 5 月，习近平总书记在哲学社会科学工作座谈会上发表讲话时，曾经提出了加快构建中国特色哲学社会科学的理论体系和话语体系的要求。也就是说，他希望哲学社会科学工作者要从对西方理论和话语体系的过度推崇甚至迷信中走出来。在论及如何打造中国特色的话语体系时，习近平总书记主张"要善于提炼标识性概念，打造易于为国际社会所理解和接受的新概念、新范畴、新表述，引导国际学术界展开研究和讨论"②。事实上，我们从中国文化的天人合一、人我合一（群己合一）、身心合一（欲理合一）等概念中显然可以读出鲜明的中国特色、中国风格、中国气派。这些中国文化的标识性概念，经过创造性的转化一定可以凸显出其特有的智慧，

---

① 杨海燕. 智慧的回望——纪念冯契先生百年诞辰访谈录［M］. 桂林：广西师范大学出版社，2015：131.

② 习近平谈治国理政：第 2 卷［M］. 北京：外文出版社，2017：346.

它对哲学社会科学工作者深入研究关系国计民生的重大课题和积极探索关系人类前途命运的重大问题，均有着重要的来自思想史的智慧启迪。

三是可以为当前构筑文化自信、建设文化强国提供重要的学理支撑。中国共产党在着力推进马克思主义同中华优秀传统文化相结合的进程中，尤其以文化自信自强与中华优秀传统文化价值开掘的关联性为楔子，以马克思的历史唯物主义理论为指导，借助中西文化的比较研究方法，梳理和概括出若干条凸显中华民族文化特性的基本价值原则，可以为构筑文化自信提供若干来自思想史的智慧启迪。

特别值得指出的是，因为这个学理支撑是源自我们的传统，因而它对中国人而言也许更具亲切感和认同感。毋庸讳言的是，自鸦片战争以来，因为屡战屡败之后的痛定思痛，我们一方面对西方文化产生了敬仰之情，另一方面则对传统文化产生了诸多偏激乃至否定的情绪。于是，中华民族的文化自信就这样渐渐地丢失了。事实上，传统文化的意义正如习近平总书记说的那样，它"体现着中华民族世世代代在生产生活中形成和传承的世界观、人生观、价值观、审美观等，其中最核心的内容已经成为中华民族最基本的文化基因。这些最基本的文化基因，是中华民族和中国人民在修齐治平、尊时守位、知常达变、开物成务、建功立业过程中逐渐形成的有别于其他民族的独特标识"[①]。今天当我们不再偏激而是能够心平气和地看待传统文化时，便可发现它具有许多优秀成分。新时代中国共产党将这些中华优秀传统文化具有的现代性做若干具体的发掘，不仅可以为中国特色社会主义文化建设提供重要的思想史资源，也可以为"构筑中国精神、中国价值、中国力量，为人民提供精神指引"提供智慧启迪。

近代以来，中国人民在中国共产党的带领下，以马克思主义为指导，对中华传统文化进行了深度的反思与剖析，也取得了诸多创造性转化的积极成果。比如，毛泽东在《新民主主义论》中提出的"以共产主义思想为指导的、民族的、科学的、大众的文化"这一新民主主义文化纲领就曾被认为是对中

[①] 习近平在纪念孔子诞辰 2565 周年国际学术研讨会暨国际儒学联合会第五届会员大会开幕会上发表重要讲话 [N]. 人民日报，2014-09-25（2）.

国近代思想史上一直悬而未决的古今、中西之争的一个积极成果。① 它既凸显了民族性又彰显了现代性，为新民主主义革命的胜利奠定了思想文化层面的一个重要基础。"而今迈步从头越"。在进入新时代之后的中国，中国共产党同样需要从马克思主义文化批判的角度来审视传统文化的现代转化与价值创新问题，并致力于这一转化和创新成果投入当代中国文化自信自强的建构过程之中。这就如党的二十大报告中概述的那样："我们必须坚定历史自信、文化自信，坚持古为今用、推陈出新，把马克思主义思想精髓同中华优秀传统文化精华贯通起来、同人民群众日用而不觉的共同价值观念融通起来，不断赋予科学理论鲜明的中国特色，不断夯实马克思主义中国化时代化的历史基础和群众基础，让马克思主义在中国牢牢扎根。"②

不仅如此，从现实意义角度来考察，中国共产党人大力推进马克思主义基本原理同中华优秀传统文化相结合，还将有着以下两个向度的实践价值。

一是从中西马克思主义文化研究的角度综合分析传统文化的现代价值与价值创新的可能性及路径，从而有助于推进国家文化软实力的建构。当今中国虽然在包括文化在内的各个领域都取得了举世瞩目的成就，但不容否认的是，文化大国并不等于文化强国，我国文化软实力的表现尚跟不上国家硬实力前进的脚步。因此，提升文化软实力便成了国家战略高度的问题。实施这一国家战略当然是个庞大的系统工程，但这其中，从历史源头着手构筑文化自信自强，让中华优秀文化既走进国民的内心，又以自觉、自信、自豪的姿态走向世界，肯定是很重要的一个环节。正如古人"欲人勿疑，必先自信"（冯梦龙《东周列国志》）格言所阐述的道理那样，我们对自己的文化要构筑起坚定的自信。我们从中国文化的源头出发，大力推动中国文化走出去，向世界传递中国好声音，让中国智慧、中国方案、中国道路充满自信地亮相全球，不仅可以为中国影响力的全球扩展提供有效的"软保护"，构筑有利于中国长期发展的"软环境"，更可以为我们的强国之路提供强大精神力量。

---

① 杨焕章. 毛泽东哲学思想研究概述 ［M］. 天津：天津教育出版社，1988：309.
② 习近平. 高举中国特色社会主义伟大旗帜 为全面建设社会主义现代化国家而团结奋斗——在中国共产党第二十次全国代表大会上的报告 ［M］. 北京：人民出版社，2022：18.

如何从优秀传统文化这一源头着手构筑文化自信自强，习近平总书记堪称新时代中国共产党人的楷模。2021年3月22日他在福建武夷山考察时就这样深情地说过："我到山东考察时专门去看了孔府孔庙，到武夷山也专门来看一看朱熹园。"为什么要这样做呢？他解释说："我们走中国特色社会主义道路，一定要推进马克思主义中国化。如果没有中华五千年文明，哪里有什么中国特色？"①

二是通过具体分析中国共产党对传统文化创造性转化和创新性发展的理论与实践，可以引领人们对中华优秀传统文化有一个整体而清晰的把握，在创造吸收中实现传统文化与现代生活方式的有机融合。事实上，已经有越来越多的事实证明，中西马克思主义文化的百年争论以当今中国现代化实践为基础，终于有了一个相对合理的解决方式。只是这种解决方式在意识形态的表达方面还需要对传统文化有一个现代转化与价值创新的跟进。也就是说，我们对中华传统文化现代价值的讨论要走出"空对空"的理论抽象，要在面对现实生活世界及其全球性难题的过程中，将其核心价值转变为积极的方法和生活理念。事实上，在人与自然、人与社会、人与自身的关系上，现代性的发展确实带来了诸多难题，传统文化只有在积极回应并解答这些难题的过程中才能够真正彰显其现代性价值，发挥其对现代社会以文化人、以文育人的影响作用。

正因为如此，我们断言：传统文化虽然产生于以小农经济和宗法等级制为前提的社会中，但从文明进化和累积的角度考察，它显然有着诸多普遍性的价值可以用于解决现代人类生活中的诸如物欲主义、消费主义、享乐主义、个人主义、利己主义以及价值虚无、精神涣散等问题。这不仅对社会主义和谐社会以及社会主义核心价值观构建大有裨益，而且这些经过了现代转化与价值创新的传统文化的优秀成分，其本身就是中国特色社会主义现代化进程中"中国特色"之语境的重要含义之一。

特别值得一提的是，中华民族的这些优秀传统文化正日益彰显出其全球性的价值。正如有学者指出的那样，继中世纪末叶的马可·波罗（Marco

---

① 习近平谈治国理政：第4卷［M］. 北京：外文出版社，2022：315.

Polo）时代之后，世界再次把惊异的、渴求的目光投向追求仁智会通、德业双修、天道与人文统一之圆融和谐的东方文化。① 的确，当今世界文明发展的大趋势已日益显出如下态势：人类正试图从以中国为代表的东方文化与以英美国家为代表的西方文化的比较与综合中，寻觅人类全面协调，持续稳定的发展路径。海外新儒学思潮方兴未艾，孔夫子主义（Confucianism）大行其道，"道"（Tao）流行于日常生活以及管理理念中，"中国禅"（Chinese Zen）不仅日益成为一些西方人人格修炼的基本功课，而且它还为西方的精神分析心理学所认同，"以佛疗心"成为精神分析治疗的一大时尚。还有，孙子兵法、中国功夫等成为流行的话题，无一不是中国传统文化之世界意义的明证。

我们显然不能因为一些西方学者与普通民众对中华传统文化的期待而盲目乐观，更不能断定西方世界等着东方文化去拯救，正如我们也不应该因为另一些西方人对东方文传的贬低而自卑或愤懑。这是一个地球村的时代，从文化交流而论是西方走向东方、东方走向西方的时代。但在这双向互动与交流中，中华传统文化的智慧并没有过时，其生命力将在文明对话中得到证明，并得到进一步的展示和发展。因此，我们在深刻洞察马克思主义基本原理同中华优秀传统文化相结合的现实语境和现实意义的基础上，无疑可以更加自觉、更加系统、更加自信地向世界传递这些中国声音、中国智慧、中国方案。

党的二十大报告对增强中华文化的全球传播力与影响力有这样一段充满自信的文字表述："坚守中华文化立场，提炼展示中华文明的精神标识和文化精髓，加快构建中国话语和中国叙事体系，讲好中国故事、传播好中国声音，展现可信、可爱、可敬的中国形象。加强国际传播能力建设，全面提升国际传播效能，形成同我国综合国力和国际地位相匹配的国际话语权。深化文明交流互鉴，推动中华文化更好走向世界。"②

我们有理由断言，随着马克思主义同中华优秀传统文化相结合这一伟大文化工程的积极推进，不仅马克思主义中国化时代化的理论创新成果会不断

---

① 刘梦溪. 中国文化［M］. 香港：中华书局（香港）有限公司，1991：213.

② 习近平. 高举中国特色社会主义伟大旗帜 为全面建设社会主义现代化国家而团结奋斗——在中国共产党第二十次全国代表大会上的报告［M］. 北京：人民出版社，2022：45-46.

涌现，而且这些理论创新成果在回答中国之问、世界之问、人民之问、时代之问中将不断彰显其"批判的武器"（马克思语）内蕴的伟力。

第三节 以马克思文化批判理论为指导
推进传统文化的继承创新

在确定了马克思主义基本原理同中华优秀传统文化相结合这一构筑文化自信自强的重要路径之后，探讨如何以马克思主义文化批判理论为指导，积极推进传统文化的批判性继承和现代性创新的问题就历史性地摆在了新时代中国共产党人面前。这是执政的中国共产党人引领中国人民在谋求中华民族伟大复兴进程中最重要的文化使命之一。

一、科学合理地评价中华传统文化

自 20 世纪 80 年代以来，一个新的、被人们称为"文化热"的现代文化运动骤然出现。在"文化热"中，有关中华传统文化再评价、中西文化冲突和融合等论题，开始走出学术沙龙的象牙塔，为全社会所思考和议论。这或许从一个侧面表现了我们这个古老国度时下正在进行着的社会变革的深度和广度，表现了民众对于建构与现代化相适应的新文化体系的强烈要求。

然而，我们发现"文化热"中无论是学术界还是民间，人们对中华传统文化之现代意义的评价均存在不同意见和立场的纷争，在一些问题上甚至可以说是异义丛生，莫衷一是。因此，置身新时代要对中华传统文化的现代意义问题达成某种程度的共识，首先必须解决对中华传统文化的科学评价问题。这可以说是对中华传统文化内蕴的现代意义进行开掘的理性前提。我们在这里所指称的科学而合理地评价中华传统文化，实质上就是说要从整体上对中国几千年的传统文化的辩证发展做一规律性的探寻，从而不是主观随意地而是客观理性地对中华传统文化做一总体评价。正是依据这一指导思想，我们在这里对中华传统文化做如下几方面概述性的评价。

其一，中华传统文化是统一性与多样性的对立统一。中华传统文化虽然在秦汉时期开始形成封建的大一统文化，董仲舒倡导的"独尊儒术"更是把这个统一性推向极致，但这并不意味着中华传统文化只有单一的内容。事实上，中华传统文化是多样性的统一。比如，从内容上看，中华传统文化中既有对自然界的认知，又有关于社会人文的、政治的、经济的、科学技术的思考，其中无疑包含或多或少的合理而深刻的认识，这是中华民族的共同精神财富，不能因为其属于封建社会的观念、意识而对其合理性也加以否定。从中华传统文化的时限上看，中国文化有远古和古代的传统，也有近代的传统。再从这一传统文化的学术派别上看，先秦时期就产生了儒、墨、道、法、阴阳、名、兵、农等诸子百家，在以后的发展中又有彼此的会通、融合和衍化，形成了新道家、新法家、新儒学及佛、道文化，等等。即便从马克思主义的哲学角度来看，中国古代哲学既有唯物主义的传统，也有唯心主义的传统，以及辩证法的传统和形而上学的传统，等等。再从文化形态上看，其人文价值追求既有如儒家作为"道统"那样大一统的、体现统治阶级意志的价值追求，也有如道家、禅学那样关注个体自我生命的非主流哲思，还有如唐诗、宋词、元曲那般精致优雅的文学艺术作品。所以，评价中华传统文化，如果仅仅局限于某一种领域或方面，往往会失之偏颇。

事实上，如果我们能正确理解中华传统文化中这种统一性与多样性的对立统一，我们就可以多方面、多层次、多角度地开掘这一文化所内蕴的现代意义，使其为构建适应中国式现代化的新文化提供来自思想史的珍贵养分。

其二，中华传统文化也是连续性与变革性的对立统一。中华传统文化的连续性在世界文化发展史上是独一无二的。由远古文化到夏商周的三代文化，中华传统文化便开始呈现出一个长期发展、不断积累的过程。春秋时代，孔子整理和总结三代文化的成果，创立了影响深远的儒家学说。继孔子之后，出现了中国文化史上最活跃、最富创造性的百家争鸣局面。至秦汉，董仲舒倡导"独尊儒术"，建立其天人感应、阴阳五行、儒道法互补的儒学思想体系，儒家自此开始成为中国封建社会中长期发挥影响的主流意识形态。由汉唐而至宋明理学时期，这一传统的封建大一统的文化开始走向自己的鼎盛时期。在这一历史过程中，中国古代社会曾历经战争动乱、社会分裂和王朝更替，但这个文化并未中断自己的"道统"，而是在继承已有成果的基础上，绵延不绝地获得发展与更新的动力。

虽然中华传统文化发展的连续性是惊人的，但它与变革性并不对立。事实上，中华传统文化发展的这种连续性本身就是一个在传统的基础上不断创新的变化过程。仅就先秦而论，从周人对前人的文化维新到孔子对周礼的重新阐释，从孟子对孔子思想的深化与发展到荀子对先秦百家争鸣学术的总结与融合，就表现为一个连续性与变革性的统一过程。

商朝的开国君主成汤曾在澡身浴德之盆上铭刻如下警词："苟日新，日日新，又日新。"旨在激励自己治国理政要自强不息，创新不已。文中三个"新"字，本义是指洗澡除去肌肤上的污垢，使身体焕然一新。儒家学者在《礼记·大学》中将其引申为精神上的弃旧图新。习近平在2013年全国政协新年茶话会上曾经以古人此言为例充分肯定了中华民族的伟大创新精神。①

在中华传统文化发展的历程中，不同时代的思想家的每一次创新都是以传统为根基的，而每一次创新的思想文化成果又构成传统的新的组成部分。把握中华传统文化的这一发展规律，一方面可以消除我们在理解传统文化时把传统等同于守旧的偏见，另一方面更为我们今天如何以创新的方法继承传统文化，从中发掘出其特有的现代意义提供了重要的方法论启迪。

其三，中华传统文化又是独立性与融通性的统一。中华传统文化的独立性既指这个文化的主体是中国人自己独立创造的，也指这个文化在独立发展的历史中较早地形成了自己独特的体系。考古学界有足够的考古资料证明，中华传统文化作为一种本土文化源于远古时代。从那个时候起我们不仅有着独特的汉字语义和语音体系，而且还以这种方块汉字为载体独创了自己的哲学、道德、宗教、文学艺术等独特学术思想体系，形成了华夏民族独有的礼仪典章制度、风俗习惯和民族性格、民族心理，建立了独一无二的诸如中医学那样的医学理论体系。我们还有着独特的虚拟写意的戏曲艺术、气韵生动的中国书画，工整对仗、情理交融的楹联艺术，等等。

但中华传统文化与世界文化的发展又不是毫无关联的，它对许多的外来

---

① 习近平出席全国政协新年茶话会并发表重要讲话［N］．人民日报，2013-01-01（1）．

文化有着很强的吸纳和融会贯通能力。事实上，如果我们仔细考察一下唐代文化繁荣的原因就可以发现，传统文化对外来文化具有非凡的吸纳力和交融贯通性是一个非常重要的原因。仅就宗教文化而言，在这个时期不仅源自印度的佛教逐渐中国化，使佛教文化成为中国文化的一个有机组成部分，而且景教（基督教）、回教（伊斯兰教）、犹太教也开始传入中国，使唐文化呈现一派胡曲与雅乐互放异彩的繁荣景象。

2014 年 3 月 27 日习近平在巴黎联合国教科文组织总部发表演讲时，曾经提及中国本土文化在与外来的佛教文化交流互鉴、融合发展的历史："佛教产生于古代印度，但传入中国后，经过长期演化，佛教同中国儒家文化和道家文化融合发展，最终形成了具有中国特色的佛教文化，给中国人的宗教信仰、哲学观念、文学艺术、礼仪习俗等留下了深刻影响"，"中国人根据中华文化发展了佛教思想，形成了独特的佛教理论，而且使佛教从中国传播到了日本、韩国、东南亚等地"[1]。

对中华传统文化独立性与融通性对立统一特性的认识，至少向我们昭示，在对传统文化现代意义的认识过程中，既要反对全盘西化的民族虚无主义的偏颇，又不能因此而拒绝吸纳世界文化的优秀成果为我所用。几千年中华传统文化的发展表明，既吸纳和融通外来文化作为本民族文化的组成部分，同时又保持中华本土文化的主体性地位，正是中华传统文化能不断发展并始终充满活力的奥秘之所在。

二、传统文化现代意义的开掘所必须遵循的基本原则

以 1840 年鸦片战争为标志，中华传统文化开始由古代向近现代转型。在这个充满危机与痛苦的转型过程中，人们对以儒家文化为代表的传统文化，产生了诸多的偏激情绪。20 世纪 20—30 年代，"全盘西化论"与中国文化本位论的争论正反映了这种偏激情绪。

正如前文所述，以毛泽东为代表的中国共产党人在建构新民主主义新文化的过程中，开始科学地确立了对待中华传统文化所应持有的基本方法论原'

---

① 习近平谈治国理政 ［M］. 北京：外文出版社，2014：260.

则。这就是毛泽东在《新民主主义论》中提出来的批判地继承中华传统文化的主张。毛泽东对封建社会形成的中华传统文化所主张的立场，一方面强调了不能割断历史，另一方面又主张必须批判地继承。显然，这就既和民族虚无主义划清了界线，又同文化保守主义划清了界线。正是遵循着对传统文化批判继承的这一基本原则，我们借助于思维的抽象，可以对中华传统文化内容做不同的甄别与归类，然后在这个基础上对传统文化的现代意义加以开掘。

其一，对传统文化中的封建糟粕应持彻底批判与摈弃的态度。在传统文化的发展中，一个基本事实是，绵延了几千年的封建主义文化始终占据着主导地位，因而对传统文化中具有封建文化性质的观念形态，以及反映这些观念形态的一切"物化"了的存在，我们必须秉持彻底的批判态度。我们必须清醒地意识到，在道德伦理、秩序制度、价值观念、风俗习惯、民族心理、思维方式等方面，封建主义影响的痕迹几乎随处可见：大如专制制度、等级观念、宗法思想、人治传统之类，小如待人接物的礼教规范和为人处世的"不敢为天下先"的保守原则，等等。对于这些传统文化中遗留于现实社会的糟粕，应当坚决予以抛弃。此外，还有一些虽然不为封建文化所独有，但反映了一般农业文明之局限的东西，诸如重农轻商的观念，狭隘短浅的目光，听天由命、求稳惧变的思想，抱残守缺、不求进取的心态，等等，也应随着时代的进步而将它们彻底淘汰。

其二，对传统文化中那些糟粕与精华并存的成分则要善于辩证地扬弃，要以时代发展的要求为内在依据批判地予以继承。由于传统文化并不仅仅只是封建文化，其中有一些东西，不仅在我们民族的诞生阶段就开始形成，而且在我们民族的整个发展过程中也始终存在。这些文化观念或风俗习惯已成为我们民族文化最基本的一些规范与原则。对传统文化中的这一类成分，我们应当在批判与改造的基础上予以继承。我们之所以要批判地继承，是因为这方面内容往往是精华与糟粕并存的，因而在开掘其现代意义的过程中，我们必须特别注重取其精华去其糟粕。众所周知，我们今天出于抵制工业文明的负面效应，不再重蹈西方国家曾经出现过的诸如重物质、轻心性，重人类、轻自然之覆辙的需要，会自然地重温"天人合一""义利合一"以及"仁、义、礼、智、信""礼、义、廉、耻""忠孝"等传统文化观念。但我们在重新评价和继承这一些传统观念时，一定要赋予它们崭新的时代内容。比如，在天人之辩中肯定其敬畏与尊重天地自然的天人合一立场，去除其中对天地自然那带有神秘主义色彩的顶礼膜拜心态。又比如，在人我之辩中把那种极端的、以单方面绝对服从为基础的旧式"孝道"转化为以相互理解、相互尊重为本质的新式"孝道"；从"礼"的观念中剔除等级名分的封建成分，而使之转化为人与人之间的真诚相待、文明礼貌；从"耻"的观念中去掉虚伪的、不正常的"面子"意识及落后于时代的"耻言利"之类的观念，而代之以现代人的新式道德观、荣辱观、义利观，等等。

其三，对传统文化中的优秀遗产我们必须着意继承并大力弘扬。在中华传统文化中还有一部分是不为封建社会形态所特有，而是与我们中华民族的整个历史共存的积极成分。这些积极成分作为传统文化中的优秀遗产无疑是我们必须积极继承并大力弘扬的。比如，中华民族自古以来就有悠久的爱国主义传统，有注重人际关系和谐的传统，有一贯尊重事实的求实精神，有强烈的民族自尊心、自信心，有勤奋、勇敢、善良、吃苦耐劳的美德，有百折不挠、愈挫愈奋的抗争与自强精神，等等。这些传统并不仅仅与农业文明同始终，而是我们民族过去、现在和将来始终需要的永恒精神。这些精神也并不与近代工业文明的优点和长处发生冲突，相反，却往往有匡补其时弊之功效。因而，传统文化中的这些积极成分过去哺育了我们的祖先成长，今后也将伴随着我们的后代走向未来，它无疑是我们民族文化中应当刻意继承和弘扬光大的珍贵文化遗产。

概括地说，中华传统文化中具有积极意义和恒久价值、应当深入开掘和发扬光大的，主要有两个方面的内容。一是体现和表达民族精神的内容。如"天下兴亡，匹夫有责"的忧患意识和爱国主义精神；"兴利除弊"的改革精神；"以和为贵""求同存异"的和合精神；"民为贵，君为轻"的重民贵民的民本思想；"自强不息"，不畏强暴，不怕困难的独立自主、自力更生、吃苦耐劳精神；注重包容的"会通"精神；等等。二是扬善抑恶，注重人格和道德修养的伦理精神和人生价值观念。如"己所不欲，勿施于人"的"仁爱"精神；"勿以恶小而为之，勿以善小而不为"的律己观念；"三军可夺帅，匹夫不可夺志"的人格正气；"杀身成仁""舍生取义""天下为公""以天下为己任"的重气节和大公无私的人生价值观念；等等。

但需要指出的是，即便是对于传统文化中的这一部分内容，我们也应该在立足于继承的同时，注意清除其中的封建主义痕迹，而代之以具有时代精神的先进内容。就人我之辩、群己之辩而言，比如，从古代悠久的爱国主义传统中清除有可能衍生的忠君思想、大汉族主义思想、狭隘的民族主义思想等，培植起充分的民族共同体意识，构建起必要的国际主义视野和命运共同体意识。又比如，从注重人际关系和谐的"群体观念"中剔除互相牵制和过分依赖他人、群体的消极成分，而吸收、补充近代工业文明中注重发挥个人作用和勇于自我实现的内容。还比如，从"不患寡而患不均，不患贫而患不安"理念中剔除平均主义的小农经济意识，代之以各尽所能、共享发展、共同富裕等与科学社会主义相契合的理念，等等。

在党的二十大报告中，对中华优秀传统文化与马克思的科学社会主义相契合的内容做了如下阐述："中华优秀传统文化源远流长、博大精深，是中华文明的智慧结晶，其中蕴含的天下为公、民为邦本、为政以德、革故鼎新、任人唯贤、天人合一、自强不息、厚德载物、讲信修睦、亲仁善邻等，是中国人民在长期生产生活中积累的宇宙观、天下观、社会观、道德观的重要体现，同科学社会主义主张具有高度契合性。"[1]

这显然是新时代中国共产党对中华优秀传统文化的一个概括与凝练，它为我们如何继承创新传统文化提供了重要的方法论启迪。可见，中华优秀传统文化的这些成分充分证明了我们必须坚定文化自信自强，坚持古为今用、推陈出新，把马克思主义思想精髓同中华优秀传统文化精华贯通起来、同人民群众日用而不觉的共同价值观念融汇起来，从而不断赋予当代马克思主义理论鲜明的中国特色，不断夯实马克思主义中国化时代化的历史基础和群众基础。事实上，正是在这个过程中，传统文化的现代意义才可能真正被激活，并成为新时代推进中国式现代化和民族伟大复兴事业的重要精神动力。

---

[1] 习近平. 高举中国特色社会主义伟大旗帜 为全面建设社会主义现代化国家而团结奋斗——在中国共产党第二十次全国代表大会上的报告［M］. 北京：人民出版社，2022：18.

三、发掘中华传统文化的世界意义

置身全球化已然不可逆转的当今世界，为了更好地推动中华优秀传统文化创造性转化和创新性发展，我们还要在与外来文化交流与互鉴中不断提升中华文化的全球影响力。

2013 年习近平在接受金砖国家媒体联合采访时说："中国人自古就主张和而不同。我们希望，国与国之间、不同文明之间能够平等交流、相互借鉴、共同进步，各国人民都能够共享世界经济科技发展的成果，各国人民的意愿都能够得到尊重，各国能够齐心协力推动建设持久和平、共同繁荣的和谐世界。"[1] 事实上，中华传统文化在自己的发展历程中，从不抱残守缺、夜郎自大，而总是能以非凡的包容和会通精神通过与外来文化的交流与互鉴从而丰富和完善自己。因此，我们必须旗帜鲜明地反对盲目排外，以复兴传统文化之名贬抑外来优秀文化的错误倾向。只有这样，我们才能切实传承好民族的文化基因，从而推动中华优秀传统文化以日新日成、继往开来的姿态走向世界。

的确，从世界历史的范围来考察，我们可以发现，作为世界文明与文化重要组成部分的中华传统文化从来是令人神往的。众所周知，在西方文明发展史上的 17—18，世纪欧洲曾经出现过"中国文化热"[2]。德国哲学家莱布尼茨（Leibniz）的《中国近事》（1697），法国哲学家伏尔泰（Voltaire）的《风俗论》（1756）以及法国经济学家和重农学派的创始人魁奈（Quesnay）的《中国专制制度》（1767）等一系列著作相继出版就是一个明证。在这些著名学者的著作里，中国被描绘成了一个物产丰富、经济发达、君主贤明、官员睿智、制度优越、社会文明有序，一个由哲人般的皇帝和官员管理的国家。德国启蒙哲学家克里斯蒂安·沃尔夫（Christian Wolff）在他 1721 年于德国哈勒大学的演讲《论中国人的实践哲学》和他 1728 年于德国马堡大学的演讲《哲人王与哲人政治》中，更是将中国的文化推崇为人类文明的极致，把中国文化背景下产生的政体赞誉为世界上最优秀的政体。[3] 在法国的思想启蒙运动

---

① 习近平总书记接受金砖国家媒体联合采访 [N]．人民日报，2013-03-20（1）．

② 张玉．近代西学者视域中的中国 [M]．台北：智慧大学出版公司，1998：57．

③ 刘晓晴．欧洲启蒙运动中的"中国文化"元素 [M]．北京：当代中国出版社，1998：22-23．

中，伏尔泰等人则高举孔子人道思想的大旗，用以反对宗教神权、反对封建王权。他们对中国崇尚理性的道德观念深为推崇，他们甚至著文主张欧洲各国政府必须以中国为范本。在这一时期，中国古代的道德理性甚至由此而成为法国启蒙思想的一个重要理论武器。①

特别值得指出的是，即便是在现时代，中华传统文化对世界的意义依然得到许多西方著名学者的认同。英国著名历史学家阿诺德·约瑟夫·汤因比（Arnold Joseph Toynbee）就说过，如果允许他自由选择时间和国度的话，他说希望自己能成为公元1世纪的中国人。而且，这位历史学家不仅认为中国古代文化是美好的，而且认为在世界的未来中国古代文化将进一步做出积极的贡献。他发现中华传统文化遗产中蕴涵着一种无与伦比的伟大力量，这就是中华民族的世界精神，它包括儒学世界观中的人道主义思想、道教中顺其自然的道德观等。因而，汤因比甚至断定"将来统一世界的绝不是西欧国家，也不是西欧化的国家，而是中国"②。有"世纪智者"之誉的英国哲学家威廉·罗素（William Russell）不仅看到我国古代文明的历史价值，而且认识到中华古代文明的现实及未来的存在价值。他曾这样写道：我们西方文明的显著优点是科学的方法；中国人的显著优点是对生活的目标持一种正确的观念。人们必将期望这两种因素能真正逐渐结合起来。③

事实上，西方世界对以儒、释（佛）、道三者合一的中华传统文化的称羡与向往绝不仅仅是个别思想家的个人兴趣之所在，而是有着内在的历史必然性的。我们知道，尽管在人类发展史上，工业文明是在农业文明以后出现的，因此，就总体而言，工业文明较之农业文明要进步；但是，工业文明本身也并非尽善尽美，而是自有其弊病和缺陷。特别是在今天的一些工业文明高度发达的国家里，这些弊病已日益凸显和充分地暴露出来。因此，西方的学者在展望和设计"后工业社会"的时候，往往针对这些弊病，情不自禁地会从"前工业社会"的农业文明，特别是以中华传统文化为主要代表形态的"东方文明"中去寻找智慧的启迪。有学者将这一现象称为"否定之否定的历史辩

---

① 周宁. 天朝遥远：上卷［M］. 北京：北京大学出版社，2006：171-177.
② 汤因比，池田大作. 展望21世纪：汤因比、池田大作对话录［M］. 北京：中国国际文化出版社，1999：295-296.
③ 罗素. 罗素文集［M］. 王正平，译. 北京：改革出版社，1996：36.

证法对深陷现代性困境的当今社会的最重要启示"①。

当今西方世界对中华传统文化的肯定，在人与自然的关系问题上，主要表现为对中国传统的天人合一、天人和谐精神的推崇；在个人与社会的关系问题上，主要表现为对中国传统道德中的重德、崇义、贵和思想的汲取；在人与自身的关系问题上，则主要表现为自觉、自在、自由心性的充实与尽心，对知性、知天的理想人格的向往与追求。这些中华优秀传统文化对于摆脱人类中心主义与非人类中心主义各执一端的价值迷失，对于纠正形形色色的个人主义、利己主义的任性，对于引导现代人如何走出消费主义、享乐主义的泥潭，无疑提供着重要的智慧启迪与方法论指引。

习近平曾经在 2021 年 7 月 6 日开幕的中国共产党与世界政党领导人峰会的主旨讲话中，以中国古代的人我合一观为立场，对某些西方政客的利己主义行径做了深刻的批评。他先是援引了明代哲人方孝孺的话："适己而忘人者，人之所弃；克己而利人者，众之所戴"（《杂铭》），然后他呼吁各国政党领导人"肩负起促进发展的责任，让发展成果更多更公平地惠及各国人民……任何以阻挠他国发展、损害他国人民生活为要挟的政治操弄都是不得人心的，也终将是徒劳的！"②

就世界范围而论，人们几乎都同意这样一个看法：21 世纪的时代主题无论是东方还是西方都毫无例外的是实现现代化。面对着这一时代主题，在经历了种种曲折和迷雾之后，理性的烛照终于使现代人发现，现代化的进程不仅是物质文明的高度发达，它还要有精神文化的相应建构。的确，物质文明的发达已充分表明人类征服和改造自然的能力的确非常了不起：当克诺地下隧道将亚洲大陆、美洲大陆连成世界上最长的"捷径"；当世界上第一台比人发还细小的超微型电动机给人类带来"一个新的科技革命的开端"；当转基因、克隆技术甚至能改变生物遗传的自然规律；当互联网技术可以把世界变成一个休戚相关的"地球村"；当登月和探测火星成为现实、技术不断改进和完善的宇宙飞船可以使人类憧憬外太空的生活方式……这些都会使人类为自己主宰世界的能力感到由衷的骄傲。

① 黄寅. 中华民族精神研究［M］. 北京：当代中国出版社，2000：117.
② 习近平谈治国理政：第 4 卷［M］. 北京：外文出版社，2022：425.

　　但是，人类能如征服自然那样征服自我的心性吗？现代社会发展的种种迹象使我们对这个问题感到深深的忧虑。我们不得不承认，当今世界，无论是经济发达的西方，还是正在崛起的中国，社会生活都面临着过度物质化、功利化和外向化的问题。从全球范围来看，近代以来工业革命的发展和科学技术的进步为消费主义、享乐主义的兴起打下了坚实的物质基础。但是也正如法兰克福学派最著名的学者赫伯特·马尔库塞（Herbert Marcuse）批判的那样，每一个自我的占有欲无限膨胀的结果必然地导致了物对人的压迫、摧残与统治，自我无时无刻必须面对与其内在需要相对立的物质世界这一"异己的世界"①。正是因此，对名车豪宅的过度追逐导致的身心疲惫、性自由主义的放荡不羁带来了诸如艾滋病的蔓延、因财富梦的破灭而抑郁乃至跳楼，以及吸毒、酗酒、沉湎网络游戏而无法自拔等问题才会困扰着当今西方社会。

　　正是基于对当今世界这些带有全球性的现代性困境的破解，中国共产党人以大国担当的精神积极发掘和传递中华优秀传统文化的世界意义。这就正如习近平在 2018 年全国宣传思想工作会议上指出的那样："中华优秀传统文化是中华民族的文化根脉，其蕴含的思想观念、人文精神、道德规范，不仅是我们中国人思想和精神的内核，对解决人类问题也有重要价值。要把优秀传统文化的精神标识提炼出来、展示出来，把优秀传统文化中具有当代价值、世界意义的文化精髓提炼出来、展示出来。"② 也就是说，以注重心性、长于伦理为自己基本特征的中华传统文化，无疑能为地球村语境下现代人走出自我心性的迷失提供多方面的理性启迪。我们亟须在倾听传统且仁且智的教诲中，开心智、明事理。这也可以说是中华传统文化在现时代依然具有现代意义的一个根本体现。

　　也因此，我们坚信在中国共产党的积极引领和全国人民踔厉奋发、笃行不怠的共同努力下，有着几千年历史的中华传统文化在完成由古代向现代的转型过程中，必将以其特有的智慧，继续启迪和烛照人类文明与文化的创造，从而为 21 世纪中国和世界文明的进步与发展做出自己独特的贡献。

---

① 马尔库塞. 理性和革命——黑格尔和社会理论的兴起［M］. 程志民，译. 重庆：重庆出版社，1993：31.

② 习近平在全国宣传思想工作会议上发表重要讲话［N］. 人民日报，2018-08-22（1）.

第三章

天人之辩中的天人合一传统与
内蕴的以文化人智慧

　　中华文化推崇的天人合一之道曾被誉为"可望对人类的未来求生存做出最主要贡献的世界观"。面对当今世界环境问题迭起的严峻挑战，中国共产党人以大国担当的使命感，通过对古代天人合一思想的现代发掘，不仅在"美丽中国"建设方面成就斐然，而且还积极引领和推进着全球环境治理的不断进步。

——题记

　　就天人关系而论，中华文化形成了敬畏天道，推崇人与自然和谐相处的道统。显然，中国古代这一敬畏天地自然的"道"与西方依靠科学技术以征服自然之"术"（技术主义）不同，它体现出的是天人合一的一元论立场而不是天人相分的二元论立场。事实上，天人合一这一中华传统文化在当今世界正日益彰显其全球性的现代价值。当今世界就人与自然关系而论，不仅气候变暖、空气和水资源被污染等原有的环境问题没有解决，诸如核泄漏、光污染之类的新问题又迭出。于是，有越来越多的学者坚信，回归到中华儒道互补的传统文化立场中去重新审视人与自然的关系问题，不仅可以超越人类中心主义与非人类中心主义的二元对立，可以为21世纪的全球确立起新的自然主义价值观，更重要的还在于它内蕴着重要的以文化人智慧，它可以为人与自然矛盾问题的和谐解决，为构建起人与自然和谐相处的生命共同体提供重要的价值观指引。

　　事实上，新时代中国共产党人在天人关系问题上积极汲取古代天人合一思想，从"两山"理论到建设美丽中国，再到构筑人与自然的生命共同体，再到积极参与全球生态环境治理，以自己治国理政的伟大实践，交出了一份令中国百姓以及世界各国瞩目的优异成绩单。

第一节　中华传统文化中的天人合一观

尽管不断有学者认为，古代希腊与中国先秦思想有许多类似的地方①，但我们想指出，至少中西文化在天人关系的处理上有着迥然相异的文化传统。如果要对中国古代诸子百家在天人之辩中的共同立场做一个梳理和概括，那追求天人合一应该是一个最基本的共识。这一共识正如习近平总书记在中国北京·世界园艺博览会开幕式讲话中概括的那样："锦绣中华大地，是中华民族赖以生存和发展的家园，孕育了中华民族5000多年的灿烂文明，造就了中华民族天人合一的崇高追求。"②

一、道家"道法自然"的思想

中国哲学史家张岱年认为，在天人之辩上中国古代主要有三种学说：一是道家的"任自然"之说，比如，老子"道法自然"（《道德经》第二十五章）及庄子认为的"不以人助天"（《庄子·大宗师》）的观点；二是荀子的改造自然之说，"大天而思之，孰与物畜而制之？从天而颂之，孰与制天命而用之？"（《荀子·天论》）；三是儒家的"辅相天地"之说，"天地交泰，后以裁成天地之道，辅相天地之宜，以左右民"（《易传》）。在张岱年看来，这里值得一提的是荀子的学说。荀子的确提出了"天人之分"和"人能胜乎天"（《荀子·天论》）的命题，但张岱年认为荀子的这一思想并未占主导地位。③ 事实上，以儒家、道家为代表的古代思想家竭力推崇对天道的敬畏之心，主张天人合一的立场。在先哲们看来，天与人、天道与人道、天理与人性是相类相通的，因而通过合理的价值观谨守，完全可以达到天人协调、和

---

①　许倬云.中西文明的对照［M］.杭州：浙江人民出版社，2016：66.
②　习近平谈治国理政：第3卷［M］.北京：外文出版社，2020：374.
③　张岱年.中国哲学大纲［M］.北京：中国社会科学出版社，1982：181.

谐、统一的理想状态。

老子创立的道家因为推崇"道"而得名。老子本人就曾经有"惟道是从"（《道德经》第二十一章）的主张。众所周知，对于"道"究竟何所指谓，在先秦思想家那里有不同的理解，老子则明确地给予了结论："人法地，地法天，天法道，道法自然。"（《道德经》第二十五章）可见，在老子那里，"道"的最基本含义是自然。也因此，我们可以说，"自然"是道家哲学思想的核心范畴。在老子看来，天道自然，人道应该遵循这一自然之道。因此，老子的结论是"辅万物之自然而不敢为"（《道德经》第六十四章）。也就是说，在老子看来，人的行为选择是"为"还是"不为"取决于是否符合自然这一基本法则。

庄子继承并发展了老子的这一"自然"概念。庄子对自然与不自然给予了明确的区分。他曾经以一则通俗而寓意深刻的例子说明了这一点。据《庄子·秋水》记载，曰："何为天？何为人？"北海若曰："牛马四足，是谓天；落马首，穿牛鼻，是谓人。故曰，无以人灭天，无以故灭命，无以得殉名。谨守而勿失，是谓反其真。"庄子在这里比喻说，马牛有四只脚，这就叫作天然；笼住马头，穿引牛鼻，这就叫作人为的不自然。庄子的结论是不要因人为毁灭天然，不要用世事而毁灭天命（天道）。可见，庄子的这一寓言是告诫世人，如果对待自然物有太多的不自然行为，必然使自然之物丧失自然，从而最终殃及人类自身。

正是基于对自然天道这一遵从，与老子"道之尊，德之贵，夫莫之命而常自然"（《道德经》第五十一章）的表述相似，庄子也提出了"天在内，人在外，德在乎天"（《庄子·秋水》）的命题。这即是说，自然的天道（天然）是内在的本质，人的所作所为（人为）是这一内在本质的外在表现。正是由此，我们可以断言在老庄哲学那里，行为的唯一准则是顺乎自然的天道。

可见，自然是老庄哲学最重要的范畴。概括地说，它有两方面的内涵：一是从本体论的角度看，自然意味着自然天成、不假外力的天然存在；二是从价值论的角度看，自然意味着在人的行为抉择中遵循自然为本，不刻意不妄为的法则。这两方面的内涵具有内在的关联性：前者是天道，后者是人道，它表现为由天道的自然引申出人道的自然而然。这也正是道家天人合一思想的基本内涵。

重要的还在于，以老庄为代表的道家非常睿智地把天人合一思想立足于如下的基本事实，即自然界对于人类的先在性和人类对于自然的依存性。老子的名言"道生一，一生二，二生三，三生万物"（《道德经》第四十二章）表达的正是这样的观点。在老子看来，包括人的存在在内的万物无一不是天地自然的衍生物，因此，人必须与天地自然和谐相处。正是缘于此，老子才得出结论："人法地，地法天，天法道，道法自然。"（《道德经》第二十五章）庄子进一步论证了老子的这一"道法自然"的思想："天地者万物之父母也"（《庄子·达生》）；"天地与我并生，而万物与我为一"（《庄子·齐物论》）；"吾在天地之间，犹如小石小木之在大山也。……号物之数谓之万，人处一焉"（《庄子·秋水》）。由此，庄子认为一个悟道的人（圣人）必须是敬畏天地自然，懂得对自然要有所不为的人："圣人者，原天地之美而达万物之理，是故至人无为，大圣不作，观于天地之谓也。"（《庄子·知北游》）正是基于这样的天人观，庄子描述的人类快乐境界就是："与天和者谓之天乐，与人和者谓之人乐。"（《庄子·天道》）可见，在庄子那里，人与自然的和谐被理解为天道的必然，它和人与人的和谐共同构成人类的两大快乐之源。

可以肯定的是，道家的这一立场把自然界的存在至上化和绝对化，从而反对人以自身的践行去利用和改造自然，其偏颇之处是不言而喻的。先秦时期的荀子就批评道家的失误在于"蔽于天而不知人"（《荀子·解蔽》）。但道家的天人合一观不失片面的深刻，在扬弃其偏颇之后完全可以进行现代性的转化。事实上，就天人之辩中人对待自然的态度而言，老子、庄子为代表的道家要求人类在与自然相处的过程中，谨守天人合一之道，主张人要敬畏自然，要顺从与尊重自然规律，并由此反对人对天地自然过分有为的思想显然非常合理，非常具有现代性。

这也就是说，在现时代道家这一思想对于化解人与自然的矛盾与对立，对于维护人与生态环境的动态平衡，对于反对极端人类中心主义的价值倾向，在世界观与方法论层面的智慧启迪显而易见。而且，道家的这一立场也得到了当代诸多西方学者的认同。比如，英国学者李约瑟就非常赞赏老庄"道法自然"思想内涵的现代性。他认为："道家主张效法自然实质就是指不做反自然的事，不做反常或不合事物本性的事，不做违反自然规律而注定要失败的事。"① 李约瑟的这一概括无疑是精辟的。

值得一提的是，李约瑟是在当时人们还过度陶醉和迷恋科学技术对征服自然而呈现力量的时代，便敏锐地呼吁西方社会关注古老中国的道家哲学，他认为借助道家自然哲学的智慧可以降低甚至避免人们在对待自然问题上所犯的诸多错误。李约瑟的告诫显然很有现实性，它对于我们确立起敬畏自然、追求天人合一的现代天人观具有重要的世界观与方法论启迪。

二、儒家敬畏天道的思想

与道家相似，儒家也持天人合一的立场。但与道家的论证思路不同，儒家主张敬天道、畏天命的同时，又强调平治天下以实现其主张的王道理想。也就是说，在天人之辩上如果说道家更推崇天道，那么相比而言，儒家则更关注人道。但是，儒家关注的人道也是建立在对天道敬畏的基础之上的，这是儒家的天人合一观。比如，作为儒家主要经典的《易传》对天人关系就曾做如下的概括："夫大人者，与天地合其德，与日月合其时，与四时合其序，与鬼神合其吉凶；先天而弗违，后天而奉天时。"这里明确提出了人应遵循不违天的天人合一原则。

如果做点思想史的追溯，那么可以说孔子主张的由知天命进而敬畏天命的思想，便已然初步奠定了儒家的这一天人合一观。关于善待自然，孔子在《论语》中有这样两句名言："钓而不网，弋不射宿。"（《论语·述而》）孟子继承了这一思想。他曾经与国君具体讨论过如何遵循天道仁民爱物："不违农时，谷不可胜食也；数罟不入洿池，鱼鳖不可胜食也；斧斤以时入山林，材木不可胜用也。谷与鱼鳖不可胜食，材木不可胜用，是使民养生丧死无憾也。养生丧死无憾，王道之始也。"（《孟子·梁惠王上》）在"究天人之际"的先秦诸家思想中，儒家的这一立场显然更具现实合理性。

重要的还在于，儒家的这一敬畏自然的理念可谓绵延不绝。自孔孟之后，荀子提出了"山林泽梁，以时禁发"（《荀子·王制》）的法度设计，朱熹更

①　李约瑟. 道家与道教［M］. 余仲珏，译. 台北：大同出版事业公司，1972：185.

是提出了"物，谓禽兽草木；爱，谓取之有时，用之有节"（《孟子集注》卷十三）的主张，均体现了儒家对待自然万物一以贯之的敬畏立场。这其中尤其值得一提的是荀子关于天人关系的思考结论。荀子在《天论》中认为，水火、草木、禽兽、人无非是大自然由低向高发展的一个序列，人只是万物中的一个种类而已。可见，在存在论的意义上，人与自然界万事万物之间并没有根本的差别。在荀子看来，人与草木禽兽相比，只是多了理性思维和道德观念而已。正是由此，人与自然之间存在论的关系就被荀子纳入价值论的框架中予以思考，天人关系就被赋予了人性的、道德的、审美的含义。

2015 年 11 月 30 日，习近平主席在出席气候变化巴黎大会时，曾将荀子《天论》篇中的这一天人合一观向世界各国做了推荐："'万物各得其和以生，各得其养以成。'中华文明历来强调天人合一、尊重自然。面向未来，中国将通过科技创新和体制机制创新，实施优化产业结构、构建低碳能源体系、发展绿色建筑和低碳交通、建立全国碳排放交易市场等一系列政策措施，形成人和自然和谐发展现代化建设新格局。"①

荀子的这一天人合一思想显然被后世儒家继承。比如，张载就在荀子的基础上提出了"乾坤父母"说："乾称父，坤称母；予兹藐焉，乃混然中处。故天地之塞，吾其体；天地之帅，吾其性。"（《正蒙·乾称》）可见，在张载看来，人和万物都是天地所生，性同一源，天人本无阻隔。也是由此，张载得出了"民胞物与"的结论："民，吾同胞；物，吾与也。"（《正蒙·乾称》）这意思就是说，世人都是我的同胞，万物都是我的朋友。

值得一提的是，与荀子的思想一样，儒家其他思想家那些闪烁着古代生态智慧的命题或理念，同样得到了习近平的高度认可。2016 年 1 月 18 日，习近平在省部级主要领导干部学习贯彻党的十八届五中全会精神专题研讨班上就新发展理念发表重要讲话时，曾经这样说道："我们的先人们早就认识到了生态环境的重要性。《论语》中说'子钓而不网，弋不射宿'，意思是不用大网打鱼，不射夜宿之鸟。荀子说'草木荣华滋硕之时则斧斤不入山林，不夭其生，不绝其长也；鼋鼍、鱼鳖、鳅鳝孕别之时，罔罟、毒药不入泽，不夭

---

① 习近平谈治国理政：第 2 卷［M］．北京：外文出版社，2017：530．

其生，不绝其长也'。《吕氏春秋》里说'竭泽而渔，岂不获得？而明年无鱼；焚薮而田，岂不获得？而明年无兽'。这些关于对自然要取之以时、取之有度的思想，有十分重要的现实意义。"① 习近平总书记还曾引用了唐代诗人白居易的诗句"劝君莫打三春鸟，儿在巢中望母归"来强调善待自然生命的意义。② 正是由此，有许多学者相信习近平的生态文明思想的一个重要源头正是古代敬畏自然的优秀传统文化。③

正是因为中国古代文化有这样一个儒道互补的天人合一观，它熏陶了中华文化热爱生命、善待大自然的生态价值观。这一价值观尤其被感性地表现在对自然之美赞叹的那些优美诗篇中。历代文人骚客创作的那些歌咏自然之美的优秀诗篇，展示的正是一幅幅天人合一的清新画卷："关关雎鸠，在河之洲"；"昔我往矣，杨柳依依"（《诗经》）；"翩若惊鸿，婉若游龙，荣曜秋菊，华茂春松"（《洛神赋》）；"好雨知时节，当春乃发生"（杜甫）；"日出江花红胜火，春来江水绿如蓝"（白居易）；"春眠不觉晓，处处闻啼鸟"（孟浩然）；"春色满园关不住，一枝红杏出墙来"（叶绍翁）；"草长莺飞二月天，拂堤杨柳醉春烟；儿童散学归来早，忙趁东风放纸鸢"（高鼎）；等等。这些中国人耳熟能详的句子堪称古代哲人天人合一之道的诗意描述。

第二节　天人之辩中的西方文化批判

在人与自然的关系问题上，如果说中华传统文化比较重视人与自然的和谐统一，那么西方文化从古希腊罗马开始则倾向于征服自然和改造自然。阿基米德的名言——"给我一个支点，我可以撬起整个地球"，从某种程度看，正折射出古希腊人对征服自然的无比自信。近代西方尤其是工业革命之后发

---

① 国家环境保护总局，中共中央文献研究室. 新时期环境保护重要文献选编［M］. 北京：中央文献出版社，2001：12.

② 中共中央文献研究室. 习近平关于社会主义生态文明建设论述摘编［M］. 北京：中央文献出版社，2017：6.

③ 李军. 走向生态文明新时代的科学指南——学习习近平同志生态文明建设重要论述［M］. 北京：中国人民大学出版社，2015：116.

展起来的自然观，在"人是目的""做自然的主人"等理念的引领下，一方面取得了极多的物质文明成就，但另一方面，大气、土壤、水等环境污染严重、资源枯竭、能源危机、气候变暖等令人忧虑的问题层出不穷。这无疑是近代工业革命以来困扰西方社会最棘手的问题之一。

一、西方天人相分的二元论立场剖析

众所周知，西方当代环境伦理学以及国际社会中的绿色运动，派别林立，争论不休。从学理上做点归纳，这其中关于人类中心主义和非人类中心主义的争论最为引人瞩目。如果做点思想史的溯源，我们可以得知人类中心主义和非人类中心主义的争论起于20世纪70年代的西方国家。所谓人类中心主义，就是强调以人为本，主张在人与自然的相互作用中将人类的利益置于首要地位的一种理论。它强调人类的利益应成为人类处理自身与外部生态环境关系的根本价值尺度。该理论坚持认为，人与人之间才有严格意义上的权利与义务，而自然只是对这种权利与义务起到工具性的作用。但非人类中心主义对人类中心主义持尖锐的批判态度，这一批判立场首先呈现在对人类中心主义将人视为目的，将环境视为手段观点的坚决否定。他们主张环境保护是人类应当严格坚守的基本底线，他们呼吁人类应全面超越人类中心主义的错误思维，与此同时，他们期待建立一个以自然生态为尺度的文化价值体系和相应的社会发展观。

由于西方历来有"人是目的"（康德语）①的哲学传统，再加上技术主义的推波助澜，在20世纪的后半叶，的确出现了诸多的环境问题。正是基于这样的语境，非人类中心主义的理论和实践努力似乎一时占据了上风。越来越多的学者、政治家和普通大众倾向于认为，人类中心主义是破坏生态和污染环境的罪恶之源。在非人类中心主义诸多流派，如动物权力论、大地伦理学、生态至上主义等理论的提出者或拥戴者看来，作为后工业社会唯一正确的发展路径，必须坚决反对工业社会曾经的发展模式。它主张反增长、反生产、

---

① 康德这句著名语录的原话是："人是生活在目的的王国中。人是自身目的，不是工具；人是自己立法自己遵守的自由人；人也是自然的立法者。"参见：康德.实践理性批判[M].韩水法，译.北京：商务印书馆，2003：95.

反技术，甚至崇尚"回到丛林去"的原始浪漫主义世界观。

但进入 21 世纪之后，在欧美又开始出现了反非人类中心主义的思潮。这一方面是因为一些媒介无条件地持"唯生态论"立场，一些人将某些非政府组织的生态激进主义主张视为当然正义，这其实并不符合人类社会生活的实践本性，另一方面更是因为诸如生态社会主义者提出了人对自然的支配不是出现生态问题的原因，生态问题是由对待自然的资本主义方式所引起的之类结论的昭示。于是，人类中心主义的主张又重新被唤醒，从而赢得了相当的认同。正是基于这一缘由，非人类中心主义或生态中心主义已不再是当今全球绿色运动的主流。

但是，分歧依然存在。甚至在对待减排、低碳、绿色这样似乎不应该再有争议的问题上，在当今西方也依然难以形成共识。透过这一争议的表象我们其实可以发现，人类中心主义和非人类中心主义在思维方式上无疑是陷入了非此即彼的二元论立场。在人与自然的关系问题上，它明显地缺乏中华传统文化中天人合一、天人和合、天人圆融的一元论立场。

也许正是基于这一严峻的现实背景，当代西方许多学者对中国以儒道为代表的敬畏天道，从而追求天人合一的传统思想表现出相当的关注和向往。比如，英国学者汤因比甚至断言：人类未来的文明如果不以儒家天人和谐思想作为范式的话，人类的前途将是可悲的。① 汤因比这一对中国古代天人观的肯定性评价对西方思想界产生了相当大的影响力。而且，这一影响力至今仍在学界、政界以及普罗大众的日常理念中存在。② 这从一个层面折射出中华优秀传统文化在天人观上所具有的穿透时空的现代魅力。

二、当代西方的生态资本主义批判

立足于全球化的视域，在天人关系问题上我们尤其需要对西方国家的生

---

① 汤因比. 汤因比文粹 [M]. 韩高一，译. 香港：南粤出版社，1980：121.
② 刘选寿. 谁人不知汤因比 [M]. 台北：智慧大学出版公司，2001：27.

态资本主义①进行学理与事实的批判。这一批判在西方马克思主义学者那里，尤其是那些生态社会主义者那里，往往诉诸对资本主义私有制及其资本的唯利是图逻辑的揭露。这固然也是充分必要的。但立足于中华优秀传统文化的天人合一立场，我们同样也可以对生态资本主义的不合理性予以学理剖析和批判。

众所周知，生态的可持续发展是经济社会可持续发展的自然基础。正是缘于此，1992年在里约热内卢召开的联合国环境与发展大会上，180多个国家和地区的首脑就全球生态可持续发展的问题达成共识，签署了著名的《里约宣言》。宣言要求世界各国本着全球伙伴的精神，为保存、保护和恢复地球生态系统的完整性进行合作，从思想和行动上朝着可持续发展的方向前进。这无疑给笼罩在全球性生态危机下的人类带来了新的希望。

然而，事实远非人们所期望的那样乐观。1997年联合国召开特别大会在检视生态可持续发展的执行情况时发现，无论是发达国家，还是发展中国家，都未能充分履行当初它们就可持续发展所做出的承诺。也就是说，《里约宣言》在许多签署国那里仅仅只是一个标榜或姿态而已。这至少说明了一个多少显得有些无奈的事实：虽然生态的可持续发展已经成为一种普遍能够让人接受的共同价值观，但是，这一价值观要从世界各国的共识转化为共同行动依然任重道远。

其实，正如有学者指出的那样，影响《里约宣言》落实的最重要缘由还是天人关系上正确的价值观并没有真正确立起来，或者说错误的天人价值观依然在西方社会颇有市场。② 的确，中国古代的哲人曾有"欲事立，须是心立"（张载《经学理窟·气质》）之说，其强调的正是心之体认对行动的先导作用。以中国古代的义利观而言，只要在天人问题上秉持"利在义先"的立场，生态利己主义尚被许多国家和政府奉行，那当今世界一定无法真正从

---

① 这是在环境问题应对方面与生态社会主义相反的一种理论。坚守马克思主义立场的生态社会主义者认为，当代生态问题的根本原因是资本主义制度，其余的原因都应该处于从属地位。但生态资本主义持相反的主张。生态资本主义的两种形态，即生态市场主义和生态凯恩斯主义，它们都幻想在资本主义制度的基础上解决生态问题。

② 李军. 走向生态文明新时代的科学指南——学习习近平同志生态文明建设重要论述［M］. 北京：中国人民大学出版社，2015：204.

根本上解决生态问题。

习近平曾经对西方国家的生态利己主义行为做过深刻的批判："人类进入工业文明时代以来，传统工业迅猛发展，在创造巨大物质财富的同时也加速了对自然资源的攫取，打破了地球生态系统原有的循环和平衡，造成人与自然关系紧张。从 20 世纪 30 年代开始，一些西方国家相继发生多起环境公害事件，损失巨大，震惊世界。"①

事实上，现时代人类正在共同面对的所谓全球问题中，生态环境问题无疑是最亟待解决的问题。之所以会出现这样的局面，原因固然很多。但正如有的专家指出的那样，其中一个最重要的原因是各国政府往往囿于本国之利而无视他国乃至全人类之利。② 由此，我们也许可以说利益冲突问题的有效解决是解决生态可持续发展问题的关键。就以生态的可持续发展中全球最为关切的气候问题为例。其实，《联合国气候变化框架公约》于 1992 年便已经获得通过。为落实这个公约，于 1997 年又通过了《京都议定书》，并约定于 2005 年生效。《京都议定书》确定了发达国家和转型期国家减少和限制排放温室效应气体的具体目标。2011 年，各缔约国明确表示了将在 2015 年缔结新协定的愿望，以便能在 2020 年生效。《巴黎协定》正是由此应运而生的。

而且，在履行《巴黎协定》试图解决气候变化问题的进程中，这其中的资金问题一直都是各国应对气候变化谈判中最受关注也最艰难的话题。2009 年哥本哈根会议达成的协议草案中，曾要求发达国家向发展中国家提供每年 1000 亿美元的应对气候变化资金。《巴黎协定》也商定要求发达国家继续向发展中国家提供资金援助，帮助后者减少碳排放以及适应气候变化，同时鼓励其他国家在自愿基础上提供援助。但是，美国、英国等发达国家囿于本国之利而一直缺乏主动性和积极性。于是，应对气候变化资金协议落实的每一步都充满了发达国家与发展中国家的争执与妥协。事实上，这一协议的落实可谓步履维艰。

2016 年 9 月 4 日至 5 日在中国杭州召开了 G20 峰会。在筹备这一峰会的

---

① 习近平谈治国理政：第 3 卷［M］．北京：外文出版社，2020：360．
② 世界环境与发展委员会．我们共同的未来［M］．王之佳，柯金良，译．长春：吉林人民出版社，2017：69．

过程中，中国政府以最大诚意积极推进这一协议的落实。众所周知，G20成员均为《联合国气候变化框架公约》缔约方，在遵循公约原则和规定的基础上，各国完全应该利用G20的这一平台积极落实巴黎大会在应对气候变化的问题上达成的共识，而且还要在此基础上取得更积极的成果，尤其为各方在公约框架下继续讨论如何解决发展中国家应对气候变化的资金需求等问题提供切实可行的解决方案。作为主办方的中国政府认为，应对气候变化本身就是全球可持续发展目标的一部分，而且应对气候变化也是各国经过多轮谈判而达成的重要共识，因此，可持续发展目标与气候变化问题应在G20峰会上得到与其他问题同等程度的重视。

正是由于中国的努力，终于在G20峰会前，最大的发展中国家——中国和最大的发达国家——美国各自批准了《巴黎协定》，并在杭州峰会上向联合国交存了中国和美国应对气候变化《巴黎协定》的批准文书。时任联合国秘书长的潘基文高度评价中国政府的这一努力。他认为："中国在筹办二十国集团杭州峰会方面所表现出来的卓越领导力确实不负众望"，"此次杭州峰会将成为二十国集团成员加快批准《巴黎协定》的最好契机"，"我要由衷地感谢习近平主席及其领导下的中国政府在这个问题上的卓越努力"。① 潘基文向媒体表示，在中美两国正式加入协定后，现在已有26个国家，即相当于占39%排放总量的国家批准了这一协定。但要使协定正式生效，需要再有29个国家，即相当于占16%排放总量的国家予以批准。他呼吁世界各国的所有领导人，特别是20国集团国家的领导人，加快自己国内的批准程序，从而将《巴黎协定》的愿景真真切切地转化为世界各国人民急需的变革性行动。

非常遗憾的是，G20峰会结束不久，继奥巴马之后新当选的美国总统特朗普便以"美国优先"（America First）为由，宣布退出了其前任奥巴马签署的这一《巴黎协定》。而且，这是特朗普就任以来退出或废除的诸多协议的第一个！美国的做法随即招致现任联合国秘书长古特雷斯以及诸多国家领导人的批评。联合国前秘书长潘基文更是尖锐地批评说："随着叙利亚的加入，气候变化《巴黎协定》签字国已达到197个，包括

---

① 潘基文2016年8月26日发布的联合国电文。

经常被指责为不遵守国际规则的朝鲜都已经成为签字国，但美国不在列。这简直是让人难以置信，美国这样做是一种短视行为。"①

特别值得指出的是，在应对全球气候变暖的问题上，中国却呈现出了负责大国的担当精神。2018 年 5 月 18 日，习近平总书记在全国生态环境保护大会上指出："我国已成为全球生态文明建设的重要参与者、贡献者、引领者，主张加快构筑尊崇自然、绿色发展的生态体系，共建清洁美丽的世界。"为此，习近平总书记要求中国"深度参与全球环境治理，增强我国在全球环境治理体系中的话语权和影响力，积极引导国际秩序变革方向，形成世界环境保护和可持续发展的解决方案。要坚持环境友好，引导应对气候变化国际合作。要推进'一带一路'建设，让生态文明的理念和实践造福沿线各国人民"②。2022 年中共中央政治局第三十六次集体学习的主题即是如何实现"双碳"目标。③ 主持集体学习的习近平总书记明确指出："'双碳'目标是一场广泛而深刻的变革。不是别人让我们做，而是我们自己必须要做。"④ 集体学习会再次强调了国务院印发的《2030 年前碳达峰行动方案》中的十大行动方案的落实：一是能源绿色低碳转型行动；二是节能降碳增效行动；三是工业领域碳达峰行动；四是城乡建设碳达峰行动；五是交通运输绿色低碳行动；六是循环经济助力降碳行动；七是绿色低碳科技创新行动；八是碳汇能力巩固提升行动；九是绿色低碳全民行动；十是各地区梯次有序碳达峰行动。

中国作为一个发展中国家能够如此自觉地履行一个大国责任，赢得了国际社会的广泛赞誉，相比之下，作为全球最发达国家的美国则相形见绌。当初任性地退出《巴黎协定》时面对来自国际社会的广泛批评，时任美国总统特朗普却一意孤行。意味深长的是，这一任性做法在美国国内却赢得了诸多的赞同声。后来继任的拜登总统迫于国际社会的压力，虽然重新签署了这个协定，但在行动上处处推诿。甚至在《联合国气候变化框架公约》和《巴黎

---

① 潘基文. 特朗普退出《巴黎协定》很短视［N］. 环球时报，2017-11-28（2）.
② 中共中央宣传部，等. 习近平谈治国理政：第 3 卷［M］. 北京：外文出版社，2020：364.
③ "双碳"目标是指中国力争于 2030 年前二氧化碳排放达到峰值，2060 年前实现碳中和。
④ 中共中央宣传部，等. 习近平谈治国理政：第 4 卷［M］. 北京：外文出版社，2022：371.

协定》等多边进程中开展合作方面也一直持消极态度。可见，西方的生态资本主义必然内蕴的唯利是图这一资本逻辑及其价值观有多么根深蒂固。

也正是从这个意义上，我们可以深刻地理解习近平总书记在十九大报告中提出的"推动构建人类命运共同体"① 思想的非凡意义之所在。我们想着重指出的是：人类命运共同体不仅指谓的是全球政治、安全、经济、文化领域，它也包含了生态可持续发展的领域。人类命运共同体概念为当代国际关系理论演进培育了求同存异的开放视野。特别需要指出的是，这一包括生态在内的人类命运共同体的构建，迫切需要反对唯利是图的资本逻辑。也就是说，人类命运共同体的构建强调构建新型国际关系，反对冷战思维和大国沙文主义；强调维护全球伙伴关系与多元外交，反对强权政治与单边主义思维；强调开放国际格局与共同发展，反对探底竞赛与保护主义逻辑；强调全球治理秩序和文化交流，反对零和博弈与狭隘主义论调。

在人类命运共同体的理念构建和实践推进中，就天人之辩而论，世界各国无疑必须高度警惕西方国家奉行的生态资本主义有可能带来的巨大破坏性。令人欣慰的是，在全球化不可逆转的发展态势下，特别是在中国共产党的积极引领和率先垂范下，已然有越来越多的国家和人民在天人关系问题上意识到在反对生态资本主义的进程中，尽快确立起天人合一理念和行动的重要性和紧迫性。

第三节　古代天人合一传统内蕴的以文化人智慧发掘

我们通过中西文化在人与自然关系问题上的不同立场与观点的梳理与比较分析，一方面可以在对比中更好地体认中华优秀传统文化的独特性和优越性，另一方面更可以在体认这一优越性的基础上发掘其现代性价值。就以文化人的视域而言，其现代性价值就显得无比丰厚。重要的还在于，发掘其内蕴的这一以文化人智慧本身也是现时代中国共产党人彰显文化自信的一个非

---

① 习近平．决胜全面建成小康社会　夺取新时代中国特色社会主义伟大胜利——在中国共产党第十九次全国代表大会上的报告［M］．北京：人民出版社，2017：57．

常重要的具体路径。

一、消费主义的文化批判

中华天人合一传统内蕴的以文化人的智慧首先体现为人与自然问题上的消费主义①文化批判。马克思很早就论及工业文明所带来的消费主义对自然环境的影响问题。他曾这样批判资本主义工业化的生产与消费："一方面聚集着社会的历史动力，另一方面又破坏着人与土地之间的物质交换，也就是使人以衣食形式消费掉的土地的组成部分不能回到土地，从而破坏土地持久肥力的永恒的自然条件。"②为此，马克思憧憬这样的社会："联合起来的生产者，将合理地调节他们和自然之间的物质变换……靠消耗最小的力量，在最无愧于和最适合于他们的人类本性的条件下来进行这种物质变换。"③而且，马克思将人与自然的和谐视为他心目中理想社会之本质规定的这一思想是一以贯之的。比如，马克思在早期文稿《1844年经济学哲学手稿》中就曾明确指出："人是自然界的一部分"，"人靠自然界生活"。④他甚至将共产主义理解为："这种共产主义，作为完成了的自然主义，等于人道主义，而作为完成了的人道主义，等于自然主义，它是人和自然界之间、人和人之间矛盾的真正解决"⑤。

与马克思的立场相类似，恩格斯在西方工业文明尚蓬勃发展阶段，就曾告诫说："我们不要过分陶醉于我们人类对自然界的胜利。对于每一

---

① 消费主义当然不仅仅体现在人与自然关系问题上，事实上它有多方面的体现。但正如世界环境与发展委员会在题为《我们共同的未来》的报告中指出的那样，消费主义是当今世界对环境问题产生最大负面影响的一种错误理念。参见：世界环境与发展委员会．我们共同的未来［M］．王之佳，柯金良，译．长春：吉林人民出版社，2017：56.

② 马克思．资本论：第1卷［M］．中共中央马克思、恩格斯、列宁、斯大林著作编译局，译．北京：人民出版社，1975：552.

③ 马克思．资本论：第1卷［M］．中共中央马克思、恩格斯、列宁、斯大林著作编译局，译．北京：人民出版社，1975：926-927.

④ 马克思．1844年经济学哲学手稿［M］．中共中央马克思、恩格斯、列宁、斯大林著作编译局，译．北京：人民出版社，2014：56-57.

⑤ 马克思．1844年经济学哲学手稿［M］．中共中央马克思、恩格斯、列宁、斯大林著作编译局，译．北京：人民出版社，2014：78.

次这样的胜利，自然界都对我们进行报复。"① 习近平在 2020 年 4 月 10
日主持召开的中央财经委员会第七次会议上的讲话中援引了恩格斯这一
语录，并将其与中国古代推崇的人与自然和谐共生的文化传统相融合，
提出了以尊重自然、顺应自然、保护自然为前提的经济社会发展观。②

事实上，从全球范围来看，许多貌似天灾的背后，其本质恰是由人祸所
引发的。正是基于这一立场，英国学者 E.F. 舒马赫（E.F. Schumacher）就认
为，在西方文化背景下，人借助科学技术和工业文明的手段完全可以征服自
然的这一错误认知，直接导致了许多触目惊心自然灾难的发生："现代人没有
感到自己是自然的一个部分，而感到自己命定是支配和征服自然的一种外在
力量。他甚至谈到要向自然开战时忘却了：设若他赢得了这场战争，他自己
也将处于战败一方。"③ 这一告诫可谓语重心长。

中国哲学史家钱穆在其《中国文化对人类未来可有的贡献》一文中曾经
断言：中国文化中的天人合一观可对世界、对全人类的未来求生存做出最主
要的贡献。④ 他立足中国古代的天人合一之道，尤其提出了要警惕西方文化中
日益流行的享乐主义、消费主义有可能带来的全球性问题。

的确，就中国古代哲人"以辅万物之自然而不敢为"（《道德经》第六十
四章），"与天地合其德"（《易传》），"乾坤父母""民胞物与"（张载语）
这样充分体现价值理性的立场来看，我们必须尽快走出消费主义的迷途。这
也就是说，人类应该始终清醒地认识到，人属于自然界，人来自自然界且又
依赖于自然界。消费主义在维护人与自然界和谐这一点上显然是缺乏自觉意
识和理性立场的。正如我们看到的那样，西方消费主义的盛行是近代以来西
方社会科技力量的无限张扬和人对自然界占有欲望无限膨胀交互作用的结果。
于是，科学技术便不可避免地沦为一种工具理性。人们盲目地相信，只要凭
借着科学技术的进步，就必然能在改造和征服自然的过程中，从自然中无限
量地索取人类所需要的东西。再加之人类中心主义的价值取向，人们仿佛觉

---

① 马克思，恩格斯. 马克思恩格斯选集：第 4 卷［M］. 中共中央马克思、恩格斯、列宁、
斯大林著作编译局，译. 北京：人民出版社，1995：383.
② 习近平谈治国理政：第 4 卷［M］. 北京：外文出版社，2022：355.
③ 舒马赫. 小的是美好的［M］. 虞鸿钧，郑关林，译. 北京：商务印书馆，1984：1-2.
④ 刘梦溪. 中国文化［M］. 香港：中华书局（香港）有限公司，1991：4.

得可以无限制地消费这些来自自然界的成果。

其实，当今时代让那些消费主义者津津乐道的无论是钻石、翡翠、象牙、虎骨等首饰，还是高档红木家具、鱼翅熊掌等美味佳肴，抑或是游艇、高尔夫会员俱乐部，无一不需要以对大自然的过度掠夺为代价。大自然的生态平衡也因此被破坏。特别悲剧性的后果是，其甚至直接导致了大自然对人类的诸多报复。

这就是为什么我们断言当今世界许多天灾其实均为人祸所引发。著名的西方马克思主义学者艾瑞克·弗洛姆（Erich Fromm）就曾这样论述过这一问题："我们奴役自然，为了满足自身的需要来改造自然，结果是自然界越来越多地遭到破坏。想要征服自然界的欲望和我们对它的敌视态度使我们变得盲目起来，我们看不到这样一个事实，即自然界的财富是有限的，终有枯竭的一天，人对自然界的这种掠夺欲望将受到自然界的惩罚。"① 正如电视上一则反对食用鱼翅的公益广告所说的那样，"没有消费，就没有杀戮"。我们同样可以说，没有对钻石、翡翠、象牙、虎骨首饰、高档红木家具等非理性的消费，就没有那些疯狂的开采和捕杀；没有对名车豪宅的非理性追逐，就没有那么严重的城市空气污染；没有对游艇、高尔夫的热衷，就不会有那么多的青山绿水被侵占。因此，现代人有必要谨记"是以圣人欲不欲，不贵难得之货"（《道德经》第六十四章）的语录，在消费观上学会放下对"难得之货"的非理性追逐。

当年黑格尔（G. W. F. Hege）曾经陶醉于人类借助于"理性的机巧"②来征服自然的能力。但是，这位自负地断言"中国古代没有哲学"的哲人忘记了这一"理性的机巧"一旦沦为工具理性时，它就会走向自己的对立面。而中国古代天人合一哲学恰恰提供了摆脱这一困境的哲学世界观和价值观指引。也就是说，以这样一个天人合一的视域来看，我们亟待确立起尊重和敬畏自然的消费观。这样，就世界范围而论，气候的变暖和异常、资源的日益匮乏、物种的退化和灭绝、空气的污染等环境问题才有望得以缓解；就当今中国而

---

① 弗洛姆. 占有还是生存［M］. 关山，译. 北京：生活·读书·新知三联书店，1989：10.

② 黑格尔. 小逻辑［M］. 贺麟，译. 北京：商务印书馆，1980：394.

论，"环境友好型社会"的建设目标才可能因为消费方式的合理构建而有了坚实的基础。

可见，当今世界在天人之辩上亟待走出极端人类中心主义的价值迷失，回到中华传统文化推崇的天人合一立场上来，否则环境问题的解决绝无可能。正是基于这一语境，习近平主席就曾高度重视古代天人合一思想对于反对消费主义的启迪意义。在他看来，"天人合一思想不仅在历史上对中华文明影响至深，而且对现代社会的指引意义也很值得重视"①。他明确要求必须反对消费主义："在消费领域，要增强全民节约意识，倡导简约适度、绿色低碳的生活方式，反对奢侈浪费和过度消费，深入开展'光盘'等粮食节约行动。"②习近平的这一论断，对于我们走出消费主义的迷津，无疑有着重要的指引意义。

> 习近平在出席 2019 年中国北京世界园艺博览会开幕式所发表的讲话中，曾提出"追求热爱自然的人文主义情怀"的倡议。他在援引了古人"取之有度，用之有节"（陆贽《均节赋税恤百姓六条》）语录后，明确提出："我们要倡导简约适度、绿色低碳的生活方式，拒绝奢华和浪费，形成文明健康的生活风尚。要倡导环保意识、生态意识，构建全社会共同参与的环境治理体系，让生态环保思想成为社会生活中的主流文化。要倡导尊重自然、爱护自然的绿色价值观念，让天蓝地绿水清深入人心，形成深刻的人文情怀。"③

正如习近平主席解读的那样，在古代中国之所以一直倡导节俭的生活方式，固然也是一种开源节流中的节流途径，但节俭同时更是尊重与善待自然之天人观的必然呈现。正是因此，在中华传统文化中，消费主义历来是被反对的。令人遗憾的是，西学东渐下，源自西方的消费主义在中国开始逐渐有了倡导者、奉行者与追随者。这无疑是当下中国需要彻底扬弃的错误生活理念。

---

① 中共中央文献研究室. 习近平关于社会主义生态文明建设论述摘编［M］. 北京：中央文献出版社，2017：6.

② 中共中央宣传部，等. 习近平谈治国理政：第 4 卷［M］. 北京：外文出版社，2022：212.

③ 习近平谈治国理政：第 3 卷［M］. 北京：外文出版社，2020：375.

二、回归价值理性，培植善待自然的价值观

在人与自然关系问题上，既然消费主义是工具理性的产物，其实质在于把自然单向度地理解为实现人的消费目的之工具，那么，批判消费主义的一个切实有效的路径就是回归价值理性。这无疑是置身于消费主义陷阱无处不在的当下，中国共产党人对中华文化推崇天人合一之道内蕴的以文化人智慧发掘的又一个重要原则。

中华传统文化在天人之辩中形成了源远流长的价值理性立场。这些价值理性的立场成了我们民族在天人观方面的基本文化基因世代相传。作为这一文化基因的外显方式，我们可以发现中华民族在人与自然关系上形成了一系列经久不衰的道德范式。我们讨论如何发展中华文化推崇天人合一之道内蕴的以文化人智慧，一个重要的途径就是梳理、继承和创新好这些属于中华民族特有的，并代代相传的道德范式。

比如，顺天之德。这一道德范式的基本要求是顺应天地自然之性而不妄作。在古人看来，就人与自然关系而论，自然不仅先在而且强大。如果做点词源的考证，我们就可以发现"自然"一词最早见于老子"道法自然"（《道德经》第二十五章）一语。在老子之前，"自"与"然"是两个不同的概念，"自"是自己、自主的意思，"然"是如此、这般的意思。这两个词被老子叠加而成为"自然"，其所表达的意思就是：天地自然是不以人的主观愿望改变，不依附人的情感与意志的客观存在。在老子看来，天道自然，人道应该顺应这一自然之道。故老子要告诫："辅万物之自然而不敢为。"（《道德经》第六十四章）与老子相类似，孔子有"畏天命"之说（《论语·季氏》），管子也称："顺天者有其功，逆天者怀其凶。"（《管子·形势》）

可见，在古代哲人看来，一个行为是"为"还是"不为"取决于是否符合自然的法则。只有顺天而为的行为才是善行，即合乎伦理道德的行为。以《易》的话来总结就是："君子以遏恶扬善，顺天休命。"（《易·大有》）在古代，这一文化观甚至在蒙学阶段就被灌输。比如，明代编写的儿童启蒙书目《增广贤文》就有"顺天者存，逆天者亡"的语录。

又比如，慎取之德。这一道德范式的基本要求是谨慎地向自然获取衣食住行的资源。就人与自然关系而论，顺天并不意味着不向自然索取，而是谨慎地索取。事实上，从孔子反对竭泽而渔、覆巢毁卵的行为，主张"钓而不网，弋不射宿"（《论语·述而》），到孟子"斧斤以时入山林"（《孟子·梁惠王上》）的告诫，再到荀子提出"山林泽梁，以时禁发"（《荀子·王制》）的法度设计，再到朱熹所说的"物，谓禽兽草木；爱，谓取之有时，用之有节"（《朱子集注》卷十三），均体现了儒家对待自然万物取用时慎取之德的谨守立场。

与儒家的立场相似，老子也有"动善时"（《道德经》第八章）的语录。可见，道家也反对妄动、妄取。正是由此我们可以断言，道家的无为思想不是指无所作为，而是指反自然的事情要懂得无欲、无为。正是基于这样的理由，老子有"少则得，多则惑"（《道德经》第二十二章）之类的告诫。

在2021年12月8日召开的中央经济工作会议上，习近平总书记就曾提及古人的慎取智慧。他在援引了明代张居正的话"取之有制、用之有节则裕，取之无制、用之不节则乏"（《论时政疏》）后，提出了实施全面节约战略，推进包括"光盘"在内的各领域节约行动的要求。习近平总书记还引用了古人"奢靡之始，危亡之渐"的警示名句以告诫全党，"不论我们国家发展到什么水平，不论人民生活改善到什么地步，艰苦奋斗、勤俭节约的思想永远不能丢"①。

但是，近代人类以"理性的机巧"（黑格尔语）②来实现对自然的索取时，恰恰忘记了慎取立场的谨守。从全球来看，无论是森林资源的乱砍滥伐，地下水的过度抽取，土地肥力的肆意剥夺，生物多样性锐减，还是核事故的隐患、电磁波超声波的干扰、臭氧层的破坏、气候变暖等，都凸显出现代人必须谨守慎取这一环境伦理范式的重要性和紧迫性。从以文化人的角度看，对西方消费文化中弥漫不止的消费主义理念与行为进行批判与超越，尤其是对逐渐富起来的中国如何有效地遏制西方传进来的这一消费主义文化的消极影响问题上，慎取之德的有效培植无疑是非常具有现实意义的。

再比如，节用之德。这一道德范式的基本内涵是在对自然慎取之后获得

---

① 习近平．正确认识和把握我国发展重大理论和实践问题［J］．求是，2022（5）：3.
② 黑格尔．小逻辑［M］．贺麟，译．北京：商务印书馆，1980：394.

的消费品采取节约的立场。与顺天、慎取的伦理规范相类似，节用的范式自先秦就已然被确立。孔子就提出过国君治国应当"敬事而信，节用而爱人，使民以时"（《论语·学而》）。荀子认为："强本而节用，则天不能贫……本荒而用侈，则天不能使之富。"（《荀子·天论》）墨子也有"去无用之费，圣王之道，天下之大利也"（《墨子·节用上》）的主张。墨子还曾举例说：古代圣贤治国理政，宫室、衣服、饮食、舟车只要适用就够了，可如今的统治者在这些方面穷奢极欲，既浪费了自然之利，也耗费了百姓之力。为此，墨子极力推崇尚俭节用的安身之道，他甚至具体提出了节葬之类的理性主张。

道家基于法自然的立场，也推崇节用之德。老子说："圣人去甚、去奢、去泰。"（《道德经》第二十九章）这即是说，悟道的圣人懂得去掉极端的、奢侈的、过分的欲求。因为这样的欲求是反自然的。基于同样的立场，庄子也反对物欲方面的过度追逐，他告诫说："其嗜欲深者，其天机浅。"（《庄子·大宗师》）可见，在衣食住行的消费方面，不自然的心志不思不欲，不自然的行为有所不为。这恰是道家自然哲学的精义之所在。

值得一提的是，古人还把节用视为治国齐家的深谋远虑之举，所谓"常将有日思无日，莫把无时当有时"（《增广贤文》），"一粥一饭，当思来之不易；半丝半缕，恒念物力维艰；宜未雨而绸缪，毋临渴而掘井"（《朱子家训》），这些传统文化的理念可谓代代相传。习近平主席在 2019 年的中国·北京世界园艺博览会开幕式的致辞中，在和中外与会嘉宾一起分享过古人"取之有度，用之有节"（陆贽《均节赋税恤百姓第二条》）的经典语录后，他倡议世界各国人民要培植起热爱自然的人文主义情怀。[①]

毋庸讳言的是，我们身处的当今世界是一个注重物欲享受的时代，许多经济学家和一些主政的官员更是主张刺激消费来拉动 GDP 的增长。但问题在于，自然界提供给人类消费的资源是有限的。法兰克福学派的弗洛姆就曾这样论述过这一问题："我们看不到这样一个事实，即自然界的财富是有限的，终有枯竭的一天，人对自然界的这种掠夺欲望将受到自然界的惩罚。"[②] 正因

---

① 习近平谈治国理政：第 3 卷［M］．北京：外文出版社，2020：375．

② 弗洛姆．占有还是生存［M］．关山，译．北京：生活·读书·新知三联书店，1989：10．

为如此，我们认为节用的行为范式依然有着重要的现代价值，它应该成为现代人德性培植与涵养的一个重要伦理范式。

三、构筑起人与自然的生命共同体理念

以习近平为杰出代表的中国共产党人在谋求中华民族伟大复兴的新征程中，不仅总体上明确地提出了"以马克思主义为指导，坚守中华文化立场"①的文化建设方略，而且以一种空前的文化自信将古老的天人合一之道做了创造性的转化和创新性的发展。比如，党的十九大报告不仅明确提出"坚持人与自然和谐共生"的基本方略，而且还专列一章全面阐述了"加快生态文明体制改革，建设美丽中国"的一系列内容。习近平要求全党在决胜全面建成小康社会的过程中，"既要创造更多物质财富和精神财富以满足人民日益增长的美好生活需要，也要提供更多优质生态产品以满足人民日益增长的优美生态环境需要"②。在党的二十大报告中，习近平总书记一方面高度评价了进入新时代的十年在生态文明方面取得的成就："生态环境保护发生历史性、转折性、全局性变化，我们的祖国天更蓝、山更绿、水更清。"③另一方面对生态文明的建设提出了更高的治理目标："我们要推进美丽中国建设，坚持山水林田湖草沙一体化保护和系统治理，统筹产业结构调整、污染治理、生态保护、应对气候变化，协同推进降碳、减污、扩绿、增长，推进生态优先、节约集约、绿色低碳发展。"④

这就意味着把生态文明建设也明确地列入了我们党不忘初心、牢记使命的伟大事业蓝图中，体现出了更宏大更宽广的执政情怀和治理视野。事实上，这也是置身当今环境问题迭出的现时代，执政的中国共产党向世界的庄严承

---

① 习近平. 决胜全面建成小康社会　夺取新时代中国特色社会主义伟大胜利——在中国共产党第十九次全国代表大会上的报告［M］. 北京：人民出版社，2017：41.

② 习近平. 决胜全面建成小康社会　夺取新时代中国特色社会主义伟大胜利——在中国共产党第十九次全国代表大会上的报告［M］. 北京：人民出版社，2017：49.

③ 习近平. 高举中国特色社会主义伟大旗帜　为全面建设社会主义现代化国家而团结奋斗——在中国共产党第二十次全国代表大会上的报告［M］. 北京：人民出版社，2022：11.

④ 习近平. 高举中国特色社会主义伟大旗帜　为全面建设社会主义现代化国家而团结奋斗——在中国共产党第二十次全国代表大会上的报告［M］. 北京：人民出版社，2022：50.

诺：我们不仅决不把解决贫穷、发展经济同生态环境保护对立起来，更不会以牺牲生态环境来换取经济的发展。而且，作为世界上最大的发展中国家，我们还要为生态全球问题的解决发出中国声音、提供中国方案、做出中国贡献。

新时代共产党人对中华古老的天人合一文化的继承创新最典型地体现在提出并积极践行了人与自然和谐相处休戚与共的生命共同体理念。2013 年习近平总书记在《关于〈中共中央关于全面深化改革若干重大问题的决定〉的说明》中，首次提出"山水林田湖是一个生命共同体"的命题。① 之后在党的十九大报告中，习近平总书记再次明确强调："人与自然是生命共同体，人类必须尊重自然、顺应自然、保护自然。人类只有遵循自然规律才能有效防止在开发利用自然上走弯路。人类对大自然的伤害最终会伤及人类自身，这是无法抗拒的规律。"② 在具体论及"山水林田湖是一个生命共同体"时，习近平总书记还以古代《易经》里的阴阳化生万物思想做过如下引申："人的命脉在田，田的命脉在水，水的命脉在山，山的命脉在土，土的命脉在树。金木水火土，太极生两仪，两仪生四象，四象生八卦，循环不已。"③ 在 2019 年的全国生态环境保护大会上，习近平总书记在援引庄子"天地与我并生，万物与我为一"的语录后又一次强调了人与自然的生命共同体理念构筑的必要性和紧迫性。④ 党的二十大报告更加明确了这一治国理政的基础性理念，明确要求："坚持山水林田湖草沙一体化保护和系统治理，全方位、全地域、全过程加强生态环境保护。"⑤ 这是中国共产党面临新时代中国社会发展中生态环境难题的重大挑战而提出来的最新论断。这一实践理念的有效构筑显然极大

① 《〈中共中央关于全面深化改革若干重大问题的决定〉辅导读本》编写组.《中共中央关于全面深化改革若干重大问题的决定》辅导读本［M］.北京：人民出版社，2013：34.
② 习近平.决胜全面建成小康社会　夺取新时代中国特色社会主义伟大胜利——在中国共产党第十九次全国代表大会上的报告［M］.北京：人民出版社，2017：50.
③ 中共中央文献研究室.习近平关于社会主义生态文明建设论述摘编［M］.北京：中央文献出版社，2017：55.
④ 习近平谈治国理政：第 3 卷［M］.北京：外文出版社，2020：360.
⑤ 习近平.高举中国特色社会主义伟大旗帜　为全面建设社会主义现代化国家而团结奋斗——在中国共产党第二十次全国代表大会上的报告［M］.北京：人民出版社，2022：11.

推动了人与自然和谐共生的中国式现代化发展新格局的形成。

习近平总书记对古代天人合一智慧是非常推崇的。因此，体现这一智慧的古代经典语录曾经被他在各种讲话稿中大量地引用。除了前文已经援引的诸多语录之外，他在 2021 年 4 月 30 日主持的政治局集体学习时的讲话中引过管子"草木植成，国之富也"（《管子·立政》）的语录，强调了人与自然和谐共生的重要性。① 在 2021 年 10 月 12 日在《生物多样性公约》第十五次缔约方领导人峰会上演讲时引了荀子的语录："万物各得其和以生，各得其养以成。"（《荀子·天论》）这一语录，非常形象地诠释了中国政府在保护生物多样性方面积极主张背后的学理逻辑。②

不仅如此。中国共产党人在对古老的天人合一的继承创新方面，还将其具体运用在诸如宜居城市的积极推进中。习近平总书记在论及"山水林田湖是城市生命体的有机组成部分"时，曾引用了《管子》中的话："圣人之处国者，必于不倾之地，而择地形之肥饶者，乡山左右经水若泽。"习近平解释说，管子在这里的意思是说，圣人建设都城一定在平坦稳固的地方，选择一块物产丰饶的土地，北面依山，左右有河流或湖泽提供水源，并建议在城内修筑与河流连通的沟渠网络。习近平认为管子的这一理念对于建设美丽的宜居城市具有重要的启发意义。③ 当前，在党中央国务院关于深入推进新型城镇化建设做出的一系列重大决策部署中，生态问题的解决被置于最优先的位置。这就正如 2020 年 11 月 12 日至 13 日习近平总书记在江苏考察时强调的那样："建设人与自然和谐共生的现代化，必须把保护城市生态环境摆在更加突出的位置，科学合理规划城市的生产空间、生活空间、生态空间，处理好城市生产生活和生态环境保护的关系，既提高经济发展质量，又提高人民生活品质。"④ 当今中国，新型城镇化蓝图中的宜居城市建设不仅理念深入人心，而且它更成就了一个个鲜活的成功案例，正装点着 960 万平方千米的神州大地。

---

① 习近平谈治国理政：第 4 卷［M］．北京：外文出版社，2022：365.
② 习近平谈治国理政：第 4 卷［M］．北京：外文出版社，2022：435.
③ 中共中央文献研究室．习近平关于社会主义生态文明建设论述摘编［M］．北京：中央文献出版社，2017：67.
④ 习近平．把握新发展阶段，贯彻新发展理念，构建新发展格局［N］．人民日报，2021-04-30（1）.

可见，新时代的中国共产党以人与自然生命共同体这一理念重新激活了传统文化中敬畏自然的积极因素，可谓利在当代功在千秋。我们将这一传统文化理念与现代社会生态环境治理相融合，其创新性的意义在于不仅使传统的天人合一之道摆脱了抽象性而有了一个具体而清晰的内涵指向，更重要的还在于这一理念的提出和践行，有利于新时代人民追求美好生活在自然生态环境层面的真切实现。

"人不负青山，青山定不负人。"① 也正是从这个意义上，我们可以说以习近平总书记的生态文明思想为指导，构筑起人与自然的生命共同体理念是古代天人之辩中的天人合一传统中内蕴的最重要的以文化人智慧。

---

① 中共中央宣传部，等．习近平谈治国理政：第4卷［M］．北京：外文出版社，2022：437.

第四章

人我之辩中的人我合一传统与
内蕴的以文化人智慧

中华文化在人我合一基础上衍生的利他主义，甚至是自我牺牲精神，构成了中华民族推崇善良这一民族特质生成与超越小我的理想人格追求之不竭动力。新时代中国共产党人在治国理政的实践中对这一传统的继承创新，既体现为廓清了西方利己主义价值观的消极影响，又为共享理念的构建与共同富裕的追求找到了来自传统的文化滋养。

——题记

中华传统文化特质不仅体现在天人之辩问题上主张敬畏自然，追求天人合一境界的实现，它同样也体现在人我之辩问题上对人我合一之道的推崇与追求。如果说西方文化在人我关系的问题上，从古希腊特别是文艺复兴以来，形成了比较悠久的利己主义传统的话，那么以儒、道、佛为代表的传统文化在人我关系问题上，则形成了一种利他主义，甚至是自我牺牲的传承。与天人之辩一样，这一人我之辩折射出东西方文化的特质与差异同样非常值得我们关注和探究。今天我们研究如何有效地构建共融、共享、共赢的和谐社会，研究如何提升小我服从大我的自觉性，并在此基础上以共享理念为引领积极追求共同富裕这一中国式现代化的目标，同样也可以在人我之辩这个向度来吸取传统文化的诸多智慧。

重要的还在于，从中国共产党人治国理政的实践来看，这一人我合一传统智慧在对其继承的同时进行创新性的改造之后，它内蕴的以文化人功效同样是非常值得肯定的。

第一节　中华文化的人我合一传统

在中国古代哲人看来，世界上无非就两个人：一个是"我"，一个是"他人"。这个"他人"可以是"我"的父母，"我"的家人，"我"的合作伙伴，"我"的单位同事，也可以是与"我"素不相识的陌生人，等等。由此，中国古代哲人相信纷繁复杂的人际关系无非就是"人"与"我"这样两个人之间的关系。这就是人我之辩的缘起和基本内涵。

一、儒家的仁道情怀

关于人我之辩，董仲舒曾经有句名言："春秋之所治，人与我也。"（《春秋繁露·必仁且智》）其意思是说，孔子整理的古代典籍《春秋》的要义在于阐明人与我的关系。在这个人我关系问题上，一方面，以孔子为代表的先秦儒家明确地承认，人从天性上讲是自私利己的。比如，孔子就将自私利己好色等称为天性，他曾经感慨："吾未见好德如好色者也。"（《论语·子罕》）因为在孔子看来，好色是人的一种自私利己的天性，好德则必须是后天才能够培养的。另一方面，先秦儒家认为这样一个自私利己秉性中诸如好色、贪生之类的冲动①，既然在天性当中就已经根深蒂固地存在了，作为一种后天的文化熏陶，作为一种德行的教化之道，当然就不能再去刺激它，更不能刻意去张扬它，相反，恰恰要规范和引导它。正因为如此，儒家文化讲了几千年"克己复礼""将心比心"的道理，主张守持"仁道""恕道"之类的基本原则。这显然强调的是后天教化中以超越自私利己天性而生成利他主义德性为主要内容的伦理教化与文化熏陶。所谓的人性正是这样生成的。这就

---

① 其实，在承认人的天性（动物性、生物性）方面，儒家与西方传统没有太大的差异。比如，依据西格蒙德·弗洛伊德（Sigmund Freud）的研究，人有两大本能：一是性本能，二是求生本能。弗洛伊德相信，这两大本能决定了利己主义的生物必然性。但是，与儒家的立场不同，弗洛伊德认为利他主义往往只是外部力量强加给生命个体的，这种强加会压抑甚至伤害个体的精神世界。参见：弗洛伊德. 精神分析新论［M］. 北京：商务印书馆，1933：77.

正如冯契先生所言："人性就是一个由天性发展成为德性的过程。"①

儒家把这个德性理解为仁德（仁道）。孔子曾明确地把"仁"的内涵定义为："夫仁者己欲立而立人，己欲达而达人；能近取譬，可谓仁之方也矣。"（《论语·雍也》）依照冯契先生的理解，孔子在这里对"仁"的解说主要包含两层意蕴。一是人道原则。"仁者，二人也"，故"仁"表现在人我关系方面即在承认自己的同时也要肯定别人，主张人与人之间的尊重与友爱，不仅"己欲立而立人，己欲达而达人"，而且"己所不欲，勿施于人"（《论语·颜渊》）。二是理性原则。即肯定每个人都有仁义之心，而且人同此心，心同此理，亦即"能近取譬"。② 正是缘于此，孔子又强调了仁的境界不玄远，不高深，也不神秘。以孔子的话来说就是："仁远乎哉？我欲仁，斯仁至矣。"（《论语·述而》）

> 有学者考证，《论语》这句"己所不欲，勿施于人"之语是习近平讲话或文稿里援引最多的古代圣贤语录之一。③ 习近平既以这句语录告喻全党同志要有体察百姓冷暖之心，也用这句话向世界宣示中国在处理国与国之间关系时坚守的基本伦理原则。2021 年 11 月 22 日习近平主席和文莱苏丹哈桑纳尔共同主持中国—东盟建立对话关系 30 周年纪念视频峰会，习近平主席在讲话时援引了这句语录④之后，还曾经引发了文莱国内一些年轻人读《论语》的热潮。

特别值得一提的是，孔子还进一步认为"仁"是一种快乐的人生境界，即"仁者不忧"（《论语·子罕》）。也就是说，仁作为一种美德，它能带给人审美的愉悦、审美的快感。正是由此，在儒家文化的熏陶下，汉语的"美德"一词把"美"和"德"连用，其所要表达的意思就是：美德之所以被称为美德，是因为它给人带来美感。在孔子为代表的儒家看来，仁者之所以不忧、之所以快乐，是因为仁者的德行可以为人与人交往带来快乐的体验。由此，孔子还有句名言："君子坦荡荡，小人长戚戚。"（《论语·述而》）孔子

---

① 冯契. 智慧的探索 [M]. 上海：华东师范大学出版社，1994：166.
② 冯契. 中国古代哲学的逻辑发展：上册 [M]. 上海：上海人民出版社，1983：92.
③ 人民日报评论部. 习近平用典 [M]. 北京：人民日报出版社，2015：189.
④ 习近平谈治国理政：第 4 卷 [M]. 北京：外文出版社，2022：440.

在这里是说："君子心胸宽广，小人却经常忧愁悲伤。"这显然是"仁者不忧"思想的另一种表达。

正是基于这样的语境，儒家认为，快乐与物质生活的富有程度无关。《论语》记载，子贡曰："贫而无谄，富而无骄，何如?"子曰："可也。未若贫而乐，富而好礼者也。"(《论语·学而》) 这里记载的是弟子子贡向孔子提的一个问题："虽然贫穷，却不去巴结奉承;虽然富有，却不傲慢自大，这样做怎么样?"孔子回答说："这样算不错了，但是比不上贫穷却乐于道德的自我完善，富有却又崇尚礼节的。"孔子在这里提出"贫而乐"的人生哲学命题，成为儒家的一个"道统"而被后世儒家继承。可以肯定的是，儒家并非教人要一味地生活在贫困中。正如我们熟知的那样，孔子就曾经明确地表达过诸如"富而可求，虽执鞭之士，吾亦为之"(《论语·述而》) 的立场。儒家在这里只是告诫世人:当你不得已处在贫困的状态时，你不仅必须懂得"贫而无谄""贫而无怨"的道理，而且，还要能够拥有"贫而乐"的快乐境界。

孔子提出的"仁者不忧"的快乐思想，在当时就对儒门弟子影响极大。比如，颜回就可谓是孔子这一思想的践行者和体悟者。《论语》记载过孔子对弟子颜回这样一段评论，子曰:"贤哉，回也!一箪食，一瓢饮，在陋巷，人不堪其忧，回也不改其乐。贤哉，回也!"(《论语·雍也》) 孔子在这里是赞叹说:"颜回是多么贤良呵!一筐剩饭，一瓢冷水，住在简陋的巷子里，别人都不能忍受那种苦楚，颜回却不改变他的快乐。多么贤良啊，颜回!"这就是儒家推崇的快乐之道，后世称其为孔颜之乐。可见，在儒家那里，快乐与人的富与贵无关，它是心灵中因为仁德的充盈而体验到的一种愉悦感受。这是美德带来的快乐。

儒家"仁者不忧"的快乐观对现代人的价值指引无疑是多维的，比如，它主张"不义而富且贵，于我如浮云"(《论语·述而》) 的精神，让人对财富的执着心可以变得淡泊一些。又比如，它对美德熏陶的重视，推崇"里仁为美"可以让我们领略"德不孤，必有邻"(《论语·里仁》) 的人生快乐境界。还比如，"君子成人之美，不成人之恶"(《论语·颜渊》) 的告诫让我们明白助人为乐的为人处世道理。再比如，"反身而诚，乐莫大焉"(《孟子·尽心上》）的教诲让我们知晓什么是人生最大的快乐，等等。可见，针对时下人们太热衷于从物欲的满足来理解快乐的偏颇，我们认为儒家以"乐道"为核心价值的快乐之道有助于我们确立起德性主义为基石的快乐观。也就是说，在快乐的追求和体验中我们必须自觉地走出太过关注物质享受，忽视德性培植的迷局。这应该是儒家"仁者不忧"思想对现代人最彰显其价值意义之处。

　　其实，有专家考证汉语成语"助人为乐"也是源于儒家的仁道立场。从人我之辩来看，"我"对他人的友善，恰恰是"我"快乐之所以产生的缘由。[1] 事实上，古人在很早就懂这个道理，所以《诗经》里说"投我以木瓜，报之以琼琚；匪报也，永以为好也!"（《诗经·卫风·木瓜》）这里的快乐逻辑是：我和他人之间在物质上的相互馈赠，不仅是物质上的获得，更是心灵世界美好感的获得。这大概也是孔子推崇《诗经》的一个很重要缘由。习近平主席在 2013 年去曲阜孔子研究院考察时，曾经提及助人何以为乐的话题。他对儒家文化的这一思想遗产给予了高度评价。[2]

孟子直接继承了孔子的仁学思想，但他更注重从仁义并举的角度理解儒家这一仁道理想。在他看来，"仁，人心也；义，人路也。舍其路而弗由，放其心而不知求，哀哉!"（《孟子·告子上》）可见，孟子讲"仁"和孔子略有区别：孔子谈"仁"注重行为，孟子则把"仁"理解为内心态度，而这种"仁"的内心态度表现在外就是"义"。由此，孟子认为："人皆有所不忍，达之于其所忍，仁也；人皆有所不为，达之于其所为，义也。"（《孟子·尽心下》）

可见，在孔子、孟子看来，仁道的本质在于学会爱人。恰恰是因为这一点，人超越了动物，脱离了弱肉强食的禽兽范畴而变成了人。这是一个推己及人、将心比心的过程：我有这个想法，他人也有这个想法；我有这个欲望，他人也有这个欲望。"我"和"他人"是人与人的关系，不是人和动物的关系。也就是说，这样人和人之间的关系不能等同于人和鸡鸭、马牛的关系。

---

① 韩文庆．四书悟义［M］．北京：中国文史出版社，2014：233.
② 习近平到曲阜孔子研究院考察［Z］．新华社"新华视点"微博，2013-11-26-15：25.

因为每一个人都是人，所以必须要遵循着"己欲立而立人，己欲达而达人""己所不欲，勿施于人"这样基本的伦理原则。这就是人我关系当中的中华传统文化的立场和解决人我矛盾时给出的路径。儒家认为这是一个人在德性方面的最基本要求。事实上，在儒家看来，它也是人区别于动物（禽兽）的最主要标识。

当然，在儒家看来，"仁道"的守持也可以达到很高的圣人境界。比如说，忘我治水的大禹。孟子说他，"八年于外，三过其门而不入"（《孟子·滕文公上》）。这里体现的"仁道"境界显然是人我关系中"将心比心"的换位思考原则所无法比拟的，它已经提升到"先人后己""舍小家为大家"的崇高境界了。事实上，这是一种自我牺牲的精神，就如范仲淹讲的"先天下之忧而忧，后天下之乐而乐"（《岳阳楼记》）。在儒家伦理中，这是一种圣人的境界。孔子曾经表示自己不是圣人，达不到如大禹、周公这样的圣人境界。① 也是因此，孔子要求自己和学生达到的是"君子儒"的境界，即爱自己的同时还能够爱他人的君子境界。可令孔子无比担忧的是，当时的社会，只爱自己没有能力爱别人的小人特别多。正是因此，《论语》曾这样记载孔子的忧虑，子曰："德之不修，学之不讲，闻义不能徙，不善不能改，是吾忧也。"（《论语·述而》）其实，孔子当年的忧虑，对当下的中国和世界而言，依然有超越时空的警示意义。

正是基于仁道的这一基本伦理理念，故而以儒家为代表的中国古代思想家明确主张治理者要有利他主义的伦理情怀。这是仁道对治国理政者的基本要求，即仁政。同样的道理，普通老百姓也要拥有这样一个利他主义的情怀，以仁义立身，即仁道。中国人所谓厚道，讲的就是"厚"仁爱之道。从汉代开始，中国社会一直倡导"三纲五常"，这其中"三纲"讲的是君为臣纲、

---

① 依据作者对《论语》的解读，孔子以仁道为标准论述了三种人：一是圣人，在人我关系上只爱别人不爱自己；二是君子，在人我关系上既爱自己也爱别人；三是小人，在人我关系上只爱自己不爱别人。孔子曾经说自己也做不了圣人，故他更倡导的是君子境界。参见：张应杭.论语道论［M］.北京：大众文艺出版社，2010：206-207.

父为子纲、夫为妻纲。这当然是封建糟粕。① 但五常德说，即主张把仁、义、礼、智、信这五常德作为黎民百姓的基本道德规范，显然是很有道理的。它倡导的其实正是中华优秀传统文化在人我之辩中一以贯之的利他主义立场。

儒家尤其要求居上位者拥有这样一个利他主义的伦理情怀，它甚至给了治理者在仁德、仁政坚守方面一个非常完整的内涵：其最低的界限是与黎民百姓的"将心比心"，最高的境界则是为国为民的自我牺牲，即"杀身成仁""舍生取义"的伦理抉择。这是为大我的利益而牺牲小我的高尚抉择。比如，汉代的大儒董仲舒就对历史上的统治者做过一个总结，他认为一个只爱自己的人，永远做不大事业；不仅做不大，连自己的那点儿东西最终也都会丢失掉。由此，他断言："王者爱及四夷，霸者爱及诸侯，安者爱及封内，危者爱及旁侧，亡者爱及独身。"（《春秋繁露·仁义法》） 这段话的意思是说，王者必然遍爱天下，爱百姓超过爱自身；霸者关爱诸侯国里的百姓，因为他希望这些人为他效力；图安逸的人呢，他所爱的范围要小一点，就是自己领地里面的那些老百姓；危险的人他只是知道爱自己身边的妻儿老小；一个迟早要灭亡的人，他只知道爱自己。董仲舒这样一个总结，实际上论及的是君王在人我之辩中的德性涵养。这一德性涵养同时也是一种治国之道。由此，董仲舒在告诫治理国家的人，必须要有一种博爱的胸怀，一种"天下为公"（《礼记·礼运》） 的利他主义情怀。

2022 年 1 月 26 日习近平在山西临汾考察时，曾经以儒家这一推己及人、将心比心的仁爱逻辑谈及过"共产党就是给人民办事的"这一话题："像我们这个岁数的中国人小时候都吃过苦，住在城里的也穿过补丁衣服，我在陕北农村还曾经自己纺线织布。过去我到农村，看到这样那样

---

① 事实上，学界对此也有不同的观点争论。有学者举《封神演义》为例对三纲予以肯定。《封神演义》在论及三纲时说："君为臣纲，君不正，臣投他国。国为民纲，国不正，民起攻之。父为子纲，父不慈，子奔他乡。子为父望，子不正，大义灭亲。夫为妻纲，夫不正，妻可改嫁。妻为夫助，妻不贤，夫则休之。"参见：许仲琳. 封神演义［Z］. 北京：人民文学出版社，2008：277。正是由此，一些学者认为，三纲正确的理解应该是：君主应该成为臣下的表率，父亲应该成为儿子的表率，丈夫应该成为妻子的表率。它强调的是身处某种位置，就要承担相应的责任，即正人先正己的道理。

让人揪心的事儿,心里很是不安、难过。"① 习近平主席这里流露的正是一种仁爱情怀。事实上,也正是由此,中国共产党人才深刻地确立起"国之大者"的民本意识,深谙古代圣贤"为治之本,务在于安民;安民之本,在于足用"② 的道理。

事实上,不仅是治国理政者要有利他主义的情怀,黎民百姓也要有这一伦理情怀。正是中国几千年的伦理文化中,一直主张这种利他主义情怀的培植和涵养,由此它坚决地反对利己主义的价值观。孟子当年就和一个利己主义者争论过,这人叫杨朱。杨朱的观点是:"拔一毛利天下,不为也。"(《孟子·滕文公下》)杨朱的逻辑是:虽然我的毛很多,因利天下而拔一毛好像无所谓,因为九牛一毛。但如果天下人都来要我的毛,那我岂不是一毛不剩了吗?我情愿让这根毛掉了,我也不给别人。孟子反问他:父亲向你要,你给不给呢?答:不给。君王向你要,你给不给呢?答:也不给。于是,愤怒的孟子批评杨朱说:"无父无君,是禽兽也!"(《孟子·滕文公下》)可见,与西方自古希腊以来就一直存在有形形式式的利己主义理论不同,在中国古代利己主义一直是受拒斥和批判的。

先秦儒家推崇的这一人我之辩中的利他主义,甚至是自我牺牲的立场,自汉代"罢黜百家,独尊儒术"(《汉书·董仲舒传》)之后,一直是中华传统文化中的"道统"。几千年来,正是在这个人我合一思想的规范和熏陶下,中华民族形成了友善、包容、睦邻、平和之类的民族性格,它已然成为我们中华民族与其他民族不同的性格与性情方面的"文化识别码"。③

二、墨家的兼爱论

在先秦不仅儒家在人我关系问题上形成了一个源远流长的利他主义的文化传承,其他的诸子百家也颇有这样的情怀。比如,墨家的"兼爱"理论。墨子曾这样具体描绘过一个"兼爱"的理想社会和理想人格:"天下之人皆相

---

① 中共中央宣传部,等.习近平谈治国理政:第4卷[M].北京:外文出版社,2022:66.

② 语出《淮南子·诠言训》,系习近平经常援引的名言.参见:习近平谈治国理政:第4卷[M].北京:外文出版社,2022:475-476.

③ 黄寅.中华民族精神研究[M].北京:当代中国出版社,2000:55.

爱，强不执弱，众不劫寡，富不侮贫，贵不敖贱，诈不欺愚。凡天下祸篡怨恨可使毋起者，以相爱生也。"（《墨子·兼爱中》）当然，与儒家不同的是，墨子又是道德问题上的功利主义者，他强调"兼相爱，交相利"。他认为："爱人者，人必从而爱之。利人者，人必从而利之。恶人者，人必从而恶之。害人者，人必从而害之。此何难之有？"（《墨子·兼爱中》）正是由此，墨子非常强调"兼爱"则人己两利的思想。但与此同时，作为人生的一种最高理想，墨子又提出了无功利的"兼爱"情怀："文王之兼爱天下之博大也，譬之日月，兼照天下之无有私也。"（《墨子·兼爱下》）这种带着博爱情怀的爱犹如日月之光普照大地，而从不企望从中获得什么私利回报的兼爱理想，其实也是墨子自己所躬身践行的一种理想人格。从这一点上讲，墨子的功利主义道德学说与西方的功利主义伦理观相比，显然又带有更多的人我之辩中的利他主义特性。

2015年12月16日第二届世界互联网大会上，习近平主席在发表主旨演讲时以墨子"天下兼相爱则治，交相恶则乱"（《墨子·兼爱上》）语录为引言，提出了完善全球互联网治理体系"同舟共济、互信互利"的基本理念，并倡议："各国应该推进互联网领域开放合作，丰富开放内涵，提高开放水平，搭建更多沟通合作平台，创造更多利益契合点、合作增长点、共赢新亮点，推动彼此在网络空间优势互补、共同发展，让更多国家和人民搭乘信息时代的快车、共享互联网发展成果。"① 从会议成果《乌镇倡议》来看，习近平主席的这一讲话精神显然得到了与会各方的积极响应。

后期墨家在道德理想人格方面继承了墨子"兼爱"的成人之道思想，并做了进一步的阐发。比如，墨子讲"兼爱"是不分彼此和远近，在原则上是一律平等的。但在道德的现实生活中，这种一律平等而视的爱只是一种抽象的可能性。因此，与孟子同时代的后期墨家学派人物夷之对这个问题做了进一步的探讨和阐发。他说："之则以为爱无差等，施由亲始。"（《孟子·滕文公上》）后期墨家的其他思想家对这一问题同样进行了颇多的展开，比如，

他们提出的"伦列"思想："义可厚，厚之；义可薄，薄之；谓伦列。德行，君上，老长，亲戚，此皆所厚也；为长厚，不为幼薄，亲厚厚，亲薄薄，亲至，薄不至。"（《墨经》）这就是说，爱无厚薄，不分彼此，但付诸实施时可分厚薄。也就是说，"兼爱"之道在具体的实施过程中必然有一个价值排序问题。《墨经》中的这一"伦列"思想无疑使"兼爱"的理想由抽象而变得具体了。就人我之辩而论，这显然是人我关系探讨在理论上的一个了不起的进步。

由于儒家和墨家都在其学说中强调一种人道主义原则，因而儒、墨两家在人我关系的利他主义立场和道德理想人格的建构方面常常是相通的。也因此，在儒家所勾画的"大同"理想中，我们可以看到其渗透着墨家的"兼爱"情怀："大道之行也，天下为公。选贤与能，讲信修睦。故人不独亲其亲，不独子其子，使老有所终，壮有所用，幼有所长，矜寡孤独废疾者皆有所养。男有分，女有归。贷恶其弃于地，不必藏于己，力恶其不出于身也，不必为己。是故谋闭而不兴，盗窃乱贼而不作。故外户而不闭，是谓大同。"（《礼记·礼运》）这个大同的理想社会，无疑正体现了儒家"仁爱"和墨家"兼爱"理想的融会贯通。

从中华民族千百年的历史发展中，我们可以发现，《礼运》的这一以"兼爱"为基础的"天下为公"理想，对中国历代志士贤人的道德理想人格追求发生了广泛而深远的影响。比如，孙中山先生当年就非常喜欢手书《礼记》中"天下为公"四字赠予党内同志，毛泽东更是有"太平世界，环球同此凉热"（《念奴娇·昆仑》）的诗句来抒发自己追求大同理想的博大情怀。习近平在演讲和文稿中，更是多次援引"大道之行也，天下为公"[1]的语录来表明中国共产党人在人我关系问题上的基本立场。

三、佛家的慈悲观

中国文化历来有儒、释（佛）、道"三教合一"之说。东汉自印度传入

---

[1]　据我们课题组统计，仅在《习近平谈治国理政》四卷本中，引用此语就达11次之多。最著名的援引当然是在十九大报告的结束语中。参见：习近平．决胜全面建成小康社会夺取新时代中国特色社会主义伟大胜利——在中国共产党第十九次全国代表大会上的报告［M］．北京：人民出版社，2017：70.

的佛教在中国化的历程中就曾经深受儒、墨、道诸家思想的影响。比如，中国佛家不太关注"六道轮回"之类的问题却非常推崇普度众生的境界，这其实正是儒、墨、道诸家在人我之辩中利他主义立场影响的体现。① 它的教义一直叫世人要有一颗慈悲心，要学会对别人的苦难给予关怀。当年观音菩萨有一个宏愿："只要人世间尚有苦难，就誓不成佛。"于是，无心个人修炼而一心救苦救难的观音，虽然她只是一个菩萨而没有修习到佛的境界，因为她把解救众生的苦难视为头等大事而无心个人修炼成佛。但正是由于她的这种利他主义、普度众生的情怀，而成为备受中国文化推崇的一位神。正由于此，没有成佛的观音她受的供奉很多、香火极旺，她的皈依者甚多。在这里，佛家是以有神论的方式讲了一个人间的伦理问题：人要像观音菩萨那样关爱别人，就会得到别人的认同和追随，也只有这样才能在人与人的交往中形成一种良性的循环。由此，《金刚经》里佛祖教导弟子说："菩萨为利益一切众生故，应如是布施。"（《金刚经·离相寂灭品》）这里讲的"布施"就是一种利他情怀。

可见，佛家在这里阐述的道理与儒、墨、道诸家持完全相同的立场。比如，墨家断言："爱人者，人必从而爱之；利人者，人必从而利之"（《墨子·兼爱中》），这是一种善的循环；同样的道理，"恶人者，人必从而恶之；害人者，人必从而害之"（《墨子·兼爱中》），这是一种恶的循环。事实上，中国佛教也非常推崇这种善有善报、恶有恶报的因果循环。

而且，佛家为了让慈悲为怀的教义更有说服力，还进行诸如"不二法门"之类的论证。比如，"自他不二"，就是佛家提出的揭示自己和他人关系的一个真谛。在佛家看来，自我与他者的存在不是对立的，而是圆融合一的。因此，一个觉悟的人一定懂得持一份对他者的慈悲心，因为善待他人就是善待自己。以禅宗的口头禅来表达，即是修一份好人缘。星云和尚曾把这个修行概括为三好：存好心，说好话，做好事。事实上，正如星云布道时坦言，已经有无数成功和失败的事例表明，一个人缘好的人，其事业一定是好的。②

如果撇开佛家"六道轮回"里讲的包括飞禽走兽在内的众生，而只是着

---

①　赵朴初. 佛教十讲［M］. 北京：宗教文化出版社，1997：201.
②　释星云. 迷雾之间·福报哪里来［M］. 台北：佛光文化出版公司，2014：86.

眼于人道的范围，那么佛家这一倡导对"他者之爱"的思想，作为处理自我和他人关系的一个原则，它强调的是"众生相聚即是缘，故须广结善缘""以和善之心结缘，以惜缘之心布施，以布施之心达和谐、和顺、和睦、和美的觉悟之境"① 的平常道理。

2021 年 7 月正值西藏和平解放 70 周年之际，习近平总书记赴西藏考察。他在与哲蚌寺的僧尼交流时鼓励他们心怀"僧之大者，护国利民"的情怀。而且，他还强调："宗教的发展规律在于'和'。任何宗教的生存发展，都必须同所在社会相适应，这是世界宗教发展传播的普遍规律。藏传佛教的发展，要有利于人民生活改善，有利于社会稳定。宗教要和顺、社会要和谐、民族要和睦。希望藏传佛教沿着正确发展方向，我相信这条道路会越走越宽、越走越好。"②

可见，就人我之辩而言，佛家同样给出了人我合一的立场。这显然是佛家智慧中很高明的待人之道。它能够指点已然习惯于接受个人主义甚至是自我中心主义的现代人领悟出平等、合作、互利、共赢精神的重要性。美国著名的人际关系理论专家卡耐基就曾这样评述过西方无处不在的利己主义文化对他人的伤害："每个人都有自尊心，员工有自尊心，顾客也有自尊心，都有平等地受人尊重和自我尊重的需要，侵犯了别人的自尊心，就会激起别人的恼怒和不满，人际关系必然受到冲击。而爱的德行则能使自尊得到最好的滋养。"③ 在我们理解看来，佛家的慈悲理论以及"自他不二"观对现代人的启迪意义也正是由此得到阐释的。

可见，以儒、墨、佛为主要代表呈现出来的中国传统文化具有超越自私利己本性，生成利他主义德性的共同立场。这也是儒、墨、佛诸家之所以预设人性本善的重要学理依据。因为从人性本善的基本理念出发，必然在人我关系问题上倡导利他主义，主张一种仁爱、兼爱、慈爱情怀的培植和修养。也就是说，在古人看来，人我之辩中所做的利他主义抉择，正是一个人战胜

① 释星云. 迷雾之间·福报哪里来 [M]. 台北：佛光文化出版公司，2014：31.
② 王淑，贾华加. 跟着总书记看西藏·僧之大者 护国利民 [EB/OL]. 中国西藏网，2022.
③ 卡耐基. 成功的人际管理 [M]. 宁彦，吴小平，译. 郑州：河南人民出版社，1989：27.

兽性，习得人性的基本要求。事实上，这也就是性善的最基本标志。这是人我关系在中华传统文化中的一个最基本的传承。

第二节　西方利己主义文化传统的梳理与批判

与中国传统文化不同，在人我之辩问题上，西方却一直有悠久的利己主义传统。西方这一利己主义的伦理观是建立在人类的所谓生存和发展的利己天性上的。这种理论认为，人为了生存和发展就其天性而论一定是自私利己的。这是人作为动物所必然具有的一种自然本能的特性。在当下的西方社会，诸如合理利己主义、自私的基因之类的理论正是由此而提出并被践行的。

一、合理利己主义的本质

在古希腊伦理学的创始人亚里士多德（Aristotle）那里，便已涉及人追求自身利益的"生物倾向性"①。他认为人一方面是理性的政治动物，另一方面又还总是自然界的一种生命存在，故总有利己的欲望和冲动。在亚里士多德之后的中世纪宗教神学则使人性探究走向了异化。中世纪的神学家们承认人有利己的天性，但认为这和神性相背离，是应该遭诅咒的"恶"的品性。但这种对利己倾向的诅咒，并未真正消灭人的天性中真实存在的诸如利己、好色之类欲望的骚动与勃发。相反，即使宗教神职人员本身也正如意大利作家薄伽丘在其名作《十日谈》中所尖刻讽刺的那样，是一些道貌岸然的利己主义或纵欲主义者。

文艺复兴运动对中世纪以神性压抑人性的异化现象进行了彻底批判。在人性问题上，一大批思想家的观点惊人一致，这就是承认人的利己天性的合理性。他们认为利己心是人固有的权利，哲学研究应从这种现实的人性出发。这种思想经过启蒙思想家的论证和发展，到了18世纪法国唯物主义哲学家那里得到了全面的阐述，并第一次系统地提出了所谓合理利己主义的思想。主

---

① 北京大学哲学系外国哲学史教研室. 古希腊罗马哲学［M］. 北京大学哲学系外国哲学史教研室，译. 北京：商务印书馆，1979：121.

张合理利己主义的思想家们坚信，人就其本性来说是自私利己的，但人们又必须对这种自私利己之心有所克制，在追求个人利己心的满足和幸福时要兼顾他人的存在，否则，自私利己的追求必然要受到他人的干扰和阻碍，最终势必危及自我利己心和自我幸福的实现。比如，霍尔巴赫（Holbach）就曾有过一段著名的说法："为了自保为了享受幸福，与一些具有与他同样的欲望、同样厌恶的人同住在社会中，因此道德学将向他指明，为了使自己幸福，就必须为自己的幸福所需要的别人的幸福而工作；它将向他证明，在所有的东西中，人最需要的东西乃是人。"①

合理利己主义原则在德国哲学家路德维希·安德列斯·费尔巴哈（Ludwig Andreas Feuerbach）那里几乎达到了最完整而系统的阐发。费尔巴哈从感性主义的人本学理论出发，认为人本质上既然是一个自然的存在，为了维护自己的生命和存在，为了感官的欲望，人必然是追求自我保护的。由此，人的本性必然是利己的，而且利己主义的这种本性是根植于人的生理的新陈代谢之中，因而与人的生命共存亡。也正是由此，他断言："这种利己主义和我的头一样是这样紧密地附着于我，以至如果不杀害我，是不可能使它脱离我的。"② 然而，费尔巴哈同时也认为，由于单个人是无法生存的，因而人与人之间是相互需要的。这样，他得出的结论便是在追求自己幸福的同时必须顾及他人和社会的幸福。因为在费尔巴哈看来，个人的利己主义幸福追求，只有在人们的共同生活中才能实现。

费尔巴哈称这是一种"完全的、合乎人情的利己主义"原则。这个原则有两个最基本的方面：其一是正确估计自己追求幸福行为的个人后果，对自己的行为要进行合理节制；其二是正确估计自己追求幸福的社会后果，不要影响别人对幸福的追求。这一原则的实施依靠爱，即既爱自己又爱别人的爱。这构成人的另一种本质。费尔巴哈认为正是这个爱的本质使利己主义走向合理有了可能："如果人的本质就是人所认为的至高的本质，那么，在实践上，

---

① 北京大学哲学系外国哲学史教研室. 十八世纪法国哲学［M］. 北京大学哲学系外国哲学史教研室，译. 北京：商务印书馆，1979：649.
② 路德维希·费尔巴哈. 费尔巴哈著作选集：上卷［M］. 荣震华，李金山，译. 北京：生活·读书·新知三联书店，1959：565.

最高和首要的基则，必须是人对人的爱。"①

可以肯定的是，合理利己主义伦理原则把呻吟于中世纪神性压抑和专制统治下的人性解放出来了，这无疑具有历史的进步性。而且，这里还必须指出的是，合理利己主义的理论其实有一个可取之处，这就是它并没有只停留在自私利己的自然本性中认识人性，而是同时还意识到人总处于与别人的社会关系之中。因此，暂且不论这种伦理主张在实践中是否可行，但至少在理论上，它合理地强调了必须兼顾他人、自我节制、以爱心引导追求个人的幸福等。可见，这一理论比之极端的利己主义要进步和合理一些。

然而，合理利己主义从根本上讲是不合理的。因为它不可避免地要在生活实践中使人陷入窘境。因为合理利己主义内含了一种最基本的逻辑：人性是自私利己的。从人性自私的基本点出发，因而这种理论仅把自己视为目的，而他人必然地只是实现自己目的的一个手段。这一点，无论合理利己主义理论的倡导者还是信奉者，都是明白无误地承认的。比如，霍尔巴赫就说："爱别人，就是爱那些使我们自己幸福的手段，就是要求他们生存，他们幸福。因为我们发现我们的幸福与此相联系。"② 爱尔维修（Helvétius）则声称："如果爱美德没有利益可得，那就绝没有美德。"③ 但是，显然所有的人都要把自己视为目的，而把他人作为实现自己目的的一个手段。而冲突的最终结果又不可能做到合理的自我节制，因为合理的自我节制只是为了实现自我幸福这个目的的一个手段。如果这个目的也在节制的手段中丧失了，那么，不仅自我节制的手段是没有意义的，而且失去目的的手段其本身就不再可能存在了。

也因此，合理利己主义在现实生活实践中最终无非是两种结果。一种结果是导致极端利己主义行为的出现。因为手段要服从于目的，"合理"作为手段是为了利己的目的服务的。当手段无法"合理"时，目的就会使得他放弃

① 路德维希·费尔巴哈. 费尔巴哈著作选集：上卷［M］. 荣震华，李金山，译. 北京：生活·读书·新知三联书店，1959：315.
② 北京大学哲学系外国哲学史教研室. 十八世纪法国哲学［M］. 北京大学哲学系外国哲学史教研室，译. 北京：商务印书馆，1979：650.
③ 北京大学哲学系外国哲学史教研室. 十八世纪法国哲学［M］. 北京大学哲学系外国哲学史教研室，译. 北京：商务印书馆，1979：512.

这种手段，从而采取极端自私的行为来实现利己的欲望和目的。这种由所谓合理利己主义走向极端利己主义的情形，在历史和现实中都是屡见不鲜的。合理利己主义在实践中的另一个比较罕见的结果则是导致自我牺牲的出现。也就是说，当"合理"的手段与"利己"的目的发生冲突时，人们自觉或被迫地牺牲目的，以维持手段的合理性。而这必然或多或少地以自我的某种牺牲为代价。比如，爱尔维修虽然竭力宣称"人都为利己的目的而存在着"①，但他自己的一生表明他并没有去追求这一目的。正如我们知道的那样，他在反对专制政府和天主教会的斗争过程中，在书被焚毁、人身遭到攻击甚至迫害的情形下，依然著述不止。这显然不是自私利己的目的所能解释的。也就是说，无论爱尔维修本人是否承认，在他的人生中是超越了自私和利己而具有了自我牺牲精神的。

从我们对合理利己主义的学理剖析可以看到，西学东渐过程中进入中国的西方思潮的确有极大的似是而非性。为了澄清这其中的是与非、善与恶，亟须中国共产党做好正本清源的工作。党中央国务院于2019年颁布的《新时代公民道德实施纲要》正是基于这一现实背景："党的十八大以来，以习近平同志为核心的党中央高度重视公民道德建设，立根塑魂、正本清源，作出一系列重要部署，推动思想道德建设取得显著成效。"② 对这段文字正如人民网评论的那样，"如果说'立根塑魂'是用爱国主义、集体主义、社会主义进行正面引导的话，那'正本清源'就是对利己主义、拜金主义、享乐主义的错误予以清理与批判。"③

可见，无论在西方还是在中国有多少合理利己主义者的存在，也无论有多少合理利己主义者振振有词地申明，他们在合理利己主义原则引领下找到了利己与利他之间所谓平衡，我们想指出的是：合理利己主义依然是一种利己主义，只不过这是一种在人我之辩问题上羞羞答答的利己主义。而且，合理利己主义的"合理"手段因着利己主义的目的，在大多数情形下是无法真

---

① 北京大学哲学系外国哲学史教研室．十八世纪法国哲学［M］．北京大学外国哲学史教研室，译．北京：商务印书馆，1979：513.

② 中共中央，国务院．新时代公民道德实施纲要［M］．北京：人民出版社，2019：2.

③ 如何解读《新时代公民道德实施纲要》的现实意义［EB/OL］．人民网·大家时评，2019−12−10.

正地被实现的。

二、"自私基因"的理论批判

在人我之辩问题上，西方利己主义文化在当代出现了诸多新的形态。这其中最具代表性的莫过于"自私基因"论。

在西方文化的演进与传承中，主张进化论的生物学家一般把人类作为某一动物物种的延续。在他们看来，作为动物的人在自身的进化过程中和其他物种一样，不可避免地遵循着"适者生存"的竞争规律。尤其是达尔文以后的生物学家、人类学家对这方面的问题做了更精细、更具体的研究。其中影响最为卓著的人物之一是当代英国社会生物学家理查德·道金斯（Richard Dawkins）。道金斯明确地认为生命的进化无不受着"适者生存"这一生物学规律的支配。但是，生物学家们对自然选择的单位是什么的问题一直争议纷纭。达尔文曾主张是个体的差别性存在。20 世纪 40 年代出现的综合进化论则认为自然选择的单位是群体。还有学者根据大量物种灭绝的事实，断言自然选择的单位是物种。作为社会生物学家的道金斯则主张自然选择的单位是"自私基因"。

在道金斯看来，生存竞争实际上是"自私基因"竞争。他认为，植物、动物、人类不过是"自私基因"的生存机器。这种生存机器原初非常简单，随着时间的推移变得越来越复杂，而人便是这种生存机器的最高形态。DNA就是居于人体的自私基因。在道金斯看来，所有的生存机器（包括人类）的行为都受"自私基因"的指挥和操纵。为此，道金斯曾在《自私的基因》一书中表述他的观点："这种基因一代又一代地从一个个体转移到另一个个体，用它自己的方式和为自己的目的，操纵着一个又一个的个体。"[①] 在道金斯看来，基因的这种"为自己的目的"是永恒不变的，而且是冷酷无情的。这样，凡是从生存竞争中生存下来并能获得发展的基因，总是"自私基因"，这在人的基因 DNA 中表现得最为明显。由此，他提出了人性受"自私基因"支配的基本论断。

道金斯的这种理论不仅对进化论、生物学、动物学产生了重大的影响，

---

① 道金斯. 自私的基因 [M]. 卢允中，张岱云，译. 长春：吉林人民出版社，1998：11.

而且也对人类学如何认识人自身的本性发生了近乎颠覆性的影响。一些学者认为，如果从这样一个理论出发去观察人的行为，可以毫无悬念地认定人人皆受"自私基因"所支配。受这种控制的人的行为在价值取舍上总是倾向于个体自身的生存和发展。一旦缺乏这一条件，人的生命个体就会消失。当然，道金斯也承认人是有理性意识的，人能生成理性并借助于意志去谋求自身的生存需要与他人和社会的某种协调性。但是，只要把人的行为做生物学的透视就会发现：人的行为其生理的、本能的机制无不受 DNA 的基因支配。这种支配作用因人而异，和人格相关，可能很直接也可能很间接，可能很强烈也可能很微弱，但毕竟永远存在着。从这一点上讲，道金斯的一个最终结论是：基因是自私的，因而人性也是自私的。这一结论在科学主义①占据主流话语权的当代西方似乎被认为是确信无疑的。

然而，西方学者借助生物学所得出的结论并不意味着人性的问题便已然昭然若揭了。事实上，人性是否自私问题的研究如果立足于中国传统文化中的人我合一之道，尤其是立足儒家伦理的"仁道"思想，那么我们也许会发现其有廓清迷雾之功。在儒家看来，人固然有来自生物学（禽兽）的自私本能，但是人更有使自己超越生物学本能的利他主义德性，即仁义为核心的道德理性。人正是因此而成了人。以儒家的这一立场而论，生物学的研究仅仅是生物学意义上的，这不过是人性问题在天性层面的一个事实存在。也就是说，借助于儒家在人我之辩中的"仁道"立场，我们真正考察人性问题就必须从生物学的结论中走出来。因为有一个简单的事实是，人不仅仅是一般的动物，而是社会的动物，并因为对这一社会性的理性认知和洞察，人就成了可以在后天生成利他主义德性来超越利己本性的动物。而这正是人之所以为人的最本质规定和最基本内涵。因此，如果只是限于生物学的动物性上来把握人类本性，这必然失之偏颇。

---

① 科学主义（Scientism）是指主张以自然科学为整个哲学的基础，并确信它能解决一切问题的哲学观点。科学主义盛行于当今西方学界，它把自然科学奉为哲学的标准，自觉或不自觉地把自然科学的方法论和研究成果简单地推论到社会生活中来。如果说文艺复兴以来人文主义（Humanism）是西方文化主流的话，那么，到了 19 世纪，随着科学技术越来越彰显其力量，科学主义便逐渐占据主流。事实上，当今社会由于科学主义的泛滥，以所谓科学结论的普适性（或统一性）而对人类社会的人文关怀、人性尊严的维护，以及对"他者"的道德宽容、自我价值的多元实现等均构成了巨大的威胁。

　　也是基于对儒家"仁道"思想的无视或无知，我们还发现有一种观点恰恰来自对生物学意义上"自私"概念的误解。事实上，即便在道金斯那里，"自私基因"也有其特定的含义，它是指基因得以生存和发展的必要条件。这与伦理学中用以指称那些自私者行为的"自私"是两个不同的概念。生物学家只是用"自私"来概括人之生物本能的一种利己倾向而已，人类社会中出现的"自私"其特定的含义是指只顾自己不顾他人，或指损人利己的那些行为价值取向。关于这一点，道金斯本人也再三重申，人类由于受文化、教育及法治的社会环境等后天获得因素的影响，完全可以摆脱"自私的基因"的控制，并能够自觉地有意识地选择真正的利他行为。因为人类面对自私基因的作用"至少可以有机会去打乱它们的计划，而这是其他物种未能希望做到的"①。这正是人来源于动物，但又高于动物的地方。

　　道金斯这里提及的"人类由于受文化、教育及法治的社会环境等后天获得因素的影响"而可以超越自私的结论，这显然是其合理性的地方。但是，道金斯同时又充满自信地认为，近代以来由契约论发展而来的法治与法制完全可以把"自私的基因"控制在合理、有序的范围之内。②这其实是跌回到了法治万能论的窠臼。事实上，现代社会固然是法治社会，但法治也有其内在的局限：一方面，法律法规是可以被违背的，所谓法不责众，甚至是以身试法指的就是这种情形；另一方面，社会生活的复杂性必然地存在着大量的法律法规盲区，即所谓法不能及的情形。这就必然地在法治的同时需要德治的齐头并进，需要德治精神的张扬以涵养向善之心、敬畏之心，从而达到"从心所欲不逾矩"（《论语·为政》）的自觉与自由状态。中国古代的儒法之辩涉及的正是这一问题。而且，我们想特别提及的一个事实是，就总体而论，以儒家为道统的中华传统文化更推崇"以德为本"的德治路径，这就如孔子归纳的那样："道之以政，齐之以刑，民免而无耻；道之以德，齐之以礼，有耻且格。"（《论语·为政》）

　　对儒家这一"有耻且格"的人性修养论，习近平总书记曾经给予了充分的肯定。他在党的十八届四中全会就全面推进依法治国主题发表讲

---

　　① 道金斯．自私的基因［M］．长春：吉林人民出版社，1998：139.
　　② 道金斯．自私的基因［M］．长春：吉林人民出版社，1998：202.

话时，曾经这样阐述过道德与法的关系："再多再好的法律，必须转化为人们内心自觉才能真正为人们所遵循。'不知耻者，无所不为。'没有道德涵养，法治文化就缺乏源头活水，法律实施就缺乏坚实社会基础。"①习近平总书记援引的"不知耻者，无所不为"语出自北宋欧阳修的《集古录跋尾·魏公卿上尊号表》一文，其体现的正是以德涵养人性达到"有耻且格"之境的儒家修养观。

事实上，道德和法律这些人类文明与文化的存在物，恰恰表明人和动物一样虽然具有"自私的基因"，但人类并不能因此必然在后天的社会活动中形成自私人性。人必然和动物不一样。以马克思主义的立场而论，这是因为人在改造外部自然的同时也改造了自身的自然属性。也就是说，人类在进化过程中逐渐获得了区别于其他动物的体质形态、大脑结构等积极方面的特征，同时又凭借这种特有的肉体组织不断适应以生产劳动为主要形式的社会活动。正是由此，人和动物虽都有满足肉体生存的需要，但人的需要是积极的，随着生产力提高和社会化的加剧而呈现出一个不断超越的过程。而且，在劳动中产生的新的需要——享受需要、发展需要和精神需要，则完全是专属于人的需要。法治精神和道德情怀以及其他的诸如审美需求等就是这一精神需要的衍生物。于是，在人类的活动中，吃、喝不只是充饥而成为美食，两性交往不只是性欲的满足而成为爱情，等等。比消极的享受更高级的是发展需要，那就是表现自己的生命力，发展自己的潜能，实现自我的需要。特别重要的还在于，即便是肉体的生存需要，也已不是纯粹本能式的需要，它是作为人的需要结构中的一个层次而产生的。

正因为如此，马克思断言："有意识的生命活动把人同动物的生命活动直接区别开来。正是由于这一点，人才是类存在物。"② 因此，新弗洛伊德主义者弗罗姆在批判弗洛伊德的自然主义倾向时曾这样写道："人之存在的本质特征是：他已逾越出动物王国与本能相适应的藩篱，超越了自然（尽管他绝不可能最终完全摆脱它，且将始终是它的一部分）。而一旦人脱离了自然，他便

① 习近平谈治国理政：第2卷［M］. 北京：外文出版社，2017：117.
② 马克思，恩格斯. 马克思恩格斯全集：第42卷［M］. 中共中央马克思、恩格斯、列宁、斯大林著作编译局，译. 北京：人民出版社，1979：96.

丧失了返还它的任何可能性；……人别无选择，他必须舍弃那已无可挽回地丧失了的前人类和谐，不得不发展其理性，追寻新的人性的和谐，并不断朝前走下去。"①

可见，人通过活动使外部自然的性质越来越人化，同时也使自身自然的本性越来越人化。这种人化进程突出地表现为两个方面：一是人为了生存而必须在社会协作中进行的劳动作为一种不可逆转的推动力，支配着人类进化的方向，驱使人的体质形态、大脑组织等不断适应社会生活的需要；二是社会化的劳动使人的需要对象和内容以及满足需要的方式，不断趋于丰富和完善。这也就是说，不能把人的自然属性同动物的自然本能相提并论，人的自然属性是对自身动物本能改造之后的结果。

因此，我们如果把自私利己理解为人性的本质，那显然是缺乏依据的。事实上，人的自然存在要高于动物的自然存在。这正是儒家要把人和动物（禽兽）区分开来的精深用意之所在。人和动物的区分固然有很多方面，但是超越自私利己的自然性（兽性）的能力显然是最主要的方面。重要的还在于，不仅儒家，道家、佛家、墨家等诸子百家基本都持这一立场。也就是说，它代表了中华传统文化最基本的立场。而这一立场与马克思主义的人论具有高度的契合性。

第三节　古代人我合一传统内蕴的以文化人智慧发掘

从人我之辩的角度来解读中华传统文化中形成的人我合一之道，它涉及的是作为"我"的个人与作为"他者"的个人之间的矛盾关系的理性解决。它否定了西方文化将"他者"视为异己性存在的二元论思维，更不认可"人对人像狼"（霍布斯语）"他人即是地狱"（萨特语）之类的结论，它主张人我之间要体悟将心比心、自他不二的圆融之道。在人际关系中越来越凸显利己、冷漠、内卷之类消极现象的当今社会，这一人我合一的中华文化传统其内蕴的以文化人智慧几乎是不证自明的。

---

① 弗罗姆．爱的艺术［M］．陈维纲，译．成都：四川人民出版社，1986：8.

新时代中国共产党人在人我之辩问题上对这一优秀传统文化的批判性继承与创新性发展，正改变着当今中国乃至世界在人我关系问题上的诸多不尽如人意的现实，从而为美好生活的向往与追求提供了人我观方面的积极规范与价值引领。

一、合理利己主义的超越

作为人我合一传统之现代智慧开掘的重要维度之一，那就是我们必须旗帜鲜明地论证合理利己主义的不合理性。事实上，以合理利己主义作为人性的道德规范，从实质上讲是把人降低为动物般存在的一种非道德追求。

其实，道德之于人性的重要性和必要性正如孟子所论证的那样，恰恰在于道德是用以规范人的自然属性中那些类似于动物（禽兽）的诸如自私、利己之本能特性的。因为人就其自然的本能属性而言，的确存在极多的诸如自保、贪婪、好色之类的利己品性。由此，孟子提出"人之所以异于禽兽者几希"（《孟子·离娄下》）的命题，并把人和动物之差异归结为人有仁、义、礼、智这些最基本的道德规范。这显然是机智而深刻的。也正是从这个意义上我们可以说，道德本质上就是对人性的自觉规范。① 如果依然只是以利己主义作为道德规范的基本出发点，那么，道德的存在就没有必要了。因为从某种程度上讲，"利己主义"是每个人从自然本能的特性上讲就客观存在的，而道德存在对人生之所以必要是因为正是在其中人借助于自觉的理性和意志，对这些自然本能的属性进行自觉、自愿的规范。一旦没有了这些自觉、自愿的规范，那么人就降低为一种只凭借生存竞争的自然法则而生存的动物性存在了。从这个意义上讲，道德的自我规范，对人性显示了最重要的意义。如果把这一点也任性地称为道德说教，那么，"人"无疑就丧失了人之为人的最基本的规定。

而且，中国古代以儒家为主要代表的这一"成人"理论与马克思主义的立场非常相似和契合。马克思主义的人性理论一方面承认人有"饮食男女"

---

① 关于道德的本质是什么的问题学界是有争议的。本文作者汲取中国古代儒家文化的思想资源，曾提出过如下的观点：道德的本质就是对人性中的动物性（兽性）所做的自觉、自愿从而也是自由的规范。参见：张应杭. 伦理学概论［M］. 杭州：浙江大学出版社，2009：37.

之类的自然本能的属性："吃、喝、性行为等等，固然也是真正的人的机能。但是，如果加以抽象，使这些机能脱离了人的其他活动领域，并成为最后的和唯一的终极目的，那它们就是动物的机能。"① 我们暂且可以称之为这是自私、利己的天性。但另一方面马克思又认为人的本质是社会关系的总和②，人注定要处于一定的社会关系之中，他总是自觉地意识到自己与他人、与集体、与社会处于一种铁定的不可分离的联系之中。这样，尽管人有和动物一样的自私、利己的本能特性，但人却能够为维护一定的社会关系而自觉地以理性和意志来规范这种本能属性。正是由此，人便不可能像动物那样在生存竞争的搏杀和争斗中去实现自己的天性，而总是能依据和遵循社会为其成员制定的一定的行为规范和法则，去实现自己的各种人生追求。这些行为规范、准则内化为每个人内心的确信不移的信念，便是道德规范；而这种确信不移的信念以一个稳定的价值目标的方式表现出来，即是道德信仰。也因此，马克思主义伦理学把道德定义为依据人的内心信念来调整人们社会关系的行为规范总和；把道德信仰理解为在内心信念中形成的一种能矢志不渝遵循和追求的行为规范目标。③ 可见，在马克思主义的视域中，道德对人性也显示了最充分的必要性和重要性。

因此，我们认为就人我之辩而论，道德本身内蕴着利他主义的倾向。因为规范自己利己的天性，就内蕴着某种程度的利他和自我牺牲的含义。事实上，通常所谓的道德境界高尚与否，无非也就是行为中是否具有或具有多少利他主义和自我牺牲的精神。为此，我们认为一些西方学者把合理利己主义奉为人生的一种伦理原则，恰恰是非道德的，或者说这种追求正是对道德本质的否定。当然，我们同时必须强调的是，道德对人自私、利己的自然本性的规范不是否定人的自然本性（天性），而是以后天的德性去调整和节制自然本性，使人在自我生存和发展的追求与满足中能合乎人性，即合乎人的社会性。

---

① 马克思．1844 年经济学哲学手稿［M］．中共中央马克思、恩格斯、列宁、斯大林著作编译局，译．北京：人民出版社，2014：51.

② 马克思，恩格斯．马克思恩格斯选集：第 1 卷［M］．中共中央马克思、恩格斯、列宁、斯大林著作编译局，译．北京：人民出版社，1995：56.

③ 季塔连科．马克思主义伦理学［M］．北京：中国人民大学出版社，1984：15.

　　既然合理利己主义是一种不合理的追求，那为什么在当今中国的自我人生实践中，人们又重提合理利己主义这一西方文化的"舶来品"，并冠之以"真正的道德原则"之美誉？它为什么会有那么些信奉者和实践者？这不能不引起我们的深思，并从中总结出一些文化传播方面认知和实践教训。

　　其实，正如黑格尔"凡是现实的总是合理的"① 这一名言所说的那样，在现实的生活实践中出现合理利己主义这一所谓"真正的道德原则"追求，也应作如是观。亦即这种追求的出现显然具有某种必然性。我们认为对这个必然性至少可做三方面的分析。

　　一是经济改革与市场经济的发展使然。经济改革在带给中国社会令世界瞩目之成就的同时，也不可避免产生一些消极的影响。仅就对人性的影响而言，一方面，随着经济体制的改革而出现的个体经营、民营企业以及个体所有制在很多方面为利己主义提供了某种现实依据；另一方面，市场与商品经济中的交换原则、货币拜物教的产生，又加剧了利己主义思想观念的滋长。于是，竞争、优胜劣汰等观念便在许多人那里以利己主义的形式表现出来，只要不犯法，不昧良心，即坚持所谓的合理原则，许多人便公开在自己的人生哲学旗帜上写上"利己主义"的字样。

　　二是对共产主义道德中过分强调"自我牺牲"说教的逆反。马克思主义是我们的主流意识形态。马克思主义倡导的最高的伦理境界当然是大公无私的共产主义道德。在相当一段时期以来，我们的道德宣传和道德教育无视我们处在社会主义市场经济这一发展阶段的客观事实，总是片面地以最高形态的共产主义道德，比如自我牺牲、公而忘私来要求社会的每一个成员；与此同时，我们的道德教育又无视或很少论及个人利益的正当追求，忽视个人的自我发展和完善这一个体生存的内在目的性。于是，"物极必反"，理论上的这种片面性，直接导致了现实生活中的所谓合理利己主义追求的出现。

　　三是西方伦理观念的影响和冲击。改革开放对当今中国人观念的一个最大影响是西学东渐中西方文化的大规模渗入。从文艺复兴开始，西方文化就

---

　　① 转引自恩格斯《路德维希·费尔巴哈与德国古典哲学的终结》一文，参见：马克思，恩格斯. 马克思恩格斯选集：第4卷［M］. 中共中央马克思、恩格斯、列宁、斯大林著作编译局，译. 北京：人民出版社，1995：215-216.

形成了个人主义、利己主义的价值思潮，并一直成为近现代以来西方文化的主流价值取向。由于我们一方面在经济领域的变革强调发展市场经济，弘扬个体生命的自主意识，并鼓励一部分人通过正当谋利先富起来，这为利己主义提供了某种滋生的社会土壤；而另一方面，我们又强调对外开放，向西方学习一切对中国走现代化道路有益的东西。于是，西方这样一个利己主义的伦理价值观，随着对外开放便不可遏制地在当今中国拥有了一些信奉者和践行者。

这其中特别值得指出的是亚当·斯密（Adam Smith）的影响。作为古典政治经济学的创始人，亚当·斯密明确地把人性中的自私利己特性看成市场经济行为的天然推动力。在他看来，没有利己这一天性，市场经济本身是无法理解的。正如有学者指出的那样，一些人尽管害怕亚当·斯密的这一结论，但是其内心却又不得不承认这一结论。① 也就是说，在许多人看来，市场经济必然使活动主体成为锱铢必较的“经济人”。于是，信奉利己主义或称合理利己主义的原则便成为“经济人”行为的基本准则。而且，这一利己主义的原则不仅被学者认为是市场经济活动得以开展的事实前提，而且也被认定是最基本的道德原则。② 这也就是说，在市场经济条件下，由利己主义作为一种“经济人”行为基本原则的合理性便推导出它也是“道德人”行为的基本原则。换句话说，在一些人看来，利己主义作为现实的经济法则同时便衍生为一条基本的道德法则。

可见，合理利己主义的追求在当代中国的出现具有某种必然性。无论承认还是否认这一点，这种价值追求在相当一部分人的自我人生实践中已然是一个客观的事实存在。然而，正如恩格斯指出的那样，当黑格尔说“凡是现

---

① 彼得·J. 多尔蒂. 谁害怕亚当·斯密——市场经济如何兼顾道德 [M]. 葛扬，林乐芬，译. 南京：南京大学出版社，2009：171.

② 新古典主义主流经济学从其功利主义伦理学的推理出发，认定完全竞争的市场安排是“最优”和“最合理”，因而实际上必须默认它也是“最合乎道德”的。经济学家茅于轼甚至提出了一条原则：凡是能够促进社会经济发展的，都是符合道德的。茅于轼还推论，交换的目的就是为了赚钱牟利，既然交换可以为双方带来利益，那么赚钱牟利就是符合道德的。可以说，这是当代主流经济学之伦理基础（即功利主义伦理观）的最浅显的表达。这一经济伦理观，与新古典主义经济学所暗含的“能达到社会最大多数人的最大利益（即帕累托最优）的机制安排是最合理因而也是最道德的”价值观是完全一致的。参见：茅于轼. 中国人的道德前景 [M]. 广州：暨南大学出版社，1998：45.

实的都是合理的"这个命题时，他却是以隐晦的形式表现了另一层含义："凡是不合理的终将丧失其现实性。"也就是说，从发展的观点来看，那些现实性的东西，如果其逐渐丧失了合理性，那么最终就会被新的现实性所取代。① 当今中国在许多人那里极为信奉的合理利己主义的自我人生价值追求，可以肯定地说，从最终意义上讲也将丧失其合理性。正如我们在前文已经论证过的那样，因为从根本上讲合理利己主义并不合理，它在自我人生实践追求上必然陷于窘境之中。

而且，正如我们在历史与现实中看到的那样，这种合理的利己主义往往使人走向极端的利己主义，以其贪婪、不诚信、不择手段地攫取私利而走向人性的堕落。在当今中国的道德生活实践中，此类教训比比皆是。可见，无论合理的利己主义拥有多少信奉者，也无论这种所谓的真正的道德原则具有多大的吸引力，我们都必须坚定自己的认知信念：只要道德是对人性向善的一种规范，那么，任何形式的利己主义都只是一种非道德的追求，都只会导致人性的放任和堕落。

也许正是因为看到了这一点，以儒家"仁道""仁爱"思想为核心的中国传统伦理文化从来都反对个人主义、利己主义的立场，反对在人我之辩问题上只承认自己的目的性而把别人当手段的这样一种自私利己的行为。这显然是人我关系中当今中国社会亟待回归的一个基本伦理立场。

对于以仁爱为核心立场的中华优秀传统美德，中共中央在《新时代公民道德建设实施纲要》中明确提出必须予以继承与弘扬："深入阐发中华优秀传统文化蕴含的讲仁爱、重民本、守诚信、崇正义、尚和合、求大同等思想理念，深入挖掘自强不息、敬业乐群、扶正扬善、扶危济困、见义勇为、孝老爱亲等传统美德，并结合新的时代条件和实践要求继承创新，充分彰显其时代价值和永恒魅力，使之与现代文化、现实生活相融相通，成为全体人民精神生活、道德实践的鲜明标识。"②

---

① 马克思，恩格斯. 马克思恩格斯选集：第4卷［M］. 中共中央马克思、恩格斯、列宁、斯大林著作编译局，译. 北京：人民出版社，1974：211-212.
② 中共中央，国务院. 新时代公民道德建设实施纲要［M］. 北京：人民出版社，2019：8.

不仅如此。作为人我合一传统之以文化人智慧开掘的另一个重要维度，我们也要对在当今中国影响颇大的道金斯自私基因论进行学理澄清，以廓清认知迷障和纠正行动误区。毋庸讳言的是，我们不仅承认人毕竟有诸如"自私的基因"的生物学存在，而且还充分意识到这个所谓的自私基因的存在必然要影响人类行为的价值取向。但我们绝不认同据此断言人性就是自私的或者利己的结论。

事实上，当人们说"人性"或"人的本性"时，实际上是指人之所以为人的特性。的确，人也是动物，人具有动物的本能特性，但这并未把人和动物区分开来。人之所以为人则在于人不仅仅是一般的动物，而是具有理性、意志，可以受文化、教育和社会环境影响的社会动物。也正是从这个意义上，我们可以说——中国传统伦理文化把超越自私，生成利他主义德性，看成是人与动物（禽兽）的一个重要区别的思想是非常深刻的。也是由此，我们可以断言从基因的特性中无论如何也不能把人和其他动物区分开来。如果说人类自私或利己的生物特性就是人的本性的话，那么，人就仅仅只是动物。在这种所谓的人的本性中，我们根本无法寻觅和感受到真正的人性。

面对着当下现实生活中存在着那么多人性问题上的误解与迷失，而且，这些误解与迷失带来了那么多人生本不应该有的挫折甚至悲剧，我们也许可以把人我之辩中中国传统伦理的利他主义思想的现代启迪做两方面的分析。

其一，承认自爱的动物本能。从语义上分析，儒家推崇的仁道之"仁"字中的二人之一就是指自己，可见，爱自己也是符合儒家的仁道逻辑的。人的动物本能数之不尽，但最重要的是个体保存与种族保存的本能，亦即求生本能和性本能。换言之，道金斯所谓的基因的自私性首先表现在这两种本能上。甚至马克思也明白无误地指出过这一点："吃、喝、性行为等等，固然也是真正的人的机能。"① 由此，只要我们承认人来源于动物界这一事实，承认人的自然本能的客观存在，承认"人之所以异于禽兽者几希"（《孟子·离娄下》），就必然要承认人的自然本性中天生具有保存自己和满足自身需要的利己心。也唯有正视这种事实存在，我们才能使人性的修养和完善具有一个真

① 马克思，恩格斯．马克思恩格斯全集：第 42 卷［M］．中共中央马克思、恩格斯、列宁、斯大林著作编译局，译．北京：人民出版社，1979：94.

实的出发点。

也是由此，我们旗帜鲜明地批判诸如宋明理学家那样的后儒无视人性中自爱之本性的虚伪，我们尤其要彻底清算"饿死事小，失节事大"（程颐语）之类的迂腐、不人道和伪君子式的说教。同样的道理，我们也反对极"左"年代里曾经出现的诸如"狠斗私字一闪念""灵魂深处闹革命"之类的做法。事实上，已经有太多的历史经验与教训启迪我们，倘若离开自我生存和发展的基本需求去进行道德教化，一定是劳而无功，甚至是物极必反的。

其二，超越自爱，生成爱他人的德性。这也就是说，人决不满足于自然本能的存在，否则，人永远只是动物。"仁"字中的二人之另一语义是指他者。因此，仁道更要求我们学会爱别人。这就如《论语》里的记载那样，"樊迟问仁。子曰：'爱人。'"（《论语·颜渊》）可见，在孔子看来，爱自己是天性，无须培养自然就有，而爱他人则是后天要培养的德性。于是，仁者的要求在爱自己的同时更体现为要爱他人，即所谓的"夫仁者，己欲立而立人，己欲达而达人"（《论语·雍也》）；"己所不欲，勿施于人"（《论语·颜渊》）。孔子这些语录表达了一个共同的立场，即利他主义的伦理情怀。

事实上，人从和动物界脱离的那天开始，便作为一种社会的动物而存在和行动着。作为社会的存在，人一定会与他人、与集体、与社会结成特定的社会关系，从而能自觉地意识到维护与调整这种社会关系的需要。由此，约束自私、利己人性的行为规范就这样产生了。这种规范可能给人性许多限制，但人的理性却自觉意识到没有这种行为规范的限制，便没有社会关系的维护，从而便没有作为社会存在的人。于是，在理性的基础上产生了人所特有的意志力。恩格斯指出过这一点："一切动物的一切有计划的行动，都不能在自然界上打下它们的意志的印记。这一点只有人才能做到。"[①] 道德意识中的意志因素既指主体能根据预先拟定的计划调节自己行动的能力，也指主体使自己的行动服从于道德规范，抑制同这些规范相抵触的诱惑，从而克服达到目的之障碍的能力。因而，我们可以认为正是人的理性和意志的努力，人就和动物分野和揖别了。就人我之辩而论，这一意识和意志的努力就体现为自己的

---

① 恩格斯. 自然辩证法［M］. 中共中央马克思、恩格斯、列宁、斯大林著作编译局，译. 北京：人民出版社，1971：158.

内心培植和养成"仁道""仁爱"的做事做人境界。

可以肯定地说，人依据什么成为人的问题在中西文化中有各种各样的学说，儒家显然认为诸如"仁道""仁爱"那样的德性生成和培植是"成人"的最重要途径。从这一点上讲，孟子把人和动物（禽兽）的区别视为是否具有"仁道""仁爱"之德性的思想，无疑是异常深刻的。

值得欣慰的是，传统伦理的这一"成人"之道作为中国智慧正引起全球学者的关注。2018 年 8 月 13 日在北京召开了第 24 届世界哲学大会。这不仅是始创于 1900 年的世界哲学大会首次在中国举办，而且也是首次以中国哲学传统作为基础学术架构的一次全球哲学盛会。这次大会的主题便是"学以成人"（Learning To Be Human）①。这一主题凸显的正是古老中国的智慧，即成人不是一个自然的过程，它需要学习诸如人我、义利、欲理（道）之辩中的义理，并在对这个义理的认同过程中既内化于心，又外化于行。正是由此，人才从动物（禽兽）世界里分离出来而成了人。时任教育部部长的陈宝生出席了开幕式，并高度评价了这一大会主题。

可见，在人我之辩中，中国传统伦理之道从孔子到孟子到董仲舒，再到朱熹到王阳明，无一例外地崇尚利他主义的伦理抉择，主张超越自私利己的天性而拥有一份利他的"仁道""仁爱"德性，是很有现代意义的。有学者借朱熹的范式将这一意义形象地概况为：内无"私欲"则外无"妄动"。② 纵观今天许多高学历、高智商却因缺乏仁道情怀，被一己私欲遮蔽而铸下人生悲剧的官员、学者、企业经营者等，无疑让我们更加坚定了回归优秀传统文化人我合一立场的信心。

二、利他主义德性的养成

在否定了利己、自私人性的合理性之后，人我合一传统的以文化人智慧

---

① "学以成人"为主题的第 24 届世界哲学大会，以借鉴东方传统哲学思想来构建人类命运共同体［N］．新华网·新华视野，2018-08-18.

② 成龙．东方文化中的"我"与"他"——中国哲学对主体间关系的构建［M］．北京：中国社会科学出版社，2015：187.

开掘的更重要维度无疑是利他主义德性的养成。从"学以成人"的德性培植逻辑而论，这是一个否定之后的肯定过程。事实上，就人我关系而论，在古代中国一直推崇的很多道德范式至今具有相当的现代性。新时代的中国共产党正在当代中国人家庭生活、职业生活、社会公共生活等领域里予以积极地继承和创新。

比如孝亲之德。这一行为范式的基本要求是对父母及长辈的爱。从人我关系而论，孝亲是对最亲近的"他者"（父母）的爱，即"善事父母为孝"（《尔雅》）。东汉的文字学家许慎正是这样解这个字的："孝，善事父母者，从老省、从子，子承老也"（《说文解字》）。在这里，许慎从文字学的构造解释了孝的内涵：它是由"老"字省去右下角和子女之"子"字组合而成的一个上下结构的会意字，即父母年老了，做子女的要居下位而侍奉上位的父母。可见，孝道的本意其实正是人我合一之道在作为子女的"我"对作为"他者"的父母长辈之爱的具体体现。正是基于这样一个推己及人的伦理立场，儒家把孝视为最基本的仁道："孝悌也者，其为仁之本与。"（《论语·学而》）孟子也说："孝子之至，莫大乎尊亲"（《孟子·万章上》）。而且，儒家认为孝道是推己及人之道的起点，即古人所谓的百善孝为先。

而且，在古代中国，孝亲不仅仅只是儒家的伦理立场。如《墨经》也云："孝，利亲也。"汉代贾谊的《新书》也有"子爱利亲谓之孝"之说。事实上，先秦至汉唐的文献基本上都推崇孝道。但是，自五四运动倡导新文化运动以来，孝亲这一文化传统遭遇了空前的批判与否定。毋庸讳言，几千年传承下来的孝文化肯定存在着诸如无视子女的独立人格，倡导"无违即孝"（《孝经》）之类的盲从和把宗法血亲关系凌驾于法律之上的"父子相隐"之类的糟粕，但是对其采取彻底否定的态度显然又矫枉过正了。事实上，在中华文明史中，孝文化能够传承几千年恰恰说明它是有生命力的。我们仅从孝的"善事父母"，即利亲、养亲、尊亲、敬亲之内涵而言，就可以感受到它无疑是具有普世意义与基础性意义的一个伦理规范。

习近平主席在论及老龄化问题时，曾经论及孝亲这一德性："古人讲，'夫孝，德之本也'。自古以来，中国人就提倡孝老爱亲，倡导老吾老以及人之老、幼吾幼以及人之幼。我国已经进入老龄化社会。让老年人老有所养、老有所依、老有所乐、老有所安，关系社会和谐稳定。我们要在全社会大力提倡尊敬老人、关爱老人、赡养老人，大力发展老龄事业，让所有老年人都能有一个幸福美满的晚年。"① 习近平主席对孝亲之德的肯定，在全社会引起了极大的反响。有学者评论说："这是五四新文化运动以来中国共产党对孝文化之当代价值最积极、最中肯的评价。"②

重要的还在于，孝亲作为推己及人之道的起点，证明着"我"可以战胜生物学上的自私、利己本能，从爱父母开始构建起与"他者"的一系列和谐关系。比如将对父母之爱（孝）推及兄弟姐妹身上，即为悌；推及至同事及诸多同事组成的集体乃至国家，即为忠；推及与我们交往的每一个陌生人那里，即为信。一个社会的和谐便由对孝、悌、忠、信等伦理规范的谨守而真正地被构建起来。2019 年春节团拜会上，习近平在讲话中正是这样阐发孝亲之德的现代意义的："'共欢新故岁，迎送一宵中。'忙碌了一年，一家人一起吃年夜饭，一起守岁，享受的是天伦之乐、生活之美。在家尽孝、为国尽忠是中华民族的优良传统。没有国家繁荣发展，就没有家庭幸福美满。同样，没有千千万万家庭幸福美满，就没有国家繁荣发展。我们要在全社会大力弘扬家国情怀，培育和践行社会主义核心价值观，弘扬爱国主义、集体主义、社会主义精神，提倡爱家爱国相统一，让每个人、每个家庭都为中华民族大家庭做出贡献。"③

也许正是基于孝亲之德的这一基础性地位，党的十九大报告在论及加强思想道德建设时，把"向上向善、孝老爱亲"与"忠于祖国、忠于人民"并提列为提高人民道德水准和文明修养的最基本的道德规范。④ 这充分彰显了中国共产党人对孝道文化的现代认同。也正是在这一理念的引领下，全国各地各行业纷纷结合自身特色以评选诸如"孝亲好少年""慈孝之家"之类的方式推动着孝文化走进千家万户，对改变家庭与社会道德风尚起到极为不错的

---

① 习近平谈治国理政：第 3 卷［M］．北京：外文出版社，2020：344.
② 我们为什么要重提孝道［EB/OL］．人民网·大家时评，2020-03-23-14：55.
③ 习近平在 2019 年春节团拜会上的讲话［N］．人民日报，2019-02-04（1）.
④ 习近平．决胜全面建成小康社会　夺取新时代中国特色社会主义伟大胜利——在中国共产党第十九次全国代表大会上的报告［M］．北京：人民出版社，2017：43.

促进效应。

又比如睦邻之德。从人我关系而论，这一道德范式的基本要求是对作为邻居的他者施以友善，予以关爱。与孝亲之德相类似，这一德性也源自先秦儒家。孔子最早论及这一德性。《论语·雍也》曾记载过如下一段孔子与学生的对话："原思为之宰，与之粟九百，辞。子曰："毋，以与尔邻里乡党乎!"这段文字非常形象地描述孔子的仁者情怀。他明确地告诉自己的弟子，你把多余的俸禄拿去救济那些穷苦的邻里乡党，不是很好吗? 也是基于人我合一的仁道立场，孔子留下了一句名言："德不孤，必有邻。"（《论语·里仁》）这里的意思是说，一个能够战胜私心拥有仁德的人是不会孤单的，一定有志同道合的邻里与他相伴左右。正是基于这一优秀文化的历代相承，中国人的民族基因里积淀了睦邻友好的德性与德行。这一点正如习近平总结的那样："中华民族历来秉持'亲仁善邻'的理念。"①

相传康熙年间，清朝大学士张英在桐城老家的家人和邻居就宅基界限问题发生了争执。官司打到了县衙。为了让自己不吃亏，张英的家人写信给在朝廷为官的张英求援。张英写了首诗回复家人："千里修书只为墙，让他三尺又何妨;万里长城今犹在，不见当年秦始皇!"于是，惭愧不已的家人主动让了三尺宅基。邻居家见状，也自觉让了三尺。于是，在安徽桐城留下了一个著名的历史文化景点——六尺巷。2014 年六一节，收录有这一六尺巷故事的《中华传统美德故事》一书，被习近平主席作为礼物赠送给了北京市海淀区民族小学的小朋友，以勉励他们做立志向、有道德、爱学习的新时代好少年。

事实上，这样一个源自先秦的睦邻之德，世代相传，不仅成为古人处理人我关系的一个重要行为规范，而且也引申为不同国家、不同民族之间友好相处的基本伦理规范。古人描述的"海内存知己，天涯若比邻"（王勃《送杜少府之任蜀州》）即是这一睦邻之德的真实写照。

还比如贵和之德。这一道德范式的基本要求是在与他者的交往中推崇和气、和顺、平和的人际关系。据专家考证，"和"字最早可见于金文。② 它足

---

① 习近平谈治国理政：第 4 卷［M］．北京：外文出版社，2022：78.
② 黄寅. 中华民族精神研究［M］．北京：当代中国出版社，2000：201.

以证明这一传统源远流长。贵和也因此被认为是最体现中华文化特质的行为范式之一。作为人我合一之道的体现，这一伦理规范使得"我"和"他者"的关系出现分歧和矛盾时能够维护一种和谐的人际关系。事实上，在儒家文化中，贵和是儒家礼教的核心命题，即"礼之用，和为贵"（《论语·学而》）。孟子直接继承了《论语》的这一思想。他有一句被广为流传的名言："天时不如地利，地利不如人和。"（《孟子·公孙丑下》）后世儒家也非常推崇这一德性："和也者，天下之达道也。"（《礼记·中庸》）董仲舒甚至断言："德莫大于和。"（《春秋繁露·循天之道》）值得指出的是，儒家在人际交往中尊重"他者"，推崇"和为贵"的同时并不逃避矛盾、回避分歧。故孔子又说："君子和而不同。"（《论语·子路》）《中庸》的作者进而提倡："君子和而不流。"（《礼记·中庸》）也就是说，君子是有自己坚守之立场的。借用程颢、程颐的话说就是："世以随俗为和，非也，流徇而已矣。君子之和，和于义。"（《河南程氏粹言》卷一）

可见，贵和之道并非如一些望文生义者理解的那样是无原则的一团和气，事实上它意味着对"我"和"他者"人际关系中各种分歧、差异、矛盾的承认，并主张"我"可以坚持自己的立场，即不同、不流；但依据推己及人的原则，它更主张以一种对"他者"立场的包容而求同存异，从而最终以一种和合的方式消弭分歧、解决矛盾。

　　求同存异这一传统文化立场不仅适用于人与人之间的交往，它也适用于国与国之间的交往。在北京出席2022年世界经济论坛视频会议并发表演讲时，习近平主席就曾经这样指出："不同国家、不同文明要在彼此尊重中共同发展，在求同存异中合作共赢。"①这事实上是为深受新冠疫情重创的世界经济如何提振给出了中国方案。这里说的"求同"就是要顺应历史大势，致力于稳定国际秩序，弘扬全人类共同价值，推动构建人类命运共同体；"存异"就是坚持对话而不对抗、包容而不排他，尤其反对一切形式的单边主义、保护主义、霸权主义。

不仅儒家推崇贵和之道。事实上，贵和也是道家的伦理立场。老子的天

---

① 国家主席习近平17日在北京出席2022年世界经济论坛视频会议并发表演讲［N］.人民日报，2022-01-18（1）.

道观之一即是："万物负阴而抱阳，冲气以为和。"（《道德经》第四十二章）在道家那里，由这一阴阳和谐的天道内化为人的德性，自然要得出贵和的结论。正是在这个贵和之道的基础上，老子主张人我关系上要有"为而不争"的谦让之德："夫唯不争，故天下莫能与之争。"（《道德经》第二十二章）这一谦让之德的客观依据正是每一个"我"对"他者"的自然存在有一份认同之心。有了这样一份认同之心就必然会走出利己主义的困顿与迷局，培植出与他人的一种合作与共赢的贵和之德。而且，在道家看来，人我关系一旦摆脱了二元对立，那么贵和恰恰是最自然、最理性的状态。故老子说："既以为人，己愈有；既以与人，己愈多。"（《道德经》第八十一章）可见，唯有推己及人的贵和之道才可以营造出自然和谐的人际关系。

重要的还在于，古人认为人我关系中守持贵和之德，带来的一定是协和、祥和之气象。2017年7月1日，习近平总书记在庆祝香港回归祖国二十周年大会暨香港特别行政区第五届政府就职典礼讲话中就曾援引古人"和气致祥，乖气致异"（《汉书·刘向传》）的话，借以表明中央政府对香港的立场："从中央来说，只要爱国爱港，诚心诚意拥护'一国两制'方针和香港特别行政区基本法，不论持什么政见或主张，我们都愿意与之沟通。"① 这堪称是和而不同、求同存异这一传统智慧的经典运用。事实上，今天的香港在"一国两制"、香港特别行政区基本法与国安法框架内的"求同"与政治上的高度自治下，经济自由度全球排名位列前三，文化上多元多姿等"存异"和谐并存，正呈现出一派繁荣景象。这无不证明着古老的贵和之道所蕴含的现代价值。

三、以共享发展的新理念实现共同富裕

自1978年开始思想解放运动以来，人我之辩问题一直是理论界和现实生活实践中争议最多、讨论最激烈、分歧也最大的问题之一，并由于理论上的模糊，而直接导致了实践上的许多混乱与迷失。在改革开放以前，在人我关系问题上，我们在传统伦理文化熏陶和影响下，着重强调的是他人利益和利他主义德性的生成，却忽视了自我个体存在的重要性，以及个人利益的正当性和合理性，这无疑是片面的。而在改革开放以后，当我们接受了西方的伦

---

① 习近平谈治国理政：第2卷［M］. 北京：外文出版社，2017：437.

理文化，在人我关系上大力纠正传统伦理重他人轻自我的偏差时，又走向了另一极端。一时间，在理论界和社会上似乎形成了一种风气：只有无限制、或绝对地大谈自我及其价值的理论，才是正确的和合乎时代潮流的理论；而那些肯定他人、推崇利他主义的理论，则统统都被贴上"道德说教"的标签。

市场经济又助长了这一反传统的利己主义价值观的滋长。于是，当今中国也在一定程度上不可避免地出现了夏尔·傅立叶（Charles Fourier）在其著名的《论商业》一书中所辛辣嘲讽的那些利己主义现象：医生希望自己的同胞患寒热病；律师则希望每个家庭都发生诉讼；建筑师要求发生大火使城市的四分之一化为灰烬；安装玻璃的工人希望下一场冰雹打碎所有的天窗玻璃；裁缝和鞋匠希望人们只用容易褪色的料子做衣服和用坏皮子做鞋子，以便多穿破两套衣和多穿坏两双鞋子；甚至法院也希望继续发生大量犯罪案件，以获取更多的诉讼费，等等。① 这显然是当今中国新出现的"社会病"。其病根正是西方文化推崇的利己主义价值观。因此，我们讨论中国古代人我合一传统的以文化人智慧时，不得不对诸如精致的利己主义、合法合规的利己主义、不损人不拉仇恨的利己主义等形形色色的利己主义思想做坚决的决裂。

特别值得一提的是，为了有效地遏止利己主义价值观的泛滥，以习近平同志为核心的党中央，从国家治理层面审时度势地提出了共享发展的理念。就人我关系而论，如果社会分配导致贫富悬殊，那一定会导致人与人之间关系的不和谐。因此，当执政的中国共产党发现现阶段我国在发展成果惠及全体人民方面出现了一些问题时，不仅高度重视和警觉，而且积极在实践层面上探索化解矛盾的应对之策。共享发展的理念正是在这一语境下出场的。2015 年党的十八届五中全会提出："坚持共享发展，必须坚持发展为了人民、发展依靠人民、发展成果由人民共享，做出更有效的制度安排，使全体人民在共建共享发展中有更多获得感，增强发展动力，增进人民团结，朝着共同富裕方向稳步前进。"② 可见，共享发展事实上是我们党对经济社会发展理念的创新发展，反映了我们党对执政规律和建设规律认识的升华。

① 傅立叶选集：第 3 卷［M］. 汪耀三，译. 北京：商务印书馆，1982：97.
② 中国共产党第十八届中央委员会第五次全体会议公报［N］. 人民日报，2015-10-30（1）.

如果就传统文化的视域而论，共享发展的理念也是中国共产党对人我合一之道在新时代的创新性发展。在当今中国如果人与人享有的社会产品差距悬殊，出现两极分化，既不符合社会主义原则，也与传统文化倡导的人我合一之道相违背。仅就人我之辩而论，共享发展的伦理本质是反对天下为私，主张对他者的尊重与关爱。众所周知，作为人我合一之道的必然衍生，儒家历来主张将超越自私、利己的利他主义视为人成为人的伦理本质。这一伦理本质在儒家的大同理想中体现得最为充分："大道之行也，天下为公。选贤与能，讲信修睦。故人不独亲其亲，不独子其子。使老有所终，壮有所用，幼有所长，鳏寡孤独废疾者皆有所养。"（《礼记·礼运》）党的十八届五中全会提出并强调"按照人人参与、人人尽力、人人享有的要求，坚守底线、突出重点、完善制度、引导预期，注重机会公平，保障基本民生"① 的实践主张，堪称是这一古代圣贤理想的当代实现。

因此，习近平总书记强调指出："我们必须坚持发展是为了人民、发展依靠人民、发展成果由人民共享，做出更有效的制度安排，使全体人民朝着共同富裕方向稳步前进，绝不能出现'富者累巨万，而贫者食糟糠'的现象。"② 为此，我们党共享发展理念的构建和制度安排的实施意味着在继续做大"蛋糕"的同时，尤其要特别关注和解决好如何共享"蛋糕"的问题。这就是习近平总书记在党的十八届三中全会上说的："'蛋糕'不断做大了，同时还要把'蛋糕'分好。我国社会历来有'不患寡而患不均'的观念。我们要在不断发展的基础上尽量把促进社会公平正义的事情做好，既尽力而为，又量力而行，努力使全体人民在学有所教、劳有所得、病有所医、老有所养、住有所居上持续取得新进展。"③ 正是从这个意义上我们可以认为，共享发展及其必然衍生的共同富裕，就人我之辩的视域而论，恰恰是中华文化追求的人我合一理想境界的实现。

共同富裕作为新时代中国共产党人的重要新发展理念，正成为马克

---

① 中国共产党第十八届中央委员会第五次全体会议公报［N］.人民日报，2015-10-30（2）.

② 习近平谈治国理政：第2卷［M］.北京：外文出版社，2017：200.

③ 习近平谈治国理政［M］.北京：外文出版社，2014：97.

思主义基本原理同中华优秀传统文化相结合的一个重要生长点。习近平曾经这样论述过这一问题："共同富裕，是马克思主义的一个基本目标，也是自古以来我国人民的一个基本理想。孔子说'不患寡而患不均，不患贫而患不安'。孟子说'老吾老以及人之老，幼吾幼以及人之幼'。《礼记·礼运》具体而生动地描绘了'小康'社会与'大同'社会的状态……"① 可见，"共同富裕"正是中国共产党人新时代新征程中必然构建的一个新发展理念。

正是基于中国共产党人对共享理念的积极践行，在今天的中国"共同富裕"正成为解读中国特色现代化的一个关键词。事实上，共同富裕作为社会主义的本质要求与中国式现代化的重要特征，一直是新时代中国共产党人的奋斗目标。如果说在改革开放初期，我们基于特定的历史发展阶段，必须如邓小平说的那样："我的一贯主张是，让一部分人、一部分地区先富起来，大原则是共同富裕。一部分地区发展快一点，带动大部分地区，这是加速发展、达到共同富裕的捷径。"② 进入新时代，以习近平同志为核心的党中央把握发展阶段新变化，推动区域协调发展，采取有力措施保障和改善民生，打赢脱贫攻坚战，全面建成小康社会，为促进共同富裕创造了良好条件。因此，新时代的发展要求我们党把逐步实现全体人民共同富裕摆在更加重要的位置上。换句话说，新时代的发展阶段已经到了扎实推动共同富裕的历史方位。为此，习近平强调指出："我们说的共同富裕是全体人民共同富裕，是人民群众物质生活和精神生活都富裕，不是少数人的富裕，也不是整齐划一的平均主义。"③ 事实上，中国共产党把促进全体人民共同富裕作为为人民谋幸福的着力点，既是适应我国社会主要矛盾的变化，更好满足人民日益增长的美好生活需要，也是不断夯实中国共产党长期执政基础的不二选择。

作为新时代人我合一的理想境界，共同富裕意味着新时代中国共产党人，一方面要有不忘初心、不负人民的使命担当，以久久为功的韧劲继续创造好充裕的经济、政治、生态、文化诸方面的财富，让人民切实可以享有幸福生

① 习近平谈治国理政：第2卷［M］．北京：外文出版社，2017：214．

② 邓小平．邓小平文选：第3卷［M］．北京：人民出版社，2001：116.

③ 习近平．扎实推动共同富裕［J］．求是，2021（20）：2.

活。这是共产党人作为人我关系中"我"之角色的使命担当。另一方面，作为执政党的中国共产党人又必须教化与引领人民懂得幸福生活都是奋斗出来的，共同富裕要靠勤劳智慧来创造的道理。这是共产党人对人我关系中"他者"之角色的价值观引领，它包括如何分配好"蛋糕"在内的相关政策的制定与实施。这是避免"躺平"，避免平均主义、福利主义陷阱的最重要保障。

而且，作为新时代人我合一之道的理想境界而言，共同富裕还应该是一个循序渐进的过程。关于这一点，习近平明确指出："共同富裕是一个长远目标，需要一个过程，不可能一蹴而就，对其长期性、艰巨性、复杂性要有充分估计，办好这件事，等不得，也急不得。"① 这也就是说，作为人我合一之理想境界的实现，共同富裕一定是一个由量变的积累逐渐到达质变发生的循序渐进过程。一方面，追求共同富裕过程中忽视量变积累是一种激进主义的心态，它不可取，以习近平主席的话说就是"急不得"；另一方面，当共同富裕追求已然发展到了走向质变的临界点了却依然畏手畏脚，这是一种保守主义的心态，同样不可取，故习近平主席要说"等不得"。

习近平在 2021 年年底的中央经济工作会议上，曾经借用古人的如下一句话来说明共同富裕的道理："国之称富者，在乎丰民。"（钟会《刍荛论》）这句话的意思是说，国家的富裕并不体现在部分人的富裕，而是全体老百姓的丰衣足食。为此，习近平认为中国共产党人面对财富如何分配这一全球性难题，必须要有自己的立场和主见，绝不可出现贫富悬殊、两极分化的现象，必须要在全体人民共同富裕的问题上取得更为明显的实质性进展。② 这既是对传统文化人我合一之道在新时代的继承与创新，同时也是彰显社会主义的本质的必然要求。

事实上，西方许多发达国家工业化搞了几百年，贫富悬殊问题依然非常严重，这除了表明西方以私有制为基础的社会制度不合理之外，也说明共同富裕的追求与实现有其内在和外在诸多因素的制约，寄希望于一朝一夕之功无疑是空想主义的表现。但是，新时代中国共产党人有坚定的信心和足够的能力来实现共同富裕这一宏伟的社会治理目标。众所周知，从《礼记》的

① 习近平. 扎实推动共同富裕［J］. 求是，2021（20）：5.
② 习近平谈治国理政：第 4 卷［M］. 北京：外文出版社，2022：209.

"大道之行"到陶渊明的《桃花源记》，再到康有为的《大同书》和孙中山的"天下为公"，这一人我合一的理想目标自古以来就被中国历代圣贤孜孜以求。进入新时代中国共产党人有理由断言，我们比历史上任何时期都更接近这一目标的实现。也正是基于对这一"天下为公"之大同理想的实现，党的二十大政治报告在诠释中国式现代化的本质内涵时，把"共同富裕"列为其中一个重要的内涵："中国式现代化是全体人民共同富裕的现代化。共同富裕是中国特色社会主义的本质要求，也是一个长期的历史过程。我们坚持把实现人民对美好生活的向往作为现代化建设的出发点和落脚点，着力维护和促进社会公平正义，着力促进全体人民共同富裕，坚决防止两极分化。"①

新时代中国共产党在对古代人我合一之道继承创新的最伟大实践成就，无疑是全国范围消灭了绝对贫困。众所周知，贫困是人类社会的顽疾，是全世界面临的共同挑战。曾经中国的贫困规模之大、分布之广、程度之深世所罕见，因此贫困的治理难度超乎想象。然而，就在建党 100 周年这一具有特殊意义的时间节点上，习近平总书记代表执政的中国共产党自豪地向全世界庄严宣布：依据联合国制定的关于绝对贫困的标准，中国已经彻底告别了贫困的时代！也就是说，中国共产党团结带领人民以坚定不移、顽强不屈的信念和意志与贫困做斗争，在解决困扰中华民族几千年的绝对贫困问题上取得了伟大历史性成就，完成了这项对中华民族、对人类社会都具有重大意义的伟业。这一被誉为"人类减贫的中国样本"② 的伟业，堪称中国共产党人对历代志士仁人之富民梦想的当今实现。

其实，就人我关系而论，富民一直是治国理政者的起始目标和初心之所在，即所谓的"治国之道，富民为始"（《史记·平津侯主父列传》）。这就正如习近平指出的那样："一部中国史，就是一部中华民族同贫困作斗争的历史。从屈原'长太息以掩涕兮，哀民生之多艰'的感慨，到杜甫'安得广厦千万间，大庇天下寒士俱欢颜'的憧憬，再到孙中山'家给人足，四海之内

---

① 习近平. 高举中国特色社会主义伟大旗帜　为全面建设社会主义现代化国家而团结奋斗——在中国共产党第二十次全国代表大会上的报告［M］. 北京：人民出版社，2022：22.

② 中国成功脱贫提振全球减贫信心［N］. 人民日报（海外版），2021-06-08（10）.

无一夫不获其所'的夙愿，都反映了中华民族对摆脱贫困、丰衣足食的深深渴望。"① 中国共产党人更是从成立的那一刻起，就把这个目标铭刻在自己的宣言书上，并为此不惜抛头颅、洒热血进行了英勇顽强的斗争。进入新时代之后，以习近平同志为核心的中国共产党人更是以驰而不息、接续奋斗的精进努力创造了一个个令世界为之瞩目的辉煌业绩。这其中尤其是十八大之后提出"绝不落下一个贫困地区、一个贫困群众"的承诺，在精准扶贫理念的引领下，聚力攻克了一个个深度贫困的堡垒，特别是克服了新冠疫情的不利影响，终于让中国人民迎来了彻底告别绝对贫困的好日子。

习近平曾经以古人"天地之大，黎元为本"（《晋书·宣帝纪》）之语勉励自己和执政团队。② 正是这种以人民为本的执政理念和以人民为中心的发展理念激励着共产党人在扶贫攻坚路上励精图治、始终不懈。习近平自己就曾深情地回忆说：自十八大之后的"8 年来，我先后 7 次主持召开中央扶贫工作座谈会，50 多次调研扶贫工作，走遍 14 个集中连片特困地区，坚持了解真扶贫、扶真贫、脱真贫的实际情况，面对面同贫困群众聊家常、算细账……"③

重要的还在于，"脱贫摘帽不是终点，而是新生活、新奋斗的起点"④。尽管脱贫地区实现了脱贫目标，历史性地消除了绝对贫困，但这些地区仍然是我国现代化建设的短板。党中央、国务院明确表态，加快推进脱贫地区产业发展是补齐短板的关键举措和要害所在。正是在这样的理念引领下，脱贫地区产业发展呈现稳中有进的良好态势。国务院农业农村部联合 9 部门印发《关于推动脱贫地区特色产业可持续发展的指导意见》，明确过渡期内推进脱贫地区特色产业发展的思路原则、目标任务和政策举措。832 个脱贫县特色主导产业更加鲜明，产业集聚态势更加明显；80% 以上脱贫县已完成规划编制，脱贫县依托脱贫地区 1.5 万家市级以上龙头企业、72 万家农民合作社、80 多

---

① 习近平谈治国理政：第 4 卷 [M]．北京：外文出版社，2022：126.
② 习近平谈治国理政：第 4 卷 [M]．北京：外文出版社，2022：171.
③ 习近平谈治国理政：第 4 卷 [M]．北京：外文出版社，2022：131.
④ 习近平．在全国脱贫攻坚总结表彰大会上的讲话 [N]．人民日报，2021-02-25（1）.

万个家庭农场带动，脱贫户与各类农业生产经营主体间的利益联结机制更加紧密。① 我们有理由断言，在不久的将来包括广大农村在内的神州大地一定是一派繁荣昌盛、欣欣向荣的景象。到那时，人我合一的理想境界也就真正地得以实现。

不仅如此，如果把人与人之间的关系扩展为国与国之间的关系，那么当今中国正将这一人我合一之道内蕴的共享共赢与共同富裕的理念积极主动地传递给世界。也就是说，中国共产党人正着力向全世界传递这一中华民族5000多年文明史所孕育出的中华优秀传统文化的声音。众所周知，当今世界以"美国优先"（America First）为主旨的美国霸权主义正企图以其强大的国力为后盾而称霸全球。尤其在经济领域里，美国凭借其美元的强势地位，在全世界范围内"薅羊毛"。面对美国日益膨胀的这一国家利己主义行径，世界各国为之不安。有研究国际关系的学者甚至发出了"世界苦美久矣"② 的呐喊。正是在这一严峻的现实境遇下，中国却以一个大国的担当精神提出了"和平、发展、合作、共赢"这一全球新价值观的倡导③，这无疑让全世界听到了"中国好声音"。

而且，这一积极倡导人我合一的"中国好声音"正在不断转化为中国行动、中国力量、中国示范。当今中国正以一个负责任大国的形象在诸如合作应对气候变化、打造"一带一路"国际合作平台、加大对不发达国家的援助等方面积极地行动，从而切实地推动着"和平、发展、合作、共赢"这一全球新发展观的落实进程。这既是世界范围内如何解决人与我之间矛盾的中国声音、中国方案和中国力量，也是中华传统文化人我合一价值原则具有现代性和世界性的又一证明。

在党的十九大政治报告的结束语部分，习近平总书记曾援引了"大道之行，天下为公"这一儒家经典名句。④ 在党的二十大之后，习近平总书记代

---

① 姚媛，裴逊琦."脱贫摘帽不是终点，而是新生活、新奋斗的起点"——落实习近平总书记两会嘱托一年回顾［N］.农民日报，2022-03-04（1）.

② 参见：《环球时报》前主编胡锡进的个人微信公众号。

③ 中共中央宣传部，等.习近平谈治国理政：第2卷［M］.北京：外文出版社，2017：539.

④ 习近平.决胜全面建成小康社会 夺取新时代中国特色社会主义伟大胜利——在中国共产党第十九次全国代表大会上的报告［M］.北京：人民出版社，2017：70.

表政治局常委在中外媒体见面会上发表重要讲话时再次提及这一概念："只要共行天下大道，各国就能够和睦相处、合作共赢，携手创造世界的美好未来……我们将同各国人民一道，弘扬和平、发展、公平、正义、民主、自由的全人类共同价值，维护世界和平、促进世界发展，持续推动构建人类命运共同体。"① 习近平总书记的讲话让我们直观地感受到优秀传统文化的当代价值。的确，"大道之行，天下为公"这一名句既契合了全世界共产党都应该坚守的《共产党宣言》的基本立场，又体现和彰显了中国历代志士仁人推崇的人我观。新时代中国共产党作为这一人我观的继承与创新者，正努力使这一优秀传统文化在与马克思主义基本原理相结合的过程中得以不断地弘扬光大。我们完全有理由坚信，随着中国共产党人在当今世界的率先垂范和积极引领，随着中国人民以及世界人民的积极践行，我们完全可以超越包括国家利己主义在内的形形色色利己主义错误价值观，构建起人我关系更加和谐的新文明形态。

---

① 习近平. 在二十届中央政治局常委同中外记者见面时的讲话 ［J］. 求是，2022（22）：1.

第五章

人我之辩中的群己合一传统与内蕴的以文化人智慧

在群己关系的认知上，中华传统的确有重群体轻个体的偏颇。但自近代西方文化进入中国后，个人主义无疑成为群己之辩中对当下中国消极影响更大的另一个文化偏颇。中国共产党人在继承创新传统的群己合一之道的过程中，不仅赋予了集体主义新的时代内涵，而且还放眼全球创造性地构建了世界范围的"集体主义"——人类命运共同体理念。

——题记

以人我之辩这个向度来审视中华文化的优秀传统，除了人我合一外，群己合一也是非常值得关注、研究和发掘的一个古代道统。从学理逻辑审视，它是人我之辩的进一步展开。如果说人我合一是我和他者的统一与圆融，那么群己合一则是我和许许多多的他者集合而成的集体、社会、国家、民族乃至全人类的统一与圆融。与西方文化强调原子式的个人至上性不同，古老的中华文化更推崇个人与群体的不可分割性。这种不可分割性被过分强化，固然有忽视个体权益的整体主义甚至集权主义的偏颇，但就其理想化的形态而言，则是形成了源远流长的自觉将"小我"与家、与国、与族群、与天下的"大我"相融合的可贵立场。这不仅是我们今天在谋求中华民族伟大复兴进程中非常需要培植的家国情怀，而且从全球化的视域来看，也是人类命运共同体得以有效构建和积极推进的重要文化支撑。因此，中华传统文化在人我之辩中彰显的群己合一之道，及其内蕴的以文化人智慧，同样值得中国共产党人予以批判性地继承和创新性的发展。

第一节　中华传统文化的群己合一观

中国古代群己合一的基本伦理立场是注重群体，克制一己私欲，主张为维护群体利益甚至可牺牲自己的生命。中国古代涌现出过许多仁人志士，他们以家国为重，以天下为己任，不计较个人得失，并为后世留下了许多脍炙人口的至理名言，比如"先天下之忧而忧，后天下之乐而乐""天下兴亡，匹夫有责""鞠躬尽瘁，死而后已"，等等。这些高度体现了中华民族的群体意识的精神内化为一种民族精神，千百年来成为我们中华民族得以稳定发展和不断壮大的价值共识和不竭精神动力。

一、儒家克己奉公的群体观

从"仁道"这一人我合一立场出发，孔子必然地对群己关系是十分重视的。因为他意识到每个具体的个人总是和社会群体相联系的。因此，当一些"避世之士"和"隐者"劝导孔子仿效他们去过离群索居的生活时，孔子回应说："鸟兽不可与同群，吾非斯人之徒而谁与?"（《论语·微子》）孔子在这里的意思是说，作为个体的自我不能和鸟兽合群为伍，只能存在于与我一样的诸多个体形成的群体之中。后来的荀子直接继承了孔子的这一思想，提出了人和动物的区别恰在于合群："人之所以异于禽兽者，以其能群也。"（《荀子·王制》）

在《论语》中，孔子有大量关于群己关系的论述。比如，"君子和而不同，小人同而不和"（《论语·子路》）。又比如，"君子周而不比，小人比而不周"（《论语·为政》）。还比如，"君子矜而不争，群而不党"（《论语·卫灵公》）。孔子在这里提及的"和"，说的是与群体的一致性，"和而不同"是谋求共识，但不随声附和，放弃自己的立场和观点；"周"说的是团结的普遍性，"周而不比"是指团结一切可以团结的力量，但不朋比为奸，为非作歹；"群"说的是整体的向心性、凝聚力，"群而不党"是说与群体凝聚在一起，风雨同舟，但不拉帮结伙，更不据此而谋取私利。也许正是这个缘由，

125

有学者认为，中国古代群己之辩的讨论发端于先秦的孔子。①

可见，在儒家的创始人孔子看来，既然个体的"我"无法离开群体而存在，那么遵循一定的伦理规范以维护群体的和谐就非常必要。以仁德为核心的礼制正是这样被确立的，礼教也是因此而成为对个体的必要教化："颜渊问仁。子曰：'克己复礼为仁。一日克己复礼，天下归仁焉。为仁由己，而由仁乎哉？'颜渊曰：'请问其目？'子曰：'非礼勿视，非礼勿听，非礼勿言，非礼勿动。'"（《论语·颜渊》）可见，孔子在这里甚至非常具体地讨论了作为群规的礼在视、听、言、动中制约个体的作用。荀子也曾经这样论证礼的必要性："故人生不能无群，群而无分则争，争则乱，乱则离，离则弱，弱则不能胜物。故宫室不可得而居也，不可少顷舍礼义之谓也。能以事亲谓之孝，能以事兄为之弟（悌），能以事上谓之顺，能以使下谓之君。君者，善群也。"（《荀子·王制》）这里提及的孝、悌、顺、君就是群己关系中个体对家、对国的基本伦理规范。

汉代"独尊儒术"之后，儒家的这一群己观自然便成了主流文化。它不仅作为伦理规范，而且还成了制度被固化，这就是"三纲六纪"。有必要指出的是，为了与大一统的封建国家治理相呼应，儒家的群己合一观在这一时期更多地凸显了家与国等群体对个体的优先性。之后的宋明理学继续沿袭了这个立场。因此，我们可以发现宋明时期学者们几乎都倾向于对个人身心发展中诸如私欲、趋利等予以制约，他们几乎毫无例外地推崇代表群体生存的公义、天理。这虽然促进了个人对群体的理解和认同，但对于个人身心而论无疑是一种压抑，因为个人的独立性被削弱了。这又是我们当下开掘儒家群己观时必须予以扬弃的糟粕。也就是说，我们高度认可儒家以克己、合群为立足点的群己合一之道，尤其积极评价儒家以克己为主要手段而达成的对家国的孝忠之德培植与涵养的重要性。但是，我们反对宋明理学无视个体之欲"以理杀人"（戴震语）的偏颇。

值得一提的是，儒家还从群己之辩的角度论证了治国理政须"得众"的道理。事实上，群己之辩也是儒家仁政理念经常论及的问题。比如，孟子就曾经把孔子的仁道观发展为行仁政为核心内容的"王道"思想。他得出最重

---

① 蒋孝军．传统"群己之辩"的展开及其终结［J］．哲学动态，2011（9）：34.

要的结论就是："仁人无敌于天下。"（《孟子·尽心下》）也是基于这一立场，董仲舒曾这样论证说："王者爱及四夷，霸者爱及诸侯，安者爱及封内，危者爱及旁侧，亡者爱及独身。"（《春秋繁露·仁义法》）可见，在董仲舒看来，"得众"之多少，与统治者治国安邦的成功与否成正比关系。儒家最具代表性的典籍《礼记》中则有总结性的话："得众则得国，失众则失国。"（《礼记·大学》）

在庆祝中国共产党成立95周年大会上的讲话中，习近平总书记援引过《礼记》的这一名言警句："人民立场是中国共产党的根本政治立场，是马克思主义政党区别于其他政党的显著标志。党与人民风雨同舟、生死与共，始终保持血肉联系，是党战胜一切困难和风险的根本保证，正所谓'得众则得国，失众则失国'。"[1] 习近平总书记在这里非常具体地将马克思主义同中华优秀传统文化相结合，找到了两者的契合点，并以此谆谆告诫执政团队不忘初心、牢记使命，显得非常精辟得当。

其实，儒家的这一"得众则得国，失众则失国"的思想自汉以后一直是封建社会统治者治国理政的最重要理念之一。包括像《贞观政要》《资治通鉴》那样的著作几乎都是围绕这一主题展开的。事实上，在"得众"与否的问题上几千年的封建社会留给我们的既有正面的，也有反面的诸多历史经验与教训。新时代中国共产党总结这其中的成败得失，显然可以让我们以史为鉴，从而更好地走向未来。

二、墨家"利天下"的群体观

墨家明确主张"兼爱天下"的利他主义精神。因此与儒家一样，它在群己之辩中必然衍生出群体高于个体的伦理立场。关于这一点，孟子在谈到墨子时曾这样评价说："墨子兼爱，摩顶放踵，利天下，为之。"（《孟子·尽心上》）这是对墨家天下观的最早最直接的具体描述。而在《庄子·天下》中更是对墨家所崇尚的部落（群体）利益高于个人利益的感人事迹做了如下的记载："墨子称道曰：昔者禹之淹洪水，决江河，而通四夷九州也，名川三

---

①　习近平谈治国理政：第2卷 [M]．北京：外文出版社，2017：40．

百，支川三千，小者无数，禹亲自操耜……腓无胈，胫无毛，沐甚雨，栉疾风，置万国。……日夜不休，以自苦为极……虽枯槁不舍也。"从上述文字可见，墨子显然极为推崇大禹的自我牺牲精神，并以此为自我人生效法的楷模。事实上，从相关的史料记载来看，墨子和他的弟子们在自己的生活实践中的确是以"兼爱天下"的胸怀，在"自苦为极"过程中，实现其"利天下"的人生理想追求的。这显然是群己合一之道的真正践行。

特别值得指出的是，正如有学者指出的那样，在群己观上儒家似乎不如墨家那样具有"摩顶放踵""以自苦为极"的理想主义情怀，以及因这一情怀而派生的积极进取性。① 的确，儒家在行为实践上更倾向于秉持"用之则行，舍之则藏，唯我与尔有是夫"（《论语·述而》）的立场。比如，当孔子周游列国，到处碰壁后，便返回故乡隐退，从事教学和整理古籍的活动。孟子把孔子这一"用之则行，退之则藏"的思想进一步阐发了，以他的话说就是："得志，泽加于民；不得志，修身见于世。穷则独善其身，达则兼济天下。"（《孟子·尽心上》）在这里，孟子显然修正了他当初"如欲平治天下，当今之世，舍我其谁也"（《孟子·公孙丑下》）的豪情壮志。孔孟这一群己观上的立场，自汉代以来深刻地影响了古代士大夫的人格塑造和心态养成。

可见，在先秦同为"显学"的儒墨在群己观上，两者是有差异的。事实上，墨家更具理想主义的情怀。当然，儒家的这个思想虽然没有墨家那样带有理想主义色彩，因而也可以说这是一种有所保留的群体主义精神，但这种"独善"与"兼善"的态度却更为现实，也更符合人生处世的经世致用原则。也因此，儒家这一"穷则独善其身，达则兼济天下"的人生态度较之墨家在尔后的中国思想史上发生了更大的影响作用。事实上，这应该也是推崇利天下的墨家理想后来在思想史上影响力衰落的一个重要缘由。这不能不说是中国古代思想史上的一桩憾事。

三、道家尊重自然生命的群体观

道家从"道法自然"（《道德经》第二十五章）的立场出发也得出了群己合一的结论。事实上，"自然"作为以老庄为代表的道家哲学的核心概念，其

---

① 韩文庆. 四书悟义 [M]. 北京：中国文史出版社，2014：173.

内涵不完全指谓自然界，它同样涵盖了人类社会的自然存在。李泽厚曾经论述过这一点。他认为老子的"道"并不像时下学人所认为的那样，仅仅是对自然现象的观察、概括，它不过是借自然以明人事而已。[①]正是由此，我们可以发现在老庄的相关论述中，"自然"的话题更多指归的不是自然界而是人类社会本身。

老子论证了人在天地之间自然存在的合理性："故道大，天大，地大，人亦大。域中有四大，而人居其一焉。"（《道德经》第二十五章）老子在这里指谓的"人"当然既包括自我也包括他者的自然存在。然而，因为人们习惯于肯定自己存在的自然，而无视他者以及诸多他者组成的群体之存在的自然，所以老庄特别地对他者自然生命存在的天然合理性进行了论证。比如，庄子就有这样的论断："非彼无我，非我无所取。"（《庄子·齐物论》）在这里他明确肯定了"我"以外的"彼"（即他者）之存在的自然性。庄子曾有这样一则形象的比喻：昭文弹琴，师旷奏乐，惠施坐在梧桐树下论道，这三个人是那样的自然和谐。如果有人要把自己个人的爱好强加于这三人，那么人与人之间自然和谐的格局就被破坏了。于是，庄子的结论是："道之所以亏，爱之所以成。"（《庄子·齐物论》）可见，在庄子看来，自然之道之所以会出现亏损，皆是因为人们无视别人的自然而偏执于自我的爱好所致。

正是基于这样的逻辑，道家非常认同并尊重他者存在的自然性。故老子说："圣人无常心，以百姓心为心。"（《道德经》第四十九章）这即是说，悟道的圣人懂得以他者的自然为自己的自然，因此他没有个人的偏执之心，无私无我，也因此他完全能够以他者及天下百姓之意愿为自己的意愿。可见，老庄哲学充分肯定了每一个自然生命的他在性，并因此强调尊重和敬畏别人的自然生命，以及因这一自然生命生存和发展需求而必然延伸的诸多自然权利。正是缘于此，像孙思邈那样悬壶济世，像丘处机那样不顾个人安危成功劝阻成吉思汗停止杀戮以清静无为之道治理国家，像张三丰那样不愿散淡逍遥而以精湛的武学功夫和宏丰的道学著述力挽日渐式微的道家学派于宋明之际，体现的都是道家这一群己观的立场。

---

① 李泽厚. 中国古代思想史［M］. 北京：人民出版社，1979：92.

对道家的这一群己观，习近平显然非常认同。习近平在 2014 年 9 月 30 日庆祝中华人民共和国成立 65 周年招待会上的讲话中引用了老子这句名言："圣人无常心，以百姓心为心。"① 习近平引用此语，旨在强调各级领导干部要一切从人民利益出发，时刻站在人民立场立身、处事、为官，要善于倾听人民心声，汲取人民智慧，真正做到把人民对美好生活的向往当作我们的奋斗目标。在 2020 年的全国抗击新冠肺炎疫情表彰大会上则援引了庄子"爱人利物谓之仁"（《庄子·天地》）的语录，传递了生命至上的理念。② 习近平援引的这两则老庄语录，无一不是道家群己观的经典体现。

可见，在人我、群己关系问题上，道家与儒家以自己不同的方式论证了诸多他者（彼者）存在的自然，从而要求一个悟道的人懂得尊重这一自然，由此在内心生成一种自然的心态。也就是说，如果从词源来考证，正是道家文化给出了培植自然心的理由。比如，中国人日常口语中所谓的"做人处事心态要自然"，其"自然"一词的意思与天地万物自然的"自然"几乎没有关联性，它是指对诸多他者以及集合体（群）自然存在的一种肯定与包容。

重要的还在于，在老庄看来，一个懂得尊重他人与群体生命自然性的人，一个心态自然的人，一定要摆脱自我中心主义的偏执。道家认为只有这样人才可以功成名就。以老子的话说就是："不自见，故明；不自是，故彰；不自伐，故有功；不自矜，故长。"（《道德经》第二十二章）因为正如有日月星辰、江河湖海等的诸多自然构成天地自然的整体一样，人类社会也由诸多的自然生命个体构成不可分割的整体存在。为了维护这一整体的存在，作为个体的每一个"我"就必须培植起对待众多他者的自然心态。也是因为这样的道理，所以老子才会说："圣人不积，既以为人，己愈有；既以与人，己愈多。"（《道德经》第八十一章）老子在这里明确给出了圣人（即道家理解的悟道之人）在人我关系、群己关系问题上要守持的立场：悟道之人不存占有之心，而是尽力照顾别人，他自己也因此更为充足；他尽力给予别人，自己

---

① 习近平出席庆祝中华人民共和国成立 65 周年招待会并发表重要讲话［N］.人民日报，2014-10-01（1）.

② 习近平谈治国理政：第 4 卷［M］.北京：外文出版社，2022：98.

反而更富有。可见，道家哲学的这一主张与儒家的"仁道"、墨家的"兼爱"观一起共同培植了中华传统文化群己观中利他主义、集体主义的宝贵思想传承。

第二节　西方个人主义文化的反思与超越

如果说在人我之辩中，西方形成了悠久的利己主义或合理利己主义的文化传承的话，那么在群己之辩中，西方文化则积淀了鲜明的个人主义价值观。这一个人主义价值观在西学东渐的过程中对近现代中国，尤其是改革开放之后的中国影响不可谓不大。因此，我们今天讨论人我之辩中的优秀传统文化继承与弘扬的话题，显然有必要对这一西方价值观做一些学理反思和批判，并在这个基础上予以超越。事实上，在这一方面新时代中国共产党人同样做出了诸多的理论建树和实践努力。

一、群己之辩中的个人本位主义批判

正如有学者指出的那样，被公认为是西方文化核心价值观的个人主义这个概念通常是含义宽泛且词义模糊的。因为在西方社会的文明进程中，个人主义作为一种生活方式、人生观和世界观不仅具有整体性和普遍性的意义，而且就具体表现形态而言，个人主义在西方社会生活各方面的渗透至少可以粗略地归纳为哲学上的人本主义、政治上的民主主义、经济上的自由主义，以及文化上要求个性独立、多元并存等层面的内容。为此，我们不得不要对它做进一步的语义限定和逻辑厘清才可能讨论它。① 正是基于这一理由，我们认为如果从群己之辩的角度来解读个人主义，那么个人主义可以被理解为在个人和社会关系问题上的个人本位主义。

因此，尽管学界往往习惯于将个人主义思想的源头追溯到古希腊"人是

---

① 浙江省哲学社会科学联合会. 当代社会主义与资本主义研究［M］. 杭州：浙江人民出版社，2003：107.

万物的尺度"（普罗泰戈拉语）① 这一命题，但严格意义上的个人主义是西方近代文明的产物。其产生的历史背景是，伴随着现代资本主义生产方式的产生与确立，传统的建立在血缘或地缘基础上的族群共同体逐步瓦解，资本得以摆脱一切中介直接将个体纳入其现代生产体系。正是在此历史背景下，近代西方产生了有关原子式个体的假设。西方学者们对这一假设的解释并不一致，但几乎认同一个立场，即将原子般分散独立存在的个体生存状态视为人类社会个体的恒常的自然状态。事实上，这就完成了对于资本主义制度的天然合理性的学理基础的构建，以及意识形态层面的辩护。从这一假设延伸出的个人主义，以及由此衍生的以个体作为社会构成之绝对基础和政治、经济、文化生活之出发点，自然也就获得了主流意识形态地位，并逐渐演变为西方资本主义文明与文化的核心价值观。个人主义的具体形态林林总总，如果就个人与社会的关系（群己之辩）而论，它可以被理解为是一种个人比群体更基础、更本位、更重要的个人本位主义价值观。

个人本位主义的立论基础是社会集体是由个人集合而成的。比如，英国功利主义学派的创始人杰里米·边沁（Jeremy Bentham）就认为，社会只是一种虚构的存在，它事实上是由许许多多真实的个人构成的；个人不存在，社会也就不存在；不懂得个人，就无法了解社会。可见，从起源和重要性上讲，个人都在社会之先与社会之上。边沁正是从这一命题出发，引出其个人本位主义的道德原则的。他在其《道德与立法原理引论》中说："社会是一种虚构的团体，由被认作是成员的个人所组成。那么社会利益又是什么呢？……它就是组成社会之所有单个成员的利益之总和。"后来在《关于刑赏的学说》中，他又借批判"个人利益必须服从社会利益"这一命题时发问道："这是什么意思呢？每个人不都是像其他一切人一样，构成了社会的一部分吗？你们所人格化了的这种社会利益只是一种抽象，它不过是个人利益的总和"，并且他还诡辩说："如果承认为了增进他人的幸福而牺牲一个人的幸福是一件好事，那么，为此而牺牲第二个人、第三个人，以至于无数人的幸福，那更是

---

① 北京大学哲学系外国哲学史教研室. 古希腊罗马哲学［M］. 北京大学哲学系外国哲学史教研室，译. 北京：商务印书馆，1979：24.

好事了。"由此他得出结论说："个人利益是唯一现实的利益。"①

恩格斯曾对边沁的上述思想做了深刻的批评："他的论点只是另一个观点——人就是人类——在经验上的表现……这里边沁在经验中犯了黑格尔在理论上所犯过的同样错误；他在克服二者的对立时是不够认真的，他使主语从属于谓语，使整体从属于部分，因此把一切都弄颠倒了。"正因为这样，他"不把代表全体利益的权利赋予自由的、自觉的、有创造能力的人，而是赋予了粗野的、盲目的、陷了矛盾的人"②。从群己关系而论，恩格斯的确击中了边沁上述思想的要害。边沁固然可以说没有个体就没有群体，但反过来说就个体的合群本性而言，我们同样可以说没有群体就没有个体存在的可能性。这就如民间谚语所说的"一滴水离开了大海就会干涸"是一样的道理。

特别值得一提的是，中国近代诸多启蒙学者，也接受了这一西方传进来的个人本位主义思想。比如，章太炎就认为："凡诸个体，亦皆众物集成，非是实有。然对于个体所集成者，则个体且得说为实有，其集成者说为假有。"（《国家论》）在他看来，与个体比起来，群体只是个人的集合，故其没有自在性，不是真实的存在（"假有"）。于是，章太炎的结论就是："个体为真，团体为幻。"（《四惑论》）可见，在近代中国的群己之辩中，章太炎明显地对传统立场予以反叛，他主张以个体为基础，推崇个人自由的实现。这事实上正是处于中西之辩中那个时代的中国知识分子，对西方群己观中个人主义立场的某种认同。③ 1978 年开始的思想解放运动，再次开启了西学东渐的国门，这一个人本位主义的思潮再次进入中国，对中国思想界和中国人的生活实践产生了巨大的冲击。

正是基于这一历史和现实的语境，我们今天必须正本清源，在群己关系问题上既反对宋明理学那样"存天理，灭人欲"无视个体利益的偏颇，同时也反对西学过度推崇个体利益、无视整体利益的错误立场。也就是说，在群己之辩中我们既反对个人本位主义，也反对社会本位主义，我们要在摆脱群己二元对立之片面性的基础上，回归传统文化推崇的群己合一立场。

---

① 边沁. 边沁文萃［M］. 林红本，译. 香港：海风出版社，1999：341.

② 马克思，恩格斯. 马克思恩格斯选集：第1卷［M］. 中共中央马克思、恩格斯、列宁、斯大林著作编译局，译. 北京：人民出版社，1972：675-676.

③ 钱穆. 国学概论［M］. 台北：商务印书馆，1997：134.

中国共产党人作为中华优秀传统文化的当代继承者，在群己之辩上一直旗帜鲜明地反对个人主义价值观。如果做点党史的溯源工作，我们即可发现在争取民族独立和解放的革命战争年代，中国共产党就自觉意识到个人主义对革命事业的危害性。1929 年 12 月，毛泽东在古田会议上首次对个人主义的表现、危害、纠正方法等做了全面深入的分析，他指出："个人主义完全从个人观点出发，不知有阶级的利益和整个党的利益"，因此"是一种削弱组织、削弱战斗力的销蚀剂"。对于纠正和克服个人主义的方法，毛泽东强调指出："主要是加强教育，从思想上纠正个人主义。再则处理问题、分配工作、执行纪律要得当。个人主义的社会来源是小资产阶级和资产阶级的思想在党内的反映，当进行教育的时候必须说明这一点。"① 特别值得指出的是，毛泽东明确地将个人主义归结为资产阶级思想在党内的反映。这无疑是抓住了问题的根本。

1949 年后，中国共产党成了执政党。面对新形势新任务，反对个人主义的问题再次引起全党关注。借鉴历史上包括李自成在内的成败得失的历史教训，这一时期党中央对个人主义的集中批评，主要体现在反对部分党员干部争权夺利、唯利是图的错误倾向上。党的十八大以来，习近平总书记更是高度重视党员干部存在的个人主义问题。2014 年 10 月，他在党的群众路线教育实践活动总结大会上讲话指出："一些地方和部门个人主义盛行，以至于一些人不知党内政治生活为何物，是非判断十分模糊。这个问题，通过这次活动有了一定程度的解决，要继续扩大成果，使党内政治生活在全党严肃认真开展起来。"② 2016 年 11 月，习近平总书记在关于《关于新形势下党内政治生活的若干准则》和《中国共产党党内监督条例》的说明中，将个人主义作为党内"亟待解决的突出矛盾和问题"，强调必须把党的思想政治建设摆在首位，着力营造风清气正的政治生态。③

2013 年 9 月 23 日习近平总书记在参加河北省委常委班子专题民主生

---

① 毛泽东. 毛泽东选集：第 1 卷［M］. 北京：人民出版社，1991：93.

② 中共中央文献研究室. 习近平关于党风廉政建设与反腐败斗争论述摘编［M］. 北京：中共中央文献出版社，2015：96.

③ 习近平. 关于《关于新形势下党内政治生活的若干准则》和《中国共产党党内监督条例》的说明［N］. 人民日报，2016-11-02（1）.

活会时曾对党内个人主义进行过严肃的批评："有的领导干部个人主义、本位主义思想严重，只讲民主不讲集中，班子讨论问题时没有采纳自己的意见就很不高兴，或者脑袋长在屁股上，为了自己的那点权力争得不可开交。有的一把手只讲集中不讲民主，习惯于逢事先定调，重大问题不经班子成员充分酝酿和讨论就拍板，甚至对多数人的意见也置之不理。"①

从中国共产党的自我革命视域而论，正是基于对个人主义的高度警觉和久久为功的思想肃清和行动纠正，才使得我们党始终保持了先锋队的纯洁性。重要的还在于，在新时代的群己之辩中，中国共产党人以鲜明的反对个人主义立场积极引领中国人民投身于中华民族复兴的伟大事业中，正取得越来越多令世界为之瞩目的实践成就。从群己之辩的视域而论，中华民族世代推崇、践行不怠的家国情怀不仅是我们民族存亡之际的救世良方，更是中国人平时日用而不觉的处世之道。

二、个人主义的需要观、利益观、自我价值观批判

从群己关系中必然引申出个人需要与社会需要、个人利益与整体利益、自我价值与社会价值等的关系问题。在这些问题上，西方的个人本位主义衍生出许多似是而非的理论命题和实践迷失，同样亟待我们予以拨乱反正。

个人主义的需要观在20世纪八九十年代，曾经令大多人趋之若鹜。比如，德国哲学家弗里德里希·威廉·尼采（Friedrich Wilhelm Nietzsche）在论及他的"超人"人格时，曾经宣称："超人不仅是那种最大限度满足自我需要的人，而且是能够把自我需要的意志强加给别人、国家和他生活的时代的所有人。"② 改革开放初期，中国出现尼采热以及萨特热、弗洛伊德热的时候，尼采的这个说法曾经博得很多人的认可。可问题在于，尼采自己都没能够做到把自己的需要强加给他那个时代而悲剧性地发疯了。尼采的悲剧在于，他割裂了个人需要与社会需要的关联性，片面夸大了个人需要及其这一需要实

---

① 中共中央文献研究室．习近平关于党风廉政建设与反腐败斗争论述摘编［M］．北京：中共中央文献出版社，2015：83．

② 尼采．瞧，这个人——尼采自传［M］．北京：中国文史出版社，1998：142．

现的重要性。马克思曾经很深刻地论述过这个问题。马克思一方面肯定了需要是人的本性，"他们的需要即他们的本性"①；但是另一方面又指出："作为确定的人，现实的人，你就有规定，你就有使命，你就有任务……，这是你的需要及其与现存世界的联系而产生的。"② 马克思在这里把需要作为人的本性予以阐释并不像一些西方学者所理解的那样，从中可以得出个人主义的结论。因为在这里作为人的本性的需要依然和人的社会关系的存在及社会本性是一致的。否则，个人的需要就如我们在尼采那里看到的那样，终究是无法得以真正实现的。

在马克思主义的立场看来，由人类需要的社会性便滋生了个体的需要和社会需要之间的关系及矛盾。可以肯定地说，以集团需要、阶层需要、群体性需要而表现出来的社会需要，不是简单的个体需要的总和，而是更高层次的有着自己独特规定性的需要。群体需要是全体成员需要获得满足的前提和保证。但群体需要必须转化为每个个体的需要，并引起每一个个体协调一致的行为才可能被实现。一定的群体按照自己的需要规范个体需要，这个过程是个体需要的社会化。就一般而言，群体通过道德准则和法令法规两个途径实现对个体需要的社会化规范。这其中前者的规范尤为重要。因为与法的强制性不同，道德原则和道德理想是基于自觉自愿从而也是自由的主观条件之上的，因而在这个过程中具有更大的普遍性和渗透性。正是从这个意义上我们认为，在人类社会历史中不存在可以脱离社会关系及由此决定的社会道德的纯粹的个体需要。而且，以中华传统文化的立场而论，在对个体需要进行规范与引导的问题上，德治的作用显然更被重视。

孔子曾经论及法的规范与道德规范的不同："道之以政，齐之以刑，民免而无耻；道之以德，齐之以礼，有耻且格。"（《论语·为政》）可见，孔子更认可道德教化的作用。这个作用以内心羞耻心的培植与涵养为依据，产生的效果更可期待。的确，从现实生活的实践而言我们可以

① 马克思，恩格斯．马克思恩格斯全集：第3卷［M］．中共中央马克思、恩格斯、列宁、斯大林著作编译局，译．北京：人民出版社，1960：514.
② 马克思，恩格斯．马克思恩格斯全集：第3卷［M］．中共中央马克思、恩格斯、列宁、斯大林著作编译局，译．北京：人民出版社，1960：329.

发现，法对个体需要的规范常常出现以身试法，或力不能及，或法不责众之类的窘境，而道德心一旦培植却可以达到"君子慎其独也"（《礼记·大学》）的效果。习近平曾经在《之江新语》"追求慎独的高境界"等文中多次引用过儒家的这一思想。①

从群己之辩中还必然引申出个人利益与整体利益的关系问题。在个人利益和整体利益的问题上，边沁曾经这样质疑说："整体利益通常是一些别有用心的人为了实现他自己不可告人的个人利益而虚构出来的。可善良的人们却经常被这个说法所迷惑。"② 因此，他认为："个人利益是唯一现实的利益。"③ 不仅是边沁，事实上西方学者常常以社会利益是以个人利益为基础的事实从而把利益归结为纯粹的个人利益。但马克思主义认为，从历史的主体即人的社会本性上理解，纯粹意义上的个人利益是不存在的。因为任何个人都生活在社会之中，离开社会的个人是不能存在的，因而在这种社会性制约下，"私人利益本身已经是社会所决定的利益，而且只有在社会所创造的条件下并使用社会所提供的手段，才能达到；也就是说，私人利益是与这些条件和手段的再生产相关系的。"④ 因此，在原始社会中，社会利益和个人利益之间没有明确的区分，而是自然融合着的。维护社会利益就是维护个人利益，个人利益直接表现为社会利益，对社会利益的追求就是对个人利益的追求。私有制的社会产生以后，原始社会的混沌一致的利益分解为阶级利益，并往往处于对立统一的关系之中。不同的阶级、阶层和集团，都以社会利益来掩盖其阶级利益，"每一个企图代替旧统治阶级地位的新阶级，为了达到自己的目的，就不得不把自己的利益说成是社会全体成员的共同利益"⑤。在这种情形下，不管个人是否意识到，他总是自觉或不自觉地代表一定阶级的利益，他所追求的个人利益实质上是本阶级利益的直接或间接的反映。

---

① 人民日报评论部. 习近平用典［M］. 北京：人民日报出版社，2015：97.
② 边沁. 边沁文萃［M］. 林红本，译. 香港：海风出版社，1999：301.
③ 边沁. 边沁文萃［M］. 林红本，译. 香港：海风出版社，1999：341.
④ 马克思，恩格斯. 马克思恩格斯全集：第46卷（上）［M］. 中共中央马克思、恩格斯、列宁、斯大林著作编译局，译. 北京：人民出版社. 1979：102-103.
⑤ 马克思，恩格斯. 马克思恩格斯选集：第1卷［M］. 中共中央马克思、恩格斯、列宁、斯大林著作编译局，译. 北京：人民出版社，1972：53.

　　无产阶级由于自己在社会生产中的地位和状态决定了他们是人类历史上社会进步利益最彻底的代表者。正是基于这样的立场，列宁才告诫党内同志，无产阶级在为自己阶级利益而奋斗时，必须公开声明："社会发展的利益高于无产阶级的利益，整个工人运动的利益高于工人个别部分或运动个别阶段的利益。"① 也正因如此，马克思主义对人类社会历史发展和进步才显示了最深刻最强大的向上向善力量。可见，个人的利益追求必须自觉地置于阶级的、民族的、全人类的整体利益之中才"真"且"善"。

　　由群己之辩还引申出自我价值与社会价值的关系问题。在人的自我价值问题上，西方思想史上最具影响力的一句名言就是德国古典哲学家伊曼努尔·康德（Immanuel Kant）的"人是目的"。康德认为："不论是谁在任何时候都不应该把自己和他人仅仅当作工具，而应该永远记着：自身就是目的。"② 然而，真理总是具体的，价值真理也不例外：就人与上帝的关系而论，强调人是目的无疑具有真理和启蒙价值；就人与自然关系而论，过分强调人是目的，正如我们已然看到的那样会直接导致人类中心主义的偏颇；就个人与社会、与集体的关系而论，断言人是目的，那就要进一步追问："我"是目的，还是"他者的集合体"是目的？如果两者都是目的，那"我"之目的与"他者的集合体"目的冲突时如何进行价值排序和伦理抉择？事实上，把自我的存在视为目的，其结果自然是行动中的个人主义选择。这样的例子在历史与现实中可谓比比皆是。

　　马克思对价值范畴曾有过一个著名的论断：" '价值' 这个普遍的概念是从人对待满足他的需要的外界物的关系中产生的。"③ 这表明价值和利益一样是一个关系范畴，它表明的是主体与满足它需要的客体之间的肯定或否定的关系。可见，价值是需要的另一种表现形式。价值是客体的性质和主体的需要的结合，而人是价值关系的主体，能满足主体需要的对象是价值关系的客体。如果客体不能满足人的需要或者主体没有某种需要，就不存在价值关系。

---

① 列宁. 列宁全集：第4卷［M］. 中共中央马克思、恩格斯、列宁、斯大林著作编译局，译. 北京：人民出版社，1958：207.

② 康德. 道德形而上学原理［M］. 苗力田，译. 上海：上海人民出版社，1986：86.

③ 马克思，恩格斯. 马克思恩格斯全集：第19卷［M］. 中共中央马克思、恩格斯、列宁、斯大林著作编译局，译. 北京：人民出版社，1963：406.

从这样一个角度来理解人自身的价值，那么，我们认为所谓的人的价值反映的也是客体与主体需要之间的一种关系。只不过与作为客体的其他物的存在不同，人这个"物"既是主体，又是客体。人作为主体和客体的两个含义既对立又统一。每一个人既是他人同时也是自己所反映和关注的客体，又成为他人和自己所反映和关注的主体。在这里，不仅处于一定社会关系中的人们之间互为主客体，而且人自己也互为主客体。因而，人自身的价值，表示的就是作为主体的人的需要同作为客体的人能否满足这种需要之间的关系。因此，我们认为，一个人的价值便取决于他的存在能否及多大程度上满足自己、他人和整个社会需要。

可见，人的价值不是每个人生来就有的抽象物。资产阶级思想家宣称"人的价值就在人自身"的说法是空洞抽象的。既然人的价值大小是以他的存在对自己、他人和社会需要的满足程度来衡量的，那么，从群己关系来看，人的价值就必然地包含两个基本要素：一是人的需要，即社会对个人需要的尊重和满足。这是人的价值的根据。每一个历史活动的主体都必然要"索取"对自身"有用"的东西来满足自己，失去了这种需要的满足，所谓人的价值就因为失去了主体而不再存在了。二是人的成就，即个人对他者、对社会集体的责任和贡献。这是人的价值的客观形态。如果说对物体的价值，人可以依靠对外部现成东西的索取和占有来拥有和实现，那么在人的价值中，索取和占有的对象性东西恰恰是人自身的存在，这个存在是以人的成就作为满足和实现之根基的。这就是个人为世界创造价值的过程。在这个创造过程中，我们的价值既得到社会的首肯，也得到自己的承认。而所谓自我价值正是从中生成并被实现的。这显然是群己合一境界的真正实现。

由此可见，在人的价值的两个因素即索取和贡献的关系方面，我们必须着重反对只从索取、享受、权力来理解人的价值的错误观念。这一错误从群己之辩而论，显然在于夸大了自我的重要性，跌入了个人主义的泥潭。事实上，由于社会要能够提供实现每个成员的"自我价值"物质和精神的条件，首先需要社会成员把它们创造出来，所以我们在强调人的价值时首先要注重的不是索取、享受和权力，而应是贡献和创造。历史上那些先进的分子都曾自觉地意识到这一点。比如，范仲淹崇尚"先天下之忧而忧，后天下之乐而乐"（《岳阳楼记》）的精神，阿尔伯特·爱因斯坦（Albert Einstein）认为"一个人的价值，应该看他贡献什么，而不应该看他取得什么"①。马克思则更是深刻地指出："如果人只为自己而劳动，他也许能成为著名的学者、大哲人、卓越诗人，然而他永远不能成为完美无瑕的伟大人物。"②

习近平总书记在中央党校建校 80 周年暨 2013 年春季学期开学典礼上的讲话中，曾经对古代范仲淹等志士仁人的人生价值观做过点评："古人所说的'先天下之忧而忧，后天下之乐而乐'的政治抱负，'位卑未敢忘忧国''苟利国家生死以，岂因祸福避趋之'的报国情怀，'富贵不能淫，贫贱不能移，威武不能屈'的浩然正气，'人生自古谁无死，留取丹心照汗青''鞠躬尽瘁，死而后已'的献身精神等，都体现了中华民族的优秀传统文化和民族精神，我们都应该继承和发扬。"③ 习近平在这里提及的无疑正是中国共产党人应该有的人生价值观。

事实上，中国古代诸如范仲淹那样的人生价值观，与马克思主义的自我价值论具有高度的契合性。就群己之辩而论，两者都是从自我对家、对国、对天下的付出与奉献来诠释自我人生价值。这无疑是人的价值问题上最具真理和道义的认知结论。也正因为如此，我们认为那些凡是不以个人对社会做出实际贡献来评论个人的价值，而是以诸如出身、职务、学历、资历、性别、年龄、颜值，甚至陈腐的宗法、金钱等来衡量个人或评价的价值观念，根本上都是错误的。

第三节　古代群己合一传统内蕴的以文化人智慧发掘

从人我之辩的角度来解读中华传统文化中形成的群己合一之道，它涉及的是作为"我"的个人与作为诸多"他者"集合而成的群体之间的矛盾关系

① 海伦·杜卡斯，巴纳希·霍夫曼. 爱因斯坦谈人生［M］. 李宏昀，译. 上海：复旦大学出版社，2013：23.
② 马克思，恩格斯. 马克思恩格斯全集：第 40 卷［M］. 中共中央马克思、恩格斯、列宁、斯大林著作编译局，译. 北京：人民出版社，1982：7.
③ 习近平谈治国理政［M］. 北京：外文出版社，2014：405-406.

的理性解决。可以肯定的是，群己的张力在中西文化中都客观地存在着，但对于如何消弭这一导致群己关系紧张的张力，中西文化给出了不同的解决路径。我们考察与研究中国共产党人在文化自信的语境下如何以马克思主义理论和方法为指导，发掘出中华传统文化在群己关系上的优秀成分，对更好地实现以文化人的育人目标，无疑有着重要的现实指引意义。

一、新集体主义的弘扬

在群己之辩中，集体主义作为个人主义的对立面，它在群与己的价值排序问题上明确主张集体（群）高于个人（己）的立场。因此，集体主义是我们解决群己矛盾、化解两者之间张力的不二选择。这一点也是传统文化推崇的群己合一之道在现时代对我们以文化人的最重要启迪。

在群己关系问题上，马克思主义的立场与中国古代群己合一之道有诸多的相似之处。与儒家"人能群"（荀子语）"仁者，二人"（董仲舒语）等思想强调人的社会性相类似，马克思也从人的社会性视域解读人的本质。于是，正如儒家从仁道衍生出家国情怀一样，马克思恩格斯主张的集体主义的道德原则正是由人的社会性衍生的。

事实上，在马克思历史唯物主义的语境中，"集体"的最根本含义就是指人的社会性。在马克思看来，人与动物的区别在于人总是处于一定的并被自觉意识到了的社会关系之中。只要走出"自我"，我们便不可避免地走入集体、社会之中。这样，集体这个概念就其最广泛的意义而言，便是指人们的社会集合体。这个集合体之所以会存在，是因为个人无法摆脱集体，相反只能在集体中才能生存和发展。现代社会的发展、分工与协作的高度融合统一，更使个人无法摆脱集体。也就是说，我们每时每刻处于集体之中，民族、国家、政党、社会、团体、家庭等都是范围不同、性质不同的集体形式。而且，我们通常还总是处于多重的、关系错综复杂的不同集体之中。

集体主义道德原则最初的系统论述者马克思恩格斯就是从这样一个社会本体论和社会认识论相统一的角度来界说集体主义原则的。他们这样写道："只有在集体中，个人才能获得全面发展其才能的手段，也就是说，只有在集体中才可能有个人自由。"① 列宁对马克思恩格斯的上述思想做了进一步的阐发，并通俗地把集体主义原则理解为"人人为我，我为人人"的道德规范："我们将双手不停地工作几年以至几十年，我们要努力消灭'人人为自己，上帝为大家'这个可诅咒的常规。……我们要努力把'人人为我，我为人人'的原则灌输到群众的思想中去，变成他们的习惯，变成他们的生活常规。"②

显然，列宁的论述不仅生动，而且异常精辟。"人人为自己，上帝为大家"的道德原则之所以要诅咒，那是因为上帝是不存在的，剩下的便只有"人人为自己"才是真实的存在。而这种"人人为自己"的追求必然导致社会整体利益的丧失，从而最终使每一个成员的利益也直接受到损害。因此，从根本上讲，这是对人的社会本性的否定。而"人人为我，我为人人"的原则却是真实可行的。因为一方面每个人有自己的个人利益，故必须"人人为我"；但另一方面，每个人又处于社会集体之中，必须在集体中才能获得个人的发展，故必须"我为人人"。这正是一种人我一体、利己与利他合一、个人利益与集体利益统一的人我合一、群己合一境界。事实上，这两个方面的相互规定也就是集体主义，道德原则的一般本体论根据。

其实，从哲学认识论上考察，无论是个人主义，还是集体主义，显然都不构成独立的本体，故而它的存在只是被给定的。因此，作为一种社会道德原则，集体主义的本体论根据还必须从具体的社会形态中予以界定。以马克思主义的历史唯物主义理论来理解这个根据，那就是社会主义社会的制度及其政治上层建筑和意识形态的现实存在。

科学社会主义从它的创始人马克思恩格斯那里开始，经历了百余年血与火的洗礼，已从理想走向了现实。也就是说，无论人们承认与否，社会主义已成为一个既定的现实存在。确立这一事实的哲学方法论意义就在于，它为集体主义道德原则提供了坚实而具体的社会本体论根据。从社会主义产生的历史来看，社会主义与历史上其他的社会形态一样，在以自己的要求创造或选择经济的、政治的主张及原则的同时，也以自己的要求创造或选择道德主

---

① 马克思，恩格斯．马克思恩格斯全集：第3卷［M］．中共中央马克思、恩格斯、列宁、斯大林著作编译局，译．北京：人民出版社，1960：84.
② 列宁．列宁全集：第31卷［M］．中共中央马克思、恩格斯、列宁、斯大林著作编译局，译．北京：人民出版社，1958：104.

体及基本的价值准则。这个准则就是集体主义。这是历史唯物主义关于经济关系决定道德关系这一基本原理的必然结论。因此，从社会主义经济关系本质及其内在需求机制中必然引申出道德规范上的集体主义原则。社会主义在自己的本质构成中，把生产资料公有制作为自己最基本的规定之一。这一规定就意味着不是孤立的个人，而是广大劳动群众共同占有生产资料并有着共同一致的最大的整体利益。正是这一社会存在的基本事实从根本上决定了社会主义的道德价值取向只能是集体主义。与此同时，集体主义也最能够反映这一经济关系的内在本质及其广大群众利益的根本需求。

因此，从这个意义上我们可以说，在社会主义与集体主义之间有着一种内在的联系：集体主义是社会主义的必然产物，同时，集体主义又构成社会主义在道德实践领域中的本质特征。其实，社会主义与集体主义的这种内在关系甚至已包含在社会主义的拉丁文辞源 Socius 之中，因为 Socius 本身就含有社会的、共同的和集体的生活之意蕴。空想社会主义者也曾用"社会主义"一词来表达他们不满于资本主义社会中盛行的个人主义而期望实现的集体主义理想，并积极地在实践中加以尝试。也是因为这样的缘由，空想社会主义的代表人物几乎一致地反对资本主义的个人主义、利己主义，向往自由平等的集体主义生活。

与空想社会主义不同，马克思主义的创始人则在唯物史观的科学理论和方法基础上将社会主义与集体主义内在地统一了。尽管在马克思恩格斯的著作中尚未使用"集体主义"这个概念，但他们却不止一次地在批判资产阶级利己主义和个人主义的同时，表达了他们关于未来社会主义和共产主义的集体主义道德原则的思想。这一切正说明着，社会主义不仅在自己的本质内涵中包含了集体主义的道德原则，而且有着集体主义道德原则生成和培育成长的内在根据、条件和运行机制。所以，从社会认识论的角度审视，集体主义在社会主义社会这一历史形态中便具有了深刻的本体论根据。因此我们说，集体主义道德原则绝不是某个人或某个政党、团体主观选择的结果，而是社会主义社会产生和发展的内在必然性在道德生活领域里的展现。从这一特定的意义上我们甚至可以说，中国历史选择了社会主义，同时也就在道德生活领域选择了集体主义。

　　这构成了中国共产党主张和倡导集体主义这一基本道德原则最重要的社会本体论依据。事实上，这是我们党把马克思主义基本原理同中华优秀传统文化相结合，从而对古老的群己合一之道的继承与发展。

　　但是，如果做些思想史的追溯与梳理，我们就会发现，20世纪80年代伴随着改革开放和思想解放运动的不断推进，一些人开始对集体主义产生了诸多的怀疑乃至否定情绪。比如在中共中央、国务院2001年颁布的《公民道德建设实施纲要》中，曾经明确提出以爱国主义、集体主义、社会主义为指导思想开展公民道德教育。然而，包括诸多知名学者在内的一些人，却在文章或演讲中一直公开质疑集体主义的合理性。① 质疑者们认为，在改革开放和大力发展社会主义商品经济的现时代，因为商品经济与市场竞争的内在要求，我们需要的是有独立性、自主性和充满进取、创造品性的人格。因而，在现时代我们需要张扬的是一种个人主义的道德原则，而不是集体主义。在这种观点的持有者们看来，集体主义必然扼杀个性，窒息个体进步的生机和活力，所以这是一种与时代精神相悖的道德说教。如果说，这是对以往极"左"思潮下的集体主义原则的批判，那么，它尚有一定的可取之处。但如果因此得出结论说，集体主义道德原则在改革开放和商品经济发展的现时代，丧失了"真"的根据，因而必须摒弃，那么，我们认为这个结论是草率而且错误的。因为这种观点无视一个最基本的事实——在现时代集体主义道德原则依然有其社会本体论的根据。

　　可以肯定地说，改革开放和发展社会主义市场经济，既使人的社会性以及维系这一社会性的利益关系变得更加丰富也更加复杂，也使社会主义社会存在的诸多具体形态发生了极多变更。但同样可以肯定的是，这并未改变前述的集体主义的一般本体论根据和具体的社会本体论根据。

　　其一，从集体主义的一般本体论根据而言，人的社会性和集体性是同质的范畴，集体性可以说也是人的本质规定之一，而这一本质规定以及由此必然派生的利益关系，总要求人们以集体主义的态度从事自我人生的实践，否则，我们就将丧失自我的本质规定。正是从这个意义上，我们认为，离开人

---

① 在国内这方面质疑最大量地来自经济学界。参见：茅于轼. 中国人的道德前景［M］. 广州：暨南大学出版社，1998：45-51.

的社会关系，离开集体（整体）利益的个人利益从来是无法实现的。或者说，道德上的个人主义从来不可能是真正属人的道德规范。因为它没有本体论的根据，是一种对人的社会集体性否定的不"真"。

我们承认，在西方资本主义发展的历史上，个人主义曾与资本主义制度相契合，引发过资本主义生产力水平及物质文明的巨大进步。这一点，马克思恩格斯在《共产党宣言》里也是给予充分肯定的。① 但我们必须认识到社会进步并不只以物质文明为标志。事实上，资本内蕴的唯利是图"把宗教的虔诚、骑士的热忱、小市民的伤感这些情感的神圣激发，淹没在利己主义打算的冰水之中"②。资本主义的个人主义、利己主义的道德追求，正如我们已看到的那样，给资本主义的进一步发展造就了巨大的精神障碍。于是，一些西方社会批判论者也已认识到一个事实：在现代世界，个人主义并不是最优越的文化精神，资本主义的发展，同样需要强有力的诸如"公益主义""团队精神""国家主义""全球主义"的精神凝聚力。③

其二，从集体主义的具体的社会本体论根据而言，现时代我们所进行的改革开放和发展社会主义的市场经济，没有也不可能变更社会主义社会的根本性质。一个基本的事实是，我们的市场经济是社会主义公有制基础上的市场经济，而且这个市场经济还是不甚发达的。这样，要迅速改变我国生产力水平落后的状况，跻身世界发达国家行列，就尤其需要弘扬集体主义的道德原则，使全体人民以忘我的劳动和踔厉奋发的进取精神来实现我们国家的强盛和中华民族的伟大复兴。个人主义的后果只能是在唯利是图、私欲滋生的过程中最终导致人心涣散，从而给我们的中国式现代化事业带来不可估量的危害。因此，只要我们改革开放是坚持社会主义的，我们也就必然要以社会主义的道德基本原则——集体主义作为道德行为的必然与当然之则。

其实，在改革开放的现时代，集体主义所要维护和调整的利益关系，比

① 《共产党宣言》中说："资产阶级在它不到一百年的阶级统治中所创造的生产力，比过去一切世代创造的全部生产力还要多，还要大。"参见：马克思，恩格斯. 马克思恩格斯选集：第 1 卷 [M]. 中共中央马克思、恩格斯、列宁、斯大林著作编译局，译. 北京：人民出版社，1972：256.

② 马克思，恩格斯. 马克思恩格斯选集：第 1 卷 [M]. 中共中央马克思、恩格斯、列宁、斯大林著作编译局，译. 北京：人民出版社，1972：253.

③ 黄寅. 中华民族精神研究 [M]. 北京：当代中国出版社，2000：117.

任何时候都具有更加明确的内涵，这就是作为中华民族的每一个成员，维护我们民族生存和发展的最根本的整体利益。这个整体利益在现时代就是推进中国式现代化的宏伟事业以实现中华民族的伟大复兴。在当前，集体主义所要维护的正是中华民族整体的这一根本利益。只要我们置身于这一时代中，我们也就置身于这样一个神圣的集体之中，就必须为我们民族的生存和发展，为中华民族的伟大复兴最大限度地尽到自己的义务。事实上，我们每个人也正是在为民族的图强奋进和伟大复兴做出自己贡献的同时，获得个人物质利益和精神生活的最真实享受，从而最大限度地实现自我的人生价值。

正是基于对集体主义原则的这一社会本体论层面的洞察，新时代中国共产党人在群己之辩问题上旗帜鲜明地坚持集体主义原则。这既是对中华优秀传统文化在群己关系上群己合一之道的继承与发展，更是对马克思主义人的社会本质理论立场的坚信与坚守。因此，在2019年颁布的《新时代公民道德建设实施纲要》中，中共中央、国务院依然坚持2001年颁布的《公民道德建设实施纲要》的立场，把集体主义作为新时代公民道德建设的最基本原则："以集体主义为导向，持之以恒、久久为功地推动全民道德素质和社会文明程度达到一个新高度。"①

以习近平为代表的中国共产党人在新时代的治国理政伟大实践中，尤其是坚定文化自信，繁荣社会主义文化事业中正赋予集体主义原则以新的时代使命。在党的十九大报告中，习近平号召全党：以集体主义为思想教育的核心理念，引导人们树立正确的历史观、民族观、国家观、文化观；深入实施公民道德建设工程，推进社会公德、职业道德、家庭美德、个人品德建设，激励人们向上向善、孝老爱亲，忠于祖国、忠于人民。②

这事实上不仅赋予了集体主义原则道德建设中的核心地位，而且还对新时代的集体主义具体内涵做了基本的规定，这就是：向上向善、孝老爱亲，

---

① 中共中央，国务院. 新时代公民道德建设实施纲要［M］. 北京：人民出版社，2019：5.

② 习近平. 决胜全面建成小康社会 夺取新时代中国特色社会主义伟大胜利——在中国共产党第十九次全国代表大会上的报告［M］. 北京：人民出版社，2017：43.

忠于祖国、忠于人民。当然，善于与时俱进的中国共产党人在总结以往经验教训的基础上，结合新时代的实践发展对集体主义原则也赋予新的内涵。这个经验教训既有古代群己之辩中重整体轻个体的带有封建色彩的整体主义偏颇，也有极"左"年代一味地以"毫不利己，专门利人"这样一个最高要求来教化普通民众的带有空想主义的失误。

正是有鉴于曾经有过的偏颇，中国共产党人强烈意识到传统的群己合一思想和集体主义原则需要予以创新性的发展。这个发展的一个关键生长点就是要高度关注个人利益的维护与满足。这就正如邓小平曾经指出的那样："一定要关心群众生活。这个问题不是说一句话就可以解决的，要做许多踏踏实实的工作。"① 中国共产党人之所以受到中国人民的拥戴，一个很重要的缘由就在于在群己之辩的解决方面，无论是争取民族独立的战争年代，还是在建设社会主义现代化强国时期，中国共产党人均能够自觉地以忘我甚至无我的奉献精神为人民服务。这堪称古代群己之辩中圣贤境界的当代彰显与体现。

其实，马克思就曾有"真实的集体"的提法："在真实的集体条件下，各个个人在自己的联合中并通过这种联合而获得自由。"② 这就是说，"真实的集体"克服了以往一切往往只是反映统治者集团甚至个人利益的所谓集体的虚幻性，把社会整体利益与个人利益真实地统一于自由人的联合体中。我们认为正是在"真实的集体"中，集体主义才被行之有效地确立起来。

就群己之辩而论，由于集体主义首先是个人与集体关系中的一种社会更本位的抉择，所以马克思所称的"真实的集体"首先必然是集体对个体的要求：其一，坚持集体利益和个人利益的结合，要求个人为增进社会集体利益贡献自己的力量，要求社会集体中的个人能为集体的正当利益的实现积极创造条件；其二，坚持社会整体利益高于个人利益的原则，反对任何理由下的个人利益绝对优先的价值追求；其三，在个人利益与集体利益发生矛盾又不能兼顾时，个人利益应当自觉地服从整体利益。

也就是说，从群己关系来看，集体主义就意味着任何个人的发展只有同

---

① 邓小平. 邓小平文选：第 2 卷［M］. 北京：人民出版社，1994：27.
② 马克思，恩格斯. 马克思恩格斯选集：第 1 卷［M］. 中共中央马克思、恩格斯、列宁、斯大林著作编译局，译. 北京：人民出版社，1972：82.

时表现为对社会的贡献时才可完成个人价值的实现，表现为个性的真正的全面的发展。这样，个人为求得自身的发展和自我价值的增值，就应自觉地担负起对集体的责任，努力地为集体做贡献；在集体利益和个人利益发生矛盾又不能兼顾时，个体自觉地服从集体利益，做出或重或轻的自我牺牲，使自身的精神价值得到升华，并从中体现出高尚的道德境界。以邓小平的话来概括就是："每个人都应该有他一定的物质利益，但是这绝不是提倡各人抛开国家、集体和别人，专门为自己的物质利益奋斗，绝不是提倡各人都向'钱'看。要是那样，社会主义和资本主义还有什么区别……我们从来主张，在社会主义国家中，国家、集体和个人利益在根本上是一致的，如果有矛盾，个人的利益要服从国家和集体的利益。"①

但是，"真实的集体"也意味着个体对集体的要求。它要求集体必须关心、保障和满足个人的正当利益，为个人的发展积极创造条件，在个人做出牺牲之后，应给予精神上或物质上一定的补偿。重要的还在于，集体通过对个人的关心，还可使个体对集体产生感情上的共鸣和首肯，从而使行为个体在内心深处产生接受集体主义原则的自觉。

实践证明，我们如果能加强对集体的完善和改造，使集体富于凝聚力，其影响就会贯穿到集体和个人双方，从而使集体主义实践更为有效。而如果我们忽视对集体的完善和改造，集体就会停留于一种有缺陷的、不能关心和切实保障个人正当利益的状态，从而损害个体为集体做贡献的积极性。长此以往，就必然会产生两种结果：一是集体主义不能发挥其优越性，而被虚假的集体主义如封建的整体主义所取代，压抑个人自由，贬斥个人利益。这方面我们已经有过许多深刻的历史教训。二是个人不把集体看成是自身的忠实代表，只能依靠自身的力量争取自身的利益，造成集体的分崩离析，使个人主义盛行。这在我们当代中国人的道德生活实践中并不少见。

我们可以把新集体主义视为新时代的群己合一之道。也就是说，作为对传统群己合一思想的继承与创新，马克思"真实的集体"思想构成了我们称谓的新集体主义的基本含义。以这样一个新集体主义的立场来审视，我们便可发现在相当长的一段时期里，我们宣传的集体主义其实不是一种真正的集

---

① 邓小平.邓小平文选：第2卷［M］.北京：人民出版社，1994：337.

体主义，而是一种在极"左"思潮影响下的与人性相左的虚假的"集体主义"。这种虚假的集体主义有一个最明显的特征，那就是忽视或无视个人利益。处于这样一种集体主义之下，人们总是被喋喋不休地告诫，要抑制对个人利益的要求，要不惜牺牲个人利益，等等。这显然是我们要予以扬弃的错误观念。

基于这一历史与现实的语境，在集体主义原则的坚持和发展中，新时代的中国共产党正以身作则，积极践行这一被赋予了新内涵、新思路、新境界的社会主义核心价值观之核心原则。这一新集体主义原则从群体之辩的维度审视有两个基本的内涵规定：其一是在群己关系中群体必须高度关注个体身心方面的合理诉求和美好向往；其二是作为一种向上向善的倡导与引领，又要求群体中的个体有为自己委身其间的群体利益做出奉献甚至自我牺牲的自觉。两个规定性相辅相成，共同构成新集体主义的本质内涵。

这一群己之辩中的集体主义要求转化为治国理政的理念，就具体化为执政的中国共产党人须对全体中国人民这一群体，不仅懂得"敬畏人民"①，而且懂得依靠人民的道理。这就如习近平总书记说的："汉代王符说'大鹏之动，非一羽之轻也；骐骥之速，非一足之力也。'就是说，大鹏冲天飞翔，不是靠一根羽毛的轻盈；骏马急速奔跑，不是靠一只脚的力量。中国要飞得高、跑得快，就得依靠13亿人民的力量。"②

2012年，习近平总书记在十八届中央政治局常委中外记者见面会上曾深情而豪迈地说道："人民对美好生活的向往，就是我们的奋斗目标！"③ 这句话给当时在场的中外记者留下深刻印象，从群己之辩而论堪称是新时代共产党人群己观的经典表述：一方面，它彰显了共产党人对人民美好生活向往的积极认可。事实上，在党的十八大政治报告中，执政的中国共产党人就审时度势地提出了社会主要矛盾已然发生转变的重要判断，这个矛盾被表述为——人民日益增长的美好生活需要和不平衡不充分发展之间的矛盾。④ 我们

---

① 习近平谈治国理政：第4卷［M］．北京：外文出版社，2022：534.
② 习近平谈治国理政［M］．北京：外文出版社，2014：98.
③ 习近平谈治国理政［M］．北京：外文出版社，2014：4.
④ 胡锦涛．高举中国特色社会主义伟大旗帜　为夺取全面建设小康社会新胜利而奋斗——在中国共产党第十八次全国代表大会上的报告［M］．北京：人民出版社，2012：3.

党之所以要对社会主要矛盾做这一新的表述，一个很重要的现实依据就是正视当前人民不断增长的对美好生活的诉求。就群己之辩而言，这是作为个体的执政党成员，尤其是执政党的领袖对来自人民群众的呼声、诉求与向往的倾听与遵从。另一方面，它更提出了将这一倾听与遵从转化为不忘初心、执政为民的使命担当。事实上，党的十八大以来，正是在这一执政理念的引领下，中国共产党人以不负历史、不负时代、不负人民的使命担当，与全国人民一起通过踔厉奋发、笃行不怠的奋斗精神，以举世瞩目的成就创造着中国百年历史中从未有过的美好生活。

时至今日，"美好生活"无论在民间还是正规媒体及学术研究中已然成为热词，这在某种程度上恰恰印证了这一事实。重要的还在于，新时代中国共产党并没有停止前进的步伐，面对着世界之变、时代之变、历史之变，以及机遇与挑战，中国共产党清醒地意识到，满足人民对美好生活的向往的事业是一项伟大而艰巨的事业，"前途光明，任重道远，我们必须增强忧患意识，坚持底线思维，做到居安思危、未雨绸缪，准备经受风高浪急甚至惊涛骇浪的重大考验"①。

二、群己合一美德的当代传承

与人我合一的具体德目体现为孝亲、睦邻、贵和等相类似，群己合一的伦理境界也体现在诸多的具体德目之中。对这些具体德目进行梳理和发掘，不仅可以让我们更具体更翔实地理解传统群己观中那些具有合理性和优越性的地方，而且，它本身就是学习与践行优秀传统文化的一个具体路径。正是由此，中国共产党人在继承、弘扬和创新这方面的传统美德上着力颇多，取得的实践效果也令人欣慰。

比如敬业之德。这是群己之辩中作为个体的"我"以己的一技之长服务群体、服务社会从而体现自我价值的一个德性规范。在我国古代早在春秋时代的《尚书》中，就记载了官吏的敬业之德："宽而栗，柔而立，愿而恭，乱

---

① 习近平. 高举中国特色社会主义伟大旗帜　为全面建设社会主义现代化国家而团结奋斗——在中国共产党第二十次全国代表大会上的报告 [M]. 北京：人民出版社，2022：26.

而敬，扰而毅，直而温，简而廉，刚而塞，强而义。"在《孙子兵法》中对军人的敬业操守则有如下的规定："将者，智、信、仁、勇、严。"对医者的敬业精神，从春秋战国的《黄帝内经》中"疏五过""征四失"到扁鹊"随俗而变"的高尚医德，再到唐代孙思邈在其《太医精诚》中"不得问其贵贱贫富、长幼妍媸、怨亲善友、华夷愚智"的职业规定，可谓非常翔实。而对教师的敬业之德，韩愈在《师说》中将其概括为"传道""授业""解惑"三个基本规范。这一切无不表明我国古代的敬业传统几乎和社会分工的出现一样源远流长。这些职业道德规范的思想显然具有超越时空的魅力。

正是基于敬业之德的这一教化意义，中共中央在2019年颁布的《新时代公民道德建设实施纲要》中不仅提出了"要把社会公德、职业道德、家庭美德、个人品德建设作为着力点"，而且，还提出要"推动践行以爱岗敬业、诚实守信、办事公道、热情服务、奉献社会为主要内容的职业道德，鼓励人们在工作中做一个好建设者"①。这事实上就在继承的基础上发展与丰富了传统敬业之德的内涵，让新时代的公民在就业之德的坚守方面有了明确的价值指向。

再比如崇义之德。这是群己之辩中作为个体的"我"在利己与利集体、利国家、利民族乃至利天下之间发生冲突时，勇于战胜利己之心的一个价值抉择。这是群己之辩在义利观中的体现。传统文化既然推崇人我合一、群己合一的立场，在义利之辩中就必然要主张孔子提出的"见利思义"（《论语·宪问》）立场。荀子继承了孔子的义利观，他曾这样阐述说："义与利者，人之所以两有也，虽尧舜不能去民之欲利。然而能使其欲利不克其好义也……故义胜利为治世，利克义者为乱世。"（《荀子·大略》）也因此，荀子认为"不学问，无正义，以富利为隆，是俗人者也"；"惟利所在，无所不倾，若是则可谓小人矣"（《荀子·不苟》）。可见，正是基于人我合一、群己合一的立场，古代圣贤必然主张义在利先，见利思义，反对见利忘义、唯利是图的行为。

中华民族的这一崇义之德的现代性价值是显而易见的。众所周知，由于市场配置带来的效率，市场经济被普遍认可为现代经济的最流行模式。但问

---

① 中共中央，国务院．新时代公民道德实施纲要［M］．北京：人民出版社，2019：6.

题在于，这中间必然地有一个义与利的价值排序与抉择问题。中华传统文化基于人我合一、群己合一的文化传统，历来反对见利忘义、唯利是图。但由于西方文化中因个人主义传统而必然衍生的"利益最大化"之类的功利主义原则的泛滥，当今社会在人与人、人与集体与社会的交往实践中见利忘义、唯利是图者大有人在。当然，要解决当下中国义利之辩中诸多不尽如人意的现状，需要多维度、多层次的社会系统工程的协同作用，但是，这其中以文化人、以文育人显然是基础性的工程。也就是说，在义利关系问题上清算西方功利主义文化的消极影响，重新回归到见利思义、以义谋利的中华传统文化立场，显然是一个重要途径。

值得指出的是，中国古代这一崇义之德也有全球性的价值。众所周知，进入 21 世纪之后的世界，由于美国的单边主义、霸权主义行径导致国际交往空间弥漫着国家利己主义的阴霾。也许正是基于这一语境，习近平提出了构建正确义利观的外交倡议。2013 年 3 月，习近平访问非洲期间，首次提出这一正确义利观构建的倡议。① 此后在不同外交场合，习近平论及正确义利观构建这一话题达 40 多次。他常常以古人诸如"君子义以为上"（孔子语）、"义，利也"（墨子语）、"谋度于义者必得"（晏子语）之类的经典语录引申出讲话的主旨。②

在中华文明史的发展进程中，崇义的最经常表现就是爱国主义情怀的培植。爱国主义是一种对于自己生长的国土、民族、文化所怀有的深切的依恋之情。这种感情在历史的长河中经过积淀、传承和不断创新，最终被整个民族的社会心理所认同，从而升华为对国家尽责、为国家奉献的意识和情怀。正如有学者提及的那样，中华民族的历史虽历经磨难却始终绵延不绝，与中华文化历来将爱国主义作为一种精神支柱和民族信仰密不可分。③ 的确，正是一代一代"以天下为己任"的爱国主义者作为民族脊梁，为中华民族文明史留下了一幅幅绵延不绝的精美画卷。比如，不畏强暴的晏婴，英勇抗击匈奴

① 王毅. 坚持正确义利观，积极发挥负责任大国作用［N］. 人民日报，2013-09-10.

② 中共中央宣传部，等. 习近平谈治国理政：第 4 卷［M］. 北京：外文出版社，2022：444.

③ 黄寅. 中华民族精神研究［M］. 北京：当代中国出版社，2000：229.

的卫青、霍去病，精忠报国的岳飞，"男儿到死心如铁"（《贺新郎·同父见和再用韵答之》）的辛弃疾，"留取丹心照汗青"（《正气歌》）的文天祥，保卫北京的于谦，抗击倭寇的戚继光，横戈戍边抗清的袁崇焕，少年英雄夏完淳，收复台湾的郑成功，以及吟诵着"赢得孤臣同硕果，也留正气在乾坤"（《绝命诗》）从容就义的张苍水……这些熠熠生辉的名字彪炳中华史册。

在二十大修订后正式颁布的《中国共产党章程》在其总纲部分明确把爱国主义概括为民族精神的核心："弘扬以爱国主义为核心的民族精神和以改革创新为核心的时代精神。"① 这意味着新时代中国共产党以章程的形式把爱国主义规定为每一位中国共产党人的必须培植和涵养的道德情怀。这是中国共产党在新时代对群己之辩中古老的爱国主义传统的现代激活。它一定可以极大地助力中国式现代化的积极推进与中华民族伟大复兴的早日实现。

崇义与爱国主义的最高境界是"杀身成仁""舍生取义"。孟子曾有这样一段被广为传诵的名言："鱼，我所欲也；熊掌，亦我所欲也。二者不可得兼，舍鱼而取熊掌者也。生，亦我所欲也；义，亦我所欲也。二者不可得兼，舍生而取义者也。"（《孟子·告子上》）这一思想显然是对孔子"志士仁人，无求生以害仁，有杀身以成仁"（《论语·卫灵公》）思想的继承与发展。中华传统文化中所推崇的这种"杀身成仁""舍生取义"的浩然正气对中华民族产生了强烈而持久的精神感召作用。尤其是在外敌入侵、民族危亡之际，总有无数的仁人志士挺身而出，以自己的生命和鲜血，谱写了一曲曲"惊天地，泣鬼神"的《正气歌》，它构成中华民族最宝贵的精神财富。

因此，在中共中央、国务院印发的《新时代公民道德建设实施纲要》中，以爱国主义为核心的民族精神被视为是中华民族生生不息、发展壮大的坚实精神支撑和强大道德力量。新时代的爱国精神被具体解读为：伟大的创造精神、奋斗精神、团结精神和把祖国建设成为繁荣昌盛国家的梦想精神，以及这些精神的具体呈现，即团结统一、爱好和平、勤劳勇敢、自强不息的思想和观念。② 这显然正是对古代源远流长的爱国情怀的继承与创新，它必将在新

---

① 《中国共产党党章》编写组. 中国共产党党章［M］. 北京：人民出版社，2022：13.
② 中共中央，国务院. 新时代公民道德实施纲要［M］. 北京：人民出版社，2019：9.

时代中华民族共有的精神谱系里增添亮丽的内涵。

再比如兼善天下。这是群己之辩中古代仁人志士憧憬和推崇的最高境界，它意味着个人由爱家、爱集体、爱国最后升华到了兼爱天下的胸怀。儒家说的"四海之内，皆兄弟也"（《论语·颜渊》）表达的就是这一境界。正是由此，孟子说自己的人生理想是"达者兼善天下"（《孟子·尽心上》）。事实上，不仅是儒家，墨家也非常推崇这一兼善天下的伦理观。墨子固然非常强调"兼相爱，交相利"，即人己两利的思想。但与此同时，作为人生的一种最高理想，墨子又提出了无功利的那种"兼爱天下"情怀："文王之兼爱天下之博大也，譬之日月，兼照天下之无有私也。"（《墨子·兼爱下》）这种带着博爱情怀的爱，犹如日月之光普照大地，而从不企望从中获得些什么私利回报的兼爱理想，其实也是墨子自己所躬身践行的一种理想人格。儒、墨诸家这一"天下为公"（《礼记·礼运》）、"以四海为一家"（梁启超《墨经校释》）的思想显然也是当今全球化时代非常需要的一种天下观。

众所周知，由于西方文化话语体系的强势，当今世界在群己之辩问题上还是颇为游行国家利己主义①的。由于形形色色的国家利己主义畅行无阻，无论是国家、地区、民族之类的共同体，还是共同体中的个体无不深受其害。这就更加凸显了弘扬中华文化中兼善天下情怀的急迫性与重要性。

中国共产党人在这方面堪称是当今中国继承、弘扬与创新，并积极践行这一群己合一之道的引领者。众所周知，置身全球化的现代时代，林林总总的西方价值观不可避免地涌进开放的中国。在群己关系问题上，那种认为市场经济必然匹配个人主义的论调就典型的属于西方价值观的渗透。问题的严峻性在于，国内却有相当一些学者和民众对其持认同的立场。于是，在选择了市场经济的当下中国，个人主义便似乎有了合法性的外衣。显而易见，这严重地减损了民众对走中国特色社会主义现代化道路的信心，极大地挫伤了社会各阶层投身实现中华民族伟大复兴这一中国梦的积极性。

---

① 从谨慎的立场出发，也许我们得承认"国家利己主义"这一范畴在学界是有争论的。但是，与学界的争论形成鲜明反差的是，在当今国际关系领域里它却是个不争的事实。比如，美国前任总统特朗普的所谓美国优先战略其实就是一个实例。法国国立工艺学院经济学教授洛朗·达弗齐（Laurent Davezies）2015 年出版的《新本土利己主义：国家的重疾》书中，尖锐地批评了国家利己主义的诸种行径。

面对改革开放和发展社会主义市场经济条件下思想意识多元、多样、多变的新特点，面对世界范围思想文化交流、交融、交锋形势下价值观较量的新态势，迫切需要中国共产党对此积极地加以应对。公民价值观基本规范的提出和培养正是由此应运而生的。党的十八大提出了社会主义核心价值观是富强、民主、文明、和谐；自由、平等、公正、法治；爱国、敬业、诚信、友善。它分别确立了国家层面、社会层面和公民层面的价值目标、价值取向和价值规范。党的十九大报告更是明确提出："要以培养担当民族复兴大任的时代新人为着眼点，强化教育引导、实践养成、制度保障，发挥社会主义核心价值观对国民教育、精神文明创建、精神文化产品创作生产传播的引领作用，把社会主义核心价值观融入社会发展各方面，转化为人们的情感认同和行为习惯。"① 党的二十大报告同样强调了这一价值观培植对于文化自信自强的基础性意义："以社会主义核心价值观为引领，发展社会主义先进文化，弘扬革命文化，传承中华优秀传统文化，满足人民日益增长的精神文化需求，巩固全党全国各族人民团结奋斗的共同思想基础。"② 新修订的《中国共产党章程》更是要求全党："加强社会主义核心价值体系建设，坚持马克思主义指导思想，树立中国特色社会主义共同理想。"③

就群己之辩而论，新时代中国共产党对公民层面的爱国、敬业、诚信、友善这八字概括，实质上提出了处理群己关系必须遵循的最基本价值规范。这些规范无一不凸显出中国共产党对群己合一这一优秀传统的继承与创新：爱国作为个体对祖国命运的一种深切关怀之情，由古代的精忠报国发展到今天积极投身于民族复兴的伟业；敬业作为个体对自我"业精于勤，荒于嬉"（韩愈《进学解》）的自觉规范发展到今天"我为人人、人人为我"的职业奉献；诚信作为个体对自我为人处世"言必信，行必果"（《论语·子路》）的承诺发展为市场经济运作中"真诚到永远"的新义利观坚守；友善作为个

---

① 习近平. 决胜全面建成小康社会　夺取新时代中国特色社会主义伟大胜利——在中国共产党第十九次全国代表大会上的报告［M］. 北京：人民出版社，2017：42.

② 习近平. 高举中国特色社会主义伟大旗帜　为全面建设社会主义现代化国家而团结奋斗——在中国共产党第二十次全国代表大会上的报告［M］. 北京：人民出版社，2022：43.

③ 《中国共产党章程》编写组. 中国共产党章程［M］. 北京：人民出版社，2022：13.

体对自我修为中恪守"君子成人之美，不成人之恶"（《论语·颜渊》）的仁爱之心发展为今天积极参与构建美美与共的和谐社会，以及为人类命运共同体的构建尽一份使命担当的兼善天下情怀。

特别令人欣慰的是，正如《中共中央关于党的百年奋斗重大成就和历史经验的决议》指出的那样："中华优秀传统文化是中华民族的突出优势，是我们在世界文化激荡中站稳脚跟的根基，必须结合新的时代条件传承和弘扬好。"① 在中国共产党的积极引领下，今天的中国人民正以百年未有的文化自信自强在以文化人、立德树人的领域里取得越来越多非凡甚至是卓越的成就。

三、铸牢中华民族共同体意识

如果立足于治国理政的具体实践视域，那么我们可以说新时代中国共产党在群己之辩上的一个着力点无疑是提出了"铸牢中华民族共同体意识"的执政理念。② 就历史唯物主义关于社会存在与社会意识的关系而论，这个中华民族共同体意识是对客观存在的中华民族共同体的主观反映和理念凝练。但如果从群己之辩上的维度予以考察，这一共同体意识无疑是对群与己关系的自觉意识。这就如梁启超曾经说过的那样："何谓民族意识？谓对他而自觉为我。"③ 也就是说，在梁启超看来，民族意识它事实上呈现为作为个体的我与作为群体的民族通过群己之辩的对比思考而认识他者、认同自我的一个心理自觉过程。

众所周知，"一部中国史，就是一部各民族交融汇聚成多元一体中华民族的历史，就是各民族共同缔造、发展、巩固统一的伟大祖国的历史"④。中华民族共同体是中华各族人民在长期历史发展中形成的政治上团结统一，文化上兼容并蓄，经济上相互依存，情感上相互亲近，你中有我、我中有你、谁也离不开谁的民族共同体。它是建立在共同历史条件、共同价值追求、共同

① 中共中央.中共中央关于党的百年奋斗重大成就和历史经验的决议［M］.北京：人民出版社，2017：23.

② 习近平.决胜全面建成小康社会　夺取新时代中国特色社会主义伟大胜利——在中国共产党第十九次全国代表大会上的报告［M］.北京：人民出版社，2017：40.

③ 梁启超.梁任公近著：第1辑（下卷）［M］.上海：商务印书馆，1923：13.

④ 习近平总书记出席全国民族团结进步表彰大会并发表重要讲话［N］.人民日报，2019-09-28（1）.

物质基础、共同身份认同、共同精神家园基础上的国家命运共同体。换句话说，这一国家命运共同体是建立在历史形成的中华共居民族（56 个民族）共同缔造、共同当家做主的国家——中华人民共和国基础条件之上，具有共同家园、共同文化、共同利益、共同目标，共同团结奋斗、共同繁荣发展的多民族命运共同体。这里的民族命运共同体即国家命运共同体。①

正因为民族共同体的这一内在特质，所以作为新时代群己关系的一种呈现，每一个民族及其成员都必须确立起维护和发展中华民族这一族群共同体的基本意识。作为执政的中国共产党人更应该率先垂范。这就如习近平指出的那样："实现全面小康，一个民族也不能少；实现中华民族伟大复兴，一个民族也不能少。共产党说到做到，也一定能够做到。"② 这就是说，中国梦是中国各民族的共同之梦，按照习近平"一个民族也不能少"的要求，既要解决 56 个民族共同实现全面小康的问题，即实现"共同富裕"这一社会主义的本质要求，也要坚决地推进 56 个民族共同复兴这一既定的伟大目标。这就是中国共产党人在新时代群己关系解决中应该担负起的神圣使命。也正是在这一神圣的使命感召唤与激励下，中国共产党团结起各民族人民励精图治、奋发自强，才取得了那么多举世瞩目的伟大成就。

但是，面对中华民族伟大复兴取得越来越辉煌的成就，国内外一些反动势力开始兴风作浪，以各种方式企图阻碍中国的发展步伐。这其中的一个惯用手段就是破坏民族之间的团结。正如有学者指出的那样：中华民族团结一致，共同为实现民族伟大复兴而呈现出的伟力，让西方看到中国力量的源泉。于是，一段时间以来，西方反华势力不愿意看到中华各民族的团结，不愿看到中国少数民族地区的发展和稳定，无视中华民族大团结取得的历史性进步，更无视各民族之间多元一体的和谐相处与真诚团结，肆无忌惮地在涉藏、涉疆问题上歪曲事实、编造谎言、抹黑中国，甚至不遗余力策划煽动民族分裂活动，乃至暴恐活动，妄图破坏中华民族的大团结。

中国共产党人面对这些反动势力的挑衅，以空前的自信和定力从容应对，

---

① 丹珠昂奔. 中华民族共同体意识的概念构成、内涵特质及铸牢举措［J］. 民族学刊，2021（1）：35-47.

② 习近平. 牢记初心使命贯彻以人民为中心发展思想　把祖国北部边疆风景线打造得更加亮丽［N］. 人民日报，2019-07-17（1）.

不仅一次次挫败了企图破坏民族团结的阴谋或阳谋，而且在这个过程中以发展谋团结、以创新谋发展，把民族团结进步创建工作全面深入持久地开展起来，让民族共同体变得更加牢固，民族共同体意识更加坚定。这就正如习近平总书记在 2019 年全国民族团结表彰大会上的讲话中指出的那样："实现中华民族伟大复兴的中国梦，就要以铸牢中华民族共同体意识为主线，把民族团结进步事业作为基础性事业抓紧抓好。我们要全面贯彻党的民族理论和民族政策，坚持共同团结奋斗、共同繁荣发展，促进各民族像石榴籽一样紧紧地拥抱在一起，推动中华民族走向包容性更强、凝聚力更大的命运共同体。"①

　　2018 年 3 月 5 日，习近平总书记在参加十三届全国人大一次会议内蒙古代表团审议时发表重要讲话。在这次讲话中，习近平首次对民族团结做了一个非常形象的比喻："促进各民族像石榴籽一样紧紧抱在一起，共同守卫祖国边疆、共同创造美好生活。"② 这个比喻后来被正式写入了十九大报告。2021 年 6 月在青海考察时，习近平曾给大家讲述"石榴籽"这个比喻的出处："我在一次与维吾尔族同胞座谈时，他对我说我们要像石榴籽一样抱在一起。我觉得这个词很形象。的确，各民族就要像石榴籽一样紧紧抱在一起，我们都是中华民族共同体的一分子。"③

值得指出的是，在铸牢中华民族共同体意识，让各民族像石榴籽一样紧紧抱在一起同舟共济、齐心协力推进中华民族伟大复兴伟业的进程中，文化认同具有尤为重要的意义。因为人心相通，重在价值观的相通，而价值观相通的基础就是文化认同。有了文化认同，人们生活在一个文化共同体中，有着相同的文化符号，有着共同的生活理想，有着共同的身份归属，有着共同的价值追求，自然会在共同体中感受到个体的身份识别和情感依托。正是看到了文化的这一重要作用，习近平主席曾经特别强调指出："文化是一个民族的魂魄，文化认同是民族团结的根脉。"④ 事实上，中华优秀传统文化中人我合一、群己合一的立场，以及这一立场衍生的孝亲、睦邻、贵和、敬业、崇

---

① 习近平谈治国理政：第 3 卷［M］．北京：外文出版社，2020：299.

② 习近平总书记在参加十三届全国人大一次会议内蒙古代表团审议并发表重要讲话［N］．人民日报，2018-03-06（1）.

③ 总书记妙喻"石榴籽"，深意何在［N］．人民日报，2021-08-29（4）.

④ 习近平谈治国理政：第 3 卷［M］．北京：外文出版社，2020：300.

义、爱国、兼善天下等价值观，正是多元一体的中华民族共同体得以形成的文化基础。在进入新时代，面临诸多新问题挑战的现实背景下，中华民族比任何时候都更需要弘扬、继承和创新好这一文化传统，让其成为构筑各民族共有的精神家园、铸牢中华民族共同体意识的文化基石。

重要的还在于，有了这样的文化认同，我们就可以为共同的目标而努力奋进。在新时代的新征程中，如何更好地凝聚共识、齐心协力以取得中国特色社会主义现代化的新成就，就构成 56 个民族共同的奋斗目标。在这个过程中，就群己关系而言，它一方面首先要求作为执政党的中国共产党人必须要有人民至上、共同体优先的政治觉悟。习近平主席曾经援引管子的话阐明过这个道理："与天下同利者，天下持之；擅天下之利者，天下谋之。"①（《管子·版法解》）事实上，正因为中国共产党人没有自己特殊的利益，它在任何时候都把各族人民群众利益放在第一位，所以我们党才能够赢得各族人民的拥护与爱戴。这是西方政党根本无法望其项背的。另一方面，它也要求各民族成员牢固确立中华民族共同体意识，坚决与各种各样的破坏民族共同体的行径做斗争。习近平主席在参加十三届全国人大一次会议内蒙古代表团审议时，就曾经语重心长地指出过这一点："古人说'能用众力，则无敌于天下矣；能用众智，则无畏于圣人矣'。我国社会主义民主是维护人民根本利益的最广泛、最真实、最管用的民主。它能够凝聚起坚不可摧的强大力量。"② 这种力量不是天赐的，也不是靠运气得来的，它来自民族共同体的每一位成员的力量汇聚和叠加。为此，习近平特别要求内蒙古自治区作为新中国成立的第一个民族自治区，在铸牢中华民族共同体意识，促进各民族交往、交流、交融，凝心聚力实现中国梦方面走在前列。

如果做点中华文明史的追溯，那么我们完全有理由断言：自秦统一六国开始，先秦的"夷夏之辨"就不复存在，取而代之的是"华夷一体"的理念。③ 这一理念的提出也就意味着我国自古以来作为一个统一的多民族国家，

① 习近平谈治国理政：第 4 卷［M］.北京：外文出版社，2022：53.
② 习近平总书记在参加十三届全国人大一次会议内蒙古代表团审议并发表重要讲话［N］.人民日报，2018-03-06（1）.
③ 段超，高元武.从"夷夏之辨"到"华夷"一体：中华民族共同体意识形成的思想史考察［J］.中南民族大学学报（人文社会科学版），2020（5）：55-67.

是各民族共同缔造了伟大的祖国，共同捍卫了祖国的统一，共同创造了祖国的繁荣昌盛。因此，加强民族团结是各族人民的根本利益所在，只有把自己的命运同祖国的命运紧密地联系在一起，国家才能繁荣富强和自立于世界民族之林，各民族及其个人才有可能实现人生的幸福，中华民族伟大复兴的中国梦才能够真正得以实现。这就是中国共产党人强调"铸牢中华民族共同体意识"的现实意义之所在，因为它是新时代群己之辩在国家共同体层面必须实现的根本目标。

四、以人类命运共同体理念引领全球化

如果说中华民族共同体是国家共同体，那么人类命运共同体则是由许多国家共同体融汇而成的全球共同体。中国共产党在全球化不断遭遇单边主义、霸权主义严峻挑战的时代背景下提出了"推动构建人类命运共同体"①　的主张，其深远的现实意义正不断彰显于当今世界。

如果我们把人我关系放大到国与国之间的关系，那么随即可以发现，当今世界在人我、群己关系方面可谓问题多多、矛盾重重。一方面，全球化已然是个无法逆转的世界性趋势，但另一方面，主导和推动全球化的某些西方国家对"谁的全球化"解读时充满着国家利己主义的盘算，而这种盘算必然地遭到别的国家的反对。于是，现代人不得不直面一个严峻的问题：全球化的道路究竟应该怎么走？

正如有学者论及的那样："肇始于启蒙运动的现代性发展已然经历了从现代性方案到全球现代性危机的嬗变之路，全球化的推演与资本主义现代性的扩张相辅相成，由西方资本主义主导的现代性进程及其衍生的矛盾困境在全

---

① 2012 年 12 月 5 日习近平在就任总书记后首次会见外国专家及友好人士时最初表达了这一国际关系的新理念。他说，国际社会日益成为一个你中有我、我中有你的"命运共同体"，面对世界经济的复杂形势和全球性问题，任何国家都不可能独善其身。2017 年 10 月 18 日，"推动构建人类命运共同体"成为十九大报告中确定的基本外交理念。（参见：习近平．决胜全面建成小康社会　夺取新时代中国特色社会主义伟大胜利——在中国共产党第十九次全国代表大会上的报告［M］．北京：人民出版社，2017：57．）2018 年 3 月 11 日，第十三届全国人民代表大会第一次会议通过的宪法修正案，将宪法序言第十二自然段中"发展同各国的外交关系和经济、文化的交流"修改为"发展同各国的外交关系和经济、文化交流，推动构建人类命运共同体"。（参见：人民出版社．中华人民共和国宪法［M］．北京：人民出版社，2018：6．）

球化时代被无限放大，对人类社会的发展前途和人的生存境遇带来不可回避的负面影响。"① 就人与他人、人与群体的关系而论，人类创造了现代性，但生活在"地球村"里的人们却处在一个由"陌生人""陌生国家"构成的使人困惑和极易迷失的虚幻共同体中。难怪著名的西方马克思主义者同时也是现代性问题专家哈贝马斯要断言："现代性是一项未竟的事业。"②

由此，面对着这一未竟的现代性事业，如何在变动不居的危机中设定界限以求得新机，对全球现代性困境加以警惕与消解的相关议题，不仅引发了全球学者的广泛讨论，更得到了有情怀、有智慧、有担当的政治家们的积极回应。习近平总书记倡导的"推动构建人类命运共同体"理念是对全球化道路究竟应该怎么走这一全球性问题的积极回应。事实上，从已有和正在经历的实践检验来看，这一中国理念对于全球化语境下的现代性困境破解产生了非常积极的理论感召力和实践功效。

可以肯定地说，推动构建人类命运共同体理念当然是中国共产党在新的时代条件下对马克思恩格斯在《共产党宣言》中奠定的共同体思想的继承和发展，但与此同时，它也是新时代中国共产党以马克思主义为指导对传统群己合一之道的传承和创新。

其一，推动构建人类命运共同体理念是对中华传统天下观的合理汲取。作为群己合一之道的一个具体展开，中华传统文化历来有"四海之内皆兄弟"（《论语·颜渊》）、"海内存知己，天涯若比邻"（王勃《杜少府之任蜀州》）之说，这其实是以朴实的语言揭示了人类命运共同体的人性基础。这就如习近平总书记说的那样："中国人历来主张'世界大同，天下一家'，中国人民不仅希望自己过得好，也希望各国人民过得好。"③ 事实上，道家也有类似的观点。2014 年习近平在对斐济进行国事访问之际，发表题为《永远做太平洋岛国人民的真诚朋友》的署名文章时就曾援引过老子的语录："既以为人，己愈有；既以与人，己愈多。"（《道德经》第八十一章）④ 这一语录很好

---

① 刘同舫．全球现代性问题与人类命运共同体智慧［J］．福建论坛（人文社会科学版），2019（9）：59.

② 哈贝马斯．现代性的哲学话语［M］．曹卫东，译．南京：译林出版社，2011：2.

③ 国家主席习近平发表二〇一七年新年贺词［N］．人民日报，2017-01-01（1）.

④ 人民日报评论部．习近平用典［M］．北京：人民日报出版社，2015：191.

地传递了中国人民为支持斐济国加快发展将提供更多帮助，以实现共同发展和共同繁荣的真诚意愿。其实，不仅是儒、道两家，墨家也有类似的天下观。在墨家创始人墨子的学说中，"兼爱"不仅是其学说的核心范畴，更是其确立的理想社会目标。而且，在墨子看来，"兼相爱"则可达"交相利"的效果：诸侯相爱，就不会发生战争；大夫相爱，就不会互相篡夺；人与人相爱，就不会彼此伤害；天下的人皆相爱，强对弱、众对寡、富对贫、贵对贱、智对愚，都做到了兼爱互利，那就是天下太平的盛世景象。

正是基于对古代圣贤天下观的继承与创新，习近平在 2017 年 1 月 18 日的联合国日内瓦总部演讲，论及"共同构建人类命运共同体"时，就曾经以古人"单则易折，众则难摧"（《北史·吐谷浑传》）的道理倡议世界各国同舟共济、合作共赢。① 他尤其呼吁世界各国要做到对不同文明与文化的兼容并蓄、和谐相处。为此，习近平以"和羹之美，在于合异"（《三国志·魏书·诸夏侯曹传》）为喻，强调了世界文明与文化的多样性可以互鉴共享的中国立场，批评了所谓文明冲突论、文化优劣论等形形色色的错误论调。②

其二，推动构建人类命运共同体理念也是对中华传统的和合观的新时代创新。作为人我、群己关系处理的基本原则，以儒家为主要代表的中华文化历来倡导以和为贵、求同存异、睦邻友邦、和成天下等理念，它为同处命运共同体的各国提供了如何和平共处、共享共赢的中国智慧。比如，儒家就主张"君子和而不同"（《论语·子路》）、"君子和而不流"（《礼记·中庸》）。这是承认差异性（即不同、不流）的基础上追求同一性（即和谐）的和合智慧。这一智慧意味着，虽然不同国家的经济体量、政治制度、文化传统、地理环境等都有差异性，但遵循求同存异的原则就完全可以结成命运共同体。这就是习近平总书记说的："我们应该凝聚不同民族、不同信仰、不同文化、不同地域人民的共识，共襄构建人类命运共同体的伟业。"③

---

① 习近平谈治国理政：第 2 卷［M］．北京：外文出版社，2017：542．
② 习近平谈治国理政：第 2 卷［M］．北京：外文出版社，2017：543．
③ 习近平．携手建设更加美好的世界——在中国共产党与世界各政党高层对话会上的主旨讲话［N］．人民日报，2017-12-2（1）．

2014 年习近平在比利时晚报上发表署名文章《中欧友谊和合作：让生活越来越好》时曾经引用过《黄帝内经》的一句名言："智者求同，愚者求异。"① 他向西方读者展示的正是古老的中国智慧。在当今世界，人与人、国家与国家、文化与文化，都有各自的特点和具体情况，过度凸显差异，其结果只能制造无谓的误解和冲突。世界各国应该把着眼点放在追求"生活越来越好"这一"同"上，从而寻求利益最大公约数，共享机遇，共迎挑战。

其三，推动构建人类命运共同体理念还是对中华传统以天下为己任这一士大夫情怀的当代传承。在中国古代，人们历来推崇忧国忧民忧天下的士大夫情怀。这事实上正是古代群己合一之道追求的理想境界。孔子当年就曾感慨说："德之不修，学之不讲，闻义不能徙，不善不能改，是吾忧也。"（《论语·述而》）为此他周游列国，历尽艰辛却无怨无悔。正是在这样的传统熏陶下，才有了张载"为天地立心，为生民立命，为往圣继绝学，为万世开太平"（《横渠语录》）的情怀，才有了范仲淹"先天下之忧而忧，后天下之乐而乐"（《岳阳楼记》）的豪迈。习近平总书记显然深受这一古代圣贤思想的感染。他曾经深情地回忆说："修身、齐家、治国、平天下，我们这一代人从小就深受这种思想的影响。"② 事实上，我们不难在习近平倡导的构建人类命运共同体的理念中寻觅到古人以天下为己任、为世界谋太平的圣贤志向和天下情怀。这一以天下为己任、为万世开太平的情怀是古代人我之辩、群己之辩中推崇的最高境界。

2021 年 10 月 25 日，国家主席习近平在北京出席中华人民共和国恢复联合国合法席位 50 周年纪念会议并发表重要讲话。在讲话的最后，习近平主席饱含深情地说道："'青山一道同云雨，明月何曾是两乡。'让我们携起手来，站在历史正确的一边，站在人类进步的一边，为实现世界永续和平发展，为推动构建人类命运共同体而不懈奋斗！"③ 在这里，习近平巧借唐代诗人王昌龄的诗句以极富感染力的方式再次给世界传递了

① 人民日报评论部. 习近平用典［M］. 北京：人民日报出版社，2015：193.
② 习近平总书记的文学情缘［N］. 人民日报，2016-10-24（5）.
③ 习近平谈治国理政：第 4 卷［M］. 北京：外文出版社，2022：477.

人我合一、群己合一的"中国好声音"。

值得一提的是，中国共产党这一源自传统群己合一之道又凸显新时代精神的推动构建人类命运共同体理念，正在全球范围内赢得越来越多的理性认同和实践追随。尤其在世界各国共同应对新冠病毒流行的当下，这一理念更是彰显出了它无可比拟的真理与道义的力量。

更值得一提的是，中国共产党的这一构建人类命运共同体理念，不仅仅只是理念，更是一种真真切切的行动。因为我们深知"一语不能践，万卷徒空虚"① 的道理。正是基于这一知行合一的立场，我们在新冠疫情蔓延全球的严峻形势下，很好地秉承了"天下一家"的文化传统，不仅对中国人民生命安全和身体健康负责，也对全球公共卫生事业尽责。我们发起了新中国成立以来援助时间最集中、涉及范围最广的紧急人道主义行动，为全球疫情防控注入源源不断的动力，充分展示了讲信义、重情义、扬正义、守道义的大国形象，生动诠释了为世界谋大同、推动构建人类命运共同体的大国担当。正是缘于此，习近平说："新冠肺炎疫情以一种特殊形式告诫世人，人类是荣辱与共的命运共同体，重大危机面前没有任何一个国家可以独善其身，团结合作才是人间正道。"②

因此，在全球化的当下，更需要世界各国齐心协力，不仅共同直面遭遇的困境，而且在沟通、协调、互助中积极采取行动。任何自私自利、嫁祸他人、颠倒是非、混淆黑白的国家利己主义做法，不仅会对本国和本国人民造成伤害，而且会给世界其他国家和人民带来伤害。事实上，国际社会唯有秉持人类命运共同体理念，坚持多边主义，走团结合作之路，世界各国人民才有可能携手应对因疫情而带来的各种问题，共建美好地球家园。中国共产党构建人类命运共同体理念与行动的深远影响力正是由此而在当下彰显，并注定将被世界历史所铭记。

---

① 习近平谈治国理政：第3卷［M］．北京：外文出版社，2020：526.

② 习近平谈治国理政：第4卷［M］．北京：外文出版社，2022：104.

第六章

身心之辩中的欲理合一传统与
内蕴的以文化人智慧

在解决身之欲与心之理的张力问题上，与西方形成了张扬欲望的传统不同，中华文化形成的是欲理合一、以理制欲的道统。新时代中国共产党人对这一传统的继承创新主要体现在既引领人民在心物关系上超越了物欲主义、消费主义的偏颇，又构建了以奋斗为核心的幸福观与追求德行不朽的生命观。

——题记

如果说天人之辩要解决的就是人与自然的矛盾、人我之辩要解决的是我与他者与社会（群体）的矛盾，那身心之辩要解决的就是自我生命中欲与理的矛盾。与天人之辩、人我之辩相类似，在身心关系问题上，中华传统文化也形成了自己独特的传承。这主要体现在与西方文化的身心二元对立不同，中华传统文化历来主张身心、欲理合一的立场，它推崇的文化立场是通过以理制欲的自我规范达到身之欲与心之理的内在和谐。这是中华优秀传统文化中历来备受推崇的身心合一、欲理合一之道。我们在身心之辩的向度上梳理、研究和发掘传统文化中的优秀成分，并将其做现代性的转化，不仅可以为文化自信的构建找到一个指向自我的具体生长点，而且其内蕴的以文化人智慧同样是非常值得期待的。

尤其值得指出的是，新时代中国共产党人对这一身心合一、欲理合一传统的批判性继承与创新性发展，一方面体现为引领人民在心物关系上超越了物欲主义、消费主义的偏颇，另一方面则构建并率先垂范，积极践行了以奋斗为核心的幸福观与追求德行不朽的生命观。

第一节 中华传统文化的身心、欲理合一传统

当人类理性的目光由自然、社会转向自身，便有了绵延不绝的身心关系问题的探究。就身心之辩要解决的是自我生命中欲与理的矛盾而言，身心之辩与欲理之辩几乎可以被视为是同质的范畴。① 也就是说，中华传统文化历来主张欲理合一的立场，其实质正是身心合一之道，它推崇的是身之欲与心之理张力的化解乃至消除，从而达到内在的和谐状态。

一、身心、欲理之辩中的儒家传统

为有效地解决身与心、欲与理时时刻刻存在的张力，儒家在其创始人孔子那里就把理智作为一个重要的德性规范。孔子在《论语》里有著名的语录："仁者不忧，智者不惑，勇者不惧。"（《论语·子罕》）这其中的"智者不惑"② 论述的就是对欲望的理性节制。孔子在这里是说，理智的人是不受诱惑的。事实上，孔子之后的儒家代表人物均非常注重这个智德。从学理上分析，智德之智首先是一种逻辑推理能力，它能够对一个行为的后果做一个预先的把握，如果觉得这个后果无法承受，那么他就会说服自己不去做这件事情。因此，孔子又说："人无远虑，必有近忧"（《论语·卫灵公》）；"必也临事而惧，好谋而成者也"（《论语·述而》）。这里提及的"虑""惧""谋"就是一种理智能力，它能够保证一个人做事深谋远虑，能够不被欲望及其冲动牵着走，而是谋定而后动。

儒家历来非常强调理智力对人生诸如男女之欲、饮食之欲、财富之欲的制约作用。继孔子"智者不惑"的教诲之后，孟子提出了"养心莫善于寡

---

① 张应杭. 中华传统文化概论：第2版［M］. 杭州：浙江大学出版社，2016：170.

② "智者不惑"这句语录通常有一个望文生义的误读：因不断求取知识，故有智慧的人就不会被遇到的事情所迷惑。百度则将其解释为：用自己求取的知识来解决自己的困惑。这样一来，"惑"就被理解为认识论范畴，即迷惑之惑。其实，我们知道孔子的仁学思想讨论的主要是伦理学问题，因而作者认为此处的"惑"应解读为诱惑，它是伦理学范畴。事实上，后儒整理的仁、义、礼、智、信这五常德里的"智"也是此意。

欲"(《孟子·尽心下》)的主张。有弟子曾经追问孟子,为什么要减少自己的欲望呢?在孟子看来道理很简单,因为人的精力是有限的,人不可能什么欲望都去追求,所以理智的结论是要学会"寡欲"。其实,俗语称"人生一世,草木一秋",说的也是这个道理。当然,孟子讲"寡欲"除了精力不济外,还有另一个重要的原因,这就是即便那些精力可以顾及的欲望,也有一个善与不善的理性考量问题。在孟子看来,人内心深处有一些欲望是善的,还有一些欲望却是不善的,所以孟子又说"可欲之谓善"(《孟子·尽心下》)。这就是说,可以成为欲望的那些欲望才是善的欲望,只有这些善的欲望,人才可以去追求。这是孟子在对待内心无时无刻不在勃发的欲望所持的理性立场。自古以来,孔孟的这一立场构成了中国传统文化在欲理之辩中主张和坚守的君子之道。

儒家还特别地论证了私欲对君子成就事业的危害性。孟子就曾经提出过一个命题"人皆可以为尧舜"(《孟子·告子下》),但是为什么绝大多数人却成不了像尧舜这样的人呢?为私欲所致。于是,孟子的结论是:"人有不为也,而后可以有为。"(《孟子·离娄下》)后来的朱熹在注解孔子"克己复礼"语时也说"克己,即克己之私欲"(《四书章句集注·论语集注》);王阳明心学主张"破心中贼"也指的是革除私欲。正是基于这一传统,习近平在论及党的"自我革命"时也援引古人的话说:"不私,而天下自公。"①(《忠经·广至理章》)

在欲理之辩中正是基于对人的理智力的充分自信,孟子还提出了一个具体的思路:不使可欲。这是回避欲望的智慧。这一思路的具体办法就是不使一些欲望成为欲望。在孟子看来,人的欲望有两类:一类欲望是天生就有的,比如饮食男女之欲;但是还有一类欲望则是需要通过后天的了解、学习或尝试之后才能成为欲望的。孟子主张对这些欲望有时干脆就不让它成为欲望。古代历史上,回避欲望最典型的例子是楚国的楚庄王。春秋战国时期的楚庄王登基之后,因他治国有方而使楚国迅速跻身五霸之列。据《韩诗外传》记载:有一次,令尹(楚国最高军政长官)子佩请楚庄王赴宴,庄王答应了。

---

① 习近平谈治国理政:第4卷[M].北京:外文出版社,2022:542.

子佩在高台胜景——京台把宴席的一切均准备停当，结果楚庄王却没来。第二天，子佩去见楚庄王，问及不来赴宴的原因。楚庄王呵呵一笑解释说："我听说你是在京台摆下的酒宴。我一直听说京台这地方风景秀丽，人到了那里会快活得忘记了死的痛苦。像我这般德性浅薄的人，难以承受如此的快乐，我怕我会沉迷于此，流连忘返，从此无心治理国事。故而想想还是不去为好！"

这个故事非常形象地诠释了孟子回避欲望的智慧。也就是说，人的理智有时候恰恰表现在有意识地不让一个欲望成为欲望。因此，中国古代文化在身心、欲理之辩中，一直把回避欲望看成一种人生处世的大智慧。它的道理其实也很简单。因为人的欲望有时候确实是很可怕的，对一些很有诱惑的东西所产生的欲望，有时甚至能让人产生一种情不自禁、不由自主的冲动。于是，既然知道自己的定力不够，那就干脆有意识地不让这个欲望产生。可见，尽管欲望有时很让人心旌摇动，但是，理智总会有办法使人不为诱惑所动。这恰恰是儒家推崇的身与心、欲与理合一与和谐的修身智慧。

也是基于这一身心、欲理之辩中的立场，儒家还特别地提出了"慎独"的修养之道。对"慎独"的内涵，古人有一段著名的阐述："天命之谓性，率性之谓道，修道之谓教。道也者，不可须臾离也，可离非道也。是故君子戒慎乎其所不睹，恐惧乎其所不闻，莫见乎隐，莫显乎微。故君子慎其独也。"（《礼记·中庸》）尽管五四新文化运动以来有许多学者认为《中庸》的作者从人的天性出发，提出"修道"，进而提出了伦理教化和道德修养的重要性和必要性，缺乏足够的说服力。因为在质疑者们看来，就"天性"而言推导出的显然只能是饮食男女一类的动物性存在。但即便是质疑者们也不得不承认，这里有两方面思想是异常深刻的：一方面，作为一种修养境界，"慎独"必须"须臾不离道"。这即是说"慎独"不是外在强加的要求与规范，而是从人的"天命之性"中内化而来的，所以必须强调道德主体的自觉。另一方面，作为一种修养方法，"慎独"强调"戒慎"，尤其在"隐"与"微"处下功夫，哪怕只有天知地知，行为主体也能高度自觉地规范自己。

习近平在2019年春季学期中央党校（国家行政学院）中青年干部培训班开班式上发表重要讲话时指出："干部要想行得端、走得正，就必须涵养道德操守，明礼诚信，怀德自重，保持严肃的生活作风，培养健康的生活情趣，特别是要增强自制力，做到慎独慎微。"①

不仅如此，习近平还论述过新时代共产党人慎独慎微的具体要求：他认为，"慎独"的要义就是因敬畏党、敬畏人民、敬畏法纪而行有所止。②

"慎微"就是要在常和长、严和实、深和细上下功夫，尤其做到"勿以恶小而为之"（陈寿《三国志·蜀书·先主传》）的防微杜渐。③

儒家这一身心、欲理合一的理性主义传统，尤其是主张向内做功以解决身心、欲理张力的修养方法，其对中华民族文明史和中国人性格心性的影响是深刻而久远的。正如有学者论及的那样，它是中国人内敛、慎独、敬畏等民族性格形成的文化学根源。④ 我们与时俱进地继承与创新这一文化传统，对于解决当下社会存在的诸如物欲主义、享乐主义带来的或萎靡、或焦虑、或放纵等身心困顿，无疑有纾困解蔽之功效。

二、身心、欲理之辩中的道家传统

在中国传统的身心、欲理之辩中，道家也主张以理制欲。因为在道家看来，欲望是危害人性的。故老子称："不欲以静，天下将自正。"（《道德经》第三十七章）就欲理之辩而论，老子明确主张"无欲"的立场。当然，老子也无法否认人从根本上讲是有欲的，比如，他就说过"甘其食，美其服，安其居，乐其俗"（《道德经》第八十章）的话。事实上，老子的"无欲"乃是指人应有所不欲，应知足常乐，应使欲望降低到最小的程度："罪莫大于可欲，祸莫大于不知足，咎莫大于欲得，故知足之足，常足。"（《道德经》第四十六章）与老子的立场相同，庄子也明确主张人生应当有所不欲。他认为："其耆（嗜）欲深者，其天机浅。"（《庄子·大宗师》）由此，他主张"同乎无欲，是谓素朴，素朴而民性得矣。"（《庄子·马蹄》）可见，道家的无

---

① 习近平谈治国理政：第3卷 [M]．北京：外文出版社，2020：521.
② 习近平谈治国理政：第4卷 [M]．北京：外文出版社，2022：534.
③ 习近平谈治国理政：第3卷 [M]．北京：外文出版社，2020：509.
④ 黄寅．中华民族精神研究 [M]．北京：当代中国出版社，2000：107.

欲论认为对欲望过分地执着，恰是人生所以有灾祸、苦难和不如意的一个根源。

正是由此，道家主张见素抱朴的生活态度——见素抱朴，少私寡欲（《道德经》第十九章）。在古汉语中，"素"指未经漂煮的本色生帛，在此即指人性的本来面目；"朴"指未经雕饰的木材，在此则指人心淳厚，与道合一，没有私心，没有私欲的本原状态。也就是说，"见素抱朴"是指人要保持自身本来的纯朴状态，内心淳厚无妄念，行为朴素而自然。可见，以老庄为代表的道家在身心、欲理之辩中的一个必然性结论就是："见素抱朴"者自然"少私寡欲"。

正因为主张见素抱朴、少私寡欲，所以道家在人的自我修养方面又有"尚俭"一说。这样一个"尚俭"的原则是老子最早概括的："我有三宝，持而宝之：一曰慈，二曰俭，三曰不敢为天下先。慈，故能勇；俭，故能广；不敢为天下先，故能成器长。"（《道德经》第六十七章）"俭"在道家典籍中，有时也称为"啬"，意即节俭、俭约，故老子称："治人事天莫若啬。"（《道德经》第五十九章）可见，在道家那里，俭啬之德也即守持自己的纯朴本性，减除私心和贪欲。可以肯定的是，道家的创始人老子并不是一个禁欲主义者，他并不完全否定私欲，他只是反对过分地沉溺在欲望之中。因为老子坚信，不知足，不知止，贪欲过分，不仅会丧失自身的本性，还会危及自身的生命。正是由此，老子才说："知足不辱，知止不殆，可以长久。"（《道德经》第四十四章）也就是说，在老子看来，只有遵循俭啬之道，少私寡欲，不为欲望所溺，才是保全生命的修行之道。这是道家一派在身心、欲理之辩中由其创始人老子最初便确立的基本立场。

老子之后的庄子直接承继了老子这一见素抱朴的思想。庄子向世人反复论证以生命为贵、以名利为轻的人生哲学理念。他曾这样批评世俗之人："今世俗之君子，多危身弃生以殉物……今世之人，居高官尊爵者，皆重失之，见利轻亡其身，岂不惑哉！"（《庄子·让王》）为此，庄子主张"能尊生者，虽富贵不以养伤身，虽贫贱不以利累形"（《庄子·让王》）。庄子明确地批评了因对物欲的过度追逐而导致的危身、弃生、亡身、伤身、累形等本末倒置的做法。

从道家"道法自然"(《道德经》第二十五章)的核心立场出发,我们可以对其身心、欲理之辩中以理制欲的合理性立场做两方面的概括:其一,道家认为过度的欲望伤害身体的自然承受性。比如老子说:"五色令人目盲,五音令人耳聋,五味令人口爽,驰骋畋猎令人心发狂,难得之货令人行妨。"(《道德经》第十二章)道家在这里是教谕世人必须顾惜自我身体的自然性,不可在声、色、货、利的过度追逐中和耳、目、口、鼻等感官之欲的过度沉湎中伤害自我生命。否则,就如庄子批评的那样,"其嗜欲深者,其天机浅"(《庄子·大宗师》)。其二,道家认为过度的欲望必然拖累自我的情志和心性。比如老子就曾这样追问:"名与身孰亲?身与货孰多?得与亡孰病?"(《道德经》第四十四章)可见,老子认为身心的愉悦比名、利、货、贷的占有更值得世人珍惜。而且,在老子看来,世人之所以患得患失,"得之若惊,失之若惊"(《道德经》第十三章),全然是因为心中有太多的欲望之故。庄子继承和弘扬光大了老子的这一思想,并做了进一步的论证。庄子认为欲望多的人必然以欲"患心"(《庄子·田子方》),不得"悬解"(《庄子·大宗师》),"谬心"且"累德"(《庄子·庚桑楚》)。

由此,道家认为要在身心两方面均做到自然地对待自己的生命,就必须减少内心的欲望,即"恬淡为上"(《道德经》第三十一章)。按庄子的话说就是:"平易恬淡,则忧患不能入,邪气不能袭,故其德全神不亏。"(《庄子·刻意》)可见,道家承认人生而有欲是一种自然。以老庄为主要代表的道家之所以反对放纵欲望,恰恰是因为纵欲是不自然的。这种无止境地追逐功、名、利、禄和声、色、犬、马的物欲人生,不仅会使人的德性败坏,而且本身也必然给自我的自然生命带来身心两方面的伤害。故老子的结论是:"圣人去甚、去奢、去泰。"(《道德经》第二十九章)这就是说,悟道的人懂得不让自己的欲望太极端、太奢侈、太过分,否则,它一定拖累和伤害自我生命的自然承受性。于是,虽然与儒家的论证路径或方式不同,但是道家同样得出了以理制欲的理性主义结论。这与儒家可谓殊途同归。

事实上,以老庄为代表的道家这种见素抱朴、以俭养身的思想,积淀于民族精神之中,对后来的中华民族历史产生了极大的影响。诸葛亮在《诫子书》中即谆谆告诫其子:"静以修身,俭以养德;非淡泊无以明志,非宁静无以致远。"唐代的于志宁也认为俭与奢乃产生善与恶的根源："克俭节用，实弘道之源；崇侈恣情，乃败德之本。"（刘昫《旧唐书·于志宁传》）宋代司马光甚至断言："有德者皆由俭来。"（《训俭示康》）这些思想无疑都是与道家见素抱朴、少私寡欲的尚俭思想一脉相承的。

三、身心、欲理之辩中的佛家传统

在身心、欲理之辩问题上，由印度传进中国的原始佛教显然有些不近情理，因为它力行禁欲，主张苦行僧式的生活。在佛家的教义中经常能看到"缘障未开，业尘犹拥，漂沦欲海，颠坠邪山"（温子昇《定国寺碑》）的告谕。佛家因此告诫世人，必须把生命之欲的对象存在（色界）视为"空"，才能从深广如海的贪欲、情欲、物欲中拯救出自我心性。这无疑凸显了明显的禁欲主义色彩。

但我们知道，印度佛教在汉代传入，经过中国文化的改造之后，在欲望问题上面也并不主张什么欲望都一律禁绝，它也主张有所欲、有所不欲。特别是主张"佛法在世间，不离世间觉"（慧能语）的禅宗，因其关注世俗生活，故在对待人的世俗欲望方面其实颇为辩证。一次，苏东坡去黄州城南的安国寺坐禅。他与住持和尚说禅论道时曾有感叹："佛家持戒，唯酒难戒！"和尚笑答："茶禅定，酒乱性，佛门戒酒本是为止乱性而已。大学士如酒后不会乱性，不戒也可。"言毕，两人相视而笑。事实上，这正是一种以理制欲的智慧。也是因为这个以理制欲的立场，故佛家主张持戒修行。在佛家戒、定、慧"三学"中，"持戒"被置于"三学"之首。它也是佛门"六度"修行的重要功课之一。可见，主张持戒修行，推崇规诫人生，构成佛家在身心、欲理之辩中的基本立场。

佛家之所以强调持戒，以佛祖释迦牟尼的教谕而论，是因为人性有贪、嗔、痴诸恶扰乱心智，因而需要因戒而定，因定生慧。佛经规定佛家所持之戒常见的有五戒、八戒、十戒、具足戒等。对居家修行的男女信徒而言，通常只持五戒即可。这五戒为：不杀生、不偷盗、不邪淫、不妄语、不饮酒。佛家除五戒之外，还有八戒一说，就是在五戒的基础上，再加上不眠坐高广华丽之床，不装饰、打扮及观听歌舞，不食非时食（如过午不食）。对皈依佛门的出家人而言，则其所持之戒不仅严整而且繁多。初入佛门的小沙弥和沙弥尼，在没有能够正式取得比丘、比丘尼资格以前的观察阶段，须守十戒，即不杀生、不偷盗、不奸淫、不妄语、不饮酒、不涂饰香鬘、不视听歌舞、不眠坐高广大床、不食非时食、不蓄金银财宝。按佛门规矩，小沙弥、沙弥尼一旦长大到二十岁，并经过十戒考验后，就可以受具足戒了。具足戒男女有别，比丘守男戒，所受为二百五十戒；比丘尼持女戒，所受为三百四十八戒。可见，佛门的清规戒律可谓是方方面面的。也因此，有学者把佛家的人生观概括为"规诫人生"①，以此和儒家的"道德人生"、道家的"自然人生"相提并论。

世人往往会认为，佛门讲那么多的清规戒律，实在是束缚自我，自讨苦吃。其实，从佛门教义来看，持戒恰是一种度脱人生苦海的智慧法门。曾任上海佛学院院长的上海龙华寺住持明旸法师曾经这样阐述其中的道理："戒的本质指菩萨受持佛所指定的清净戒法，佛陀认为唯有此法可助人战胜欲望。"② 曾任美国纽约东初禅寺住持的圣严法师在一次专门为皈依弟子所作的讲禅法会上，对诸多听众也说过一段话："佛陀讲'以戒为师'是指引众生的解脱法门。因为戒律能给人绝对的安全感，使人能放下一切身心内外的不满足、舍不得、看不开，它是佛法无边之普遍性的体现，自然也是最重要的处世法则。我们也可以称其为最基本的修行法则。"③ 明旸、圣严法师为世人所讲的这一番道理无疑是十分中肯的。事实上，在佛家那里，有能力持戒恰恰是面对内心欲望的一种理智力的体现。这便是佛家在身心、欲理之辩中的大般若（即大智慧）。

而且，在中国佛教最经典的形态——禅宗④的教义中，外在的规诫只有转

---

①　苏渊雷．佛学十日谈［M］．上海：上海书店出版社，1996：57．

②　明旸法师．佛法概要［M］．上海：上海古籍出版社，1998：263．

③　圣严法师．佛禅与现代社会：讲演录［M］．台湾：远流出版事业股份有限公司，1991：101-102．

④　学界一直有"佛教诞生于印度，却成就于中国"之说。这其中一个很重要的缘由是因为禅宗自唐代开始远播海外之后的全球影响力。从禅宗发展史上我们得知在印度有禅修，却无禅宗。也是因此，虽然禅宗追认印度的达摩为禅宗的初祖，但六祖慧能却被学界认为是禅宗的真正创始人。参见：苏渊雷．佛学十日谈［M］．上海：上海书店出版社，1996：67．

化为内在的"心戒"才能算是真正抵达"得道"的觉悟境界。正是由此，禅宗的真正创始人慧能主张直指人心、见性成佛："前念迷即凡，后念悟即佛""迷闻经累劫，悟则刹那间。"（《坛经·船若品》）这意思是说，对身外之物如荣华富贵、功名利禄心中念念不忘，即是执迷不悟，这就永远成不了佛道；如要真正成就佛道，就必须回到内心"息妄修心"。可见，在身心、欲理之辩问题上，它强调"佛向心中求"的修行路径。以慧能的话说就是"一念悟时，众生是佛"（《坛经·般若品》）。

早期曾投禅宗门下参学，并且还在禅宗中开悟的明代大哲王阳明在融会贯通了儒、释、道相关思想的基础上，创立了"心学"①。阳明心学的精神内涵包括"心即理""知行合一""致良知"等。阳明心学诞生后，王阳明兴办龙冈书院，授徒讲学，声名远播；后又受到贵州提学副使席书的邀请，讲学于贵阳书院。其诸如"破山中贼易，破心中贼难""知者行之始，行者知之成""此心不动，随机而动""克己方能成己""种树者必培其根，种德者必养其心""心狭为祸之根，心旷为福之门""吾心自有光明月，千古团圆永无缺""无私心就是道""人人自有定盘针，万化根源总在心"之类的心学名言在他生前就曾广为传播。有学者认为，在传统的身心、欲理之辩问题上，王阳明的心学理论无疑是古代学术传统的集大成者。② 也是缘于此，其后世的影响力不仅远播韩日等亚洲国家，甚至也被美英等西方国家的学界所熟知。

习近平总书记曾多次在不同场合肯定阳明心学的现代价值。比如在2020年1月8日"不忘初心、牢记使命"主题教育总结大会的讲话中就殷切告诫全党，在新时代依然有"破心中贼"的功课要做："古人说'天下之难持者莫如心，天下之易染者莫如欲'。一旦有了'心中贼'，自我革命意志就会衰退，就会违背初心、忘记使命，就会突破纪律底线

---

① "心学"一词，最早见于东汉安世高所译《大比丘三千威仪经》，其义为佛教三学中的"定学"。在隋唐佛教史书中，"心学"一词专指习于禅定的学问。隋唐以后，"心学""心宗"又成为禅宗与天台宗的代名词。道教"心学"一词，最早出于陶弘景《真诰》，晚于佛教。作为学术名词的儒家"心学"，最早见于南宋胡宏所撰《知言》中。自宋至明，儒家"心学"主要含义是与汉唐训诂、辞章之学相对立的论心治心之学。"心学"作为学派专名指称的则是阳明之学，始于明嘉靖年间，至万历后渐趋定型。

② 度阴山.知行合一王阳明［M］.北京：北京联合出版公司，2014：347.

甚至违法犯罪。"①

事实上，习近平总书记清醒地意识到，在事关民心向背的反腐败问题上如果说不敢腐、不能腐主要依靠制度，那么不愿腐依靠的就是做好心学功课。融儒、释、道三家于一体的王阳明心学之所以彰显出其如此备受瞩目的现代性，至少表明一个事实，那就是在当代面对着身心、欲理之辩问题上出现的诸如过于注重身之欲的张扬与追逐，忽视或无视回到内心的现代人亟须拨乱反正与迷途知返，在理性主义回归的立场上重新构建起自我人生的"心学"世界观与方法论。这也许正是中国古代身心合一、欲理合一之道穿越时空出场于当下的重要现实语境。

第二节　西方欲望论的批判与超越

改革开放初期，对各种各样比较张扬欲望的西方哲学理论，比如说尼采、叔本华、萨特、弗洛伊德的学说带着一种新态感，让我们曾经颇有认同感，在一些人那里甚至对其推崇备至。因此，当下的我们，对欲望需要有正确的认知。正是从这个意义上，我们也许有必要对西方文化语境下的欲望论做一学理的清算与批判。

一、西方欲望论的非理性主义立场揭示

在身心、欲理之辩中，西方文化形成了与中华文化迥然不同的立场。西方文化有着悠久的张扬欲望的传统，这一传统源自古希腊罗马。黑格尔曾经称古希腊人习惯把人生看作行乐的过程，他们心目中的天国便是阳光普照下永远不散的盛宴。② 法国哲学家丹纳（Taine）在《艺术哲学》一书中写道："荷马史诗中称最幸福的人就是能享受美好青春，到达暮年大门的人。"③ 考

---

① 习近平谈治国理政：第 3 卷 [M]．北京：外文出版社，2020：541．
② 黑格尔．历史哲学 [M]．王造时，译．北京：生活・读书・新知三联书店，1956：286．
③ 丹纳．艺术哲学 [M]．傅雷，译．北京：人民文学出版社，1983：262-263．

古学家发现，古罗马人曾经的华服豪饮、居所及娱乐场所的金碧辉煌甚至让现代人也叹为观止。也许这种极度张扬欲望的价值观也影响了古希腊哲人，甚至使得以德谟克利特、亚里士多德为代表的理性主义哲学家对待生命之欲的态度也变得矛盾起来：一方面他们主张要对自我生命之欲采取理性的节制，在一些哲人那里甚至有禁欲主义的色彩，但另一方面，他们又对欲望的放逐和张扬给予了相当程度的认可。比如，德谟克利特就说道："一生没有宴饮，就像一条长路没有旅店一样……省吃俭用而避免忍饥挨饿，当然是一件好事，但在适当的时候，挥金如土也同样是好事情。"① 亚里士多德也认为节欲的目的是为了欢乐，而不是自找苦吃，所以在他看来，"贪享一种欢乐，在任何欢乐面前都不止步的人，就成为纵欲无度，反之，像乡下人一样避开任何一种欢乐的人，则变成麻木不仁"②。这无疑就带有非理性主义色彩了。

依据黑格尔的理解，后来中世纪经院哲学对欲望的严厉打压，从本质上可以视为是对古希腊罗马过度张扬欲望的一种必然否定。但这个否定因为过于用神性来打压人性了，于是，近代西方的文艺复兴对中世纪又进行了否定。在这个否定之否定（即新的肯定）的过程中，张扬欲望的古希腊罗马非理性主义传统再一次被肯定。这一时期的文学、艺术、哲学纷纷对世俗的欲望给予了赞美与讴歌。比如，我们在乔万尼·薄伽丘（Giovanni Boccaccio）的《十日谈》、列奥纳多·达·芬奇（Leonardo da Vinci）的《蒙娜丽莎》、米开朗琪罗·博那罗蒂（Michelangelo Buonarroti）的《大卫》、提香·韦切利奥（Tiziano Vecelli）的《乌尔比诺的维纳斯》等作品里，可以非常直观地感受到作者对人的欲望那热情而欢愉的感性肯定。事实上，文艺复兴的这一传统深刻地影响了之后的叔本华、尼采、基尔凯郭尔、柏格森、萨特等人的哲学思想。

如果说近代西方文艺复兴时期的哲人、作家、艺术家们还只是以人文主义的立场来肯定或赞美人的欲望的话，那么，到了现代西方，随着科学主义的兴起，一大批学者则从生物学、医学、心理学等视角对人的利己天性以及

---

① 北京大学哲学系外国哲学史教研室．古希腊罗马哲学［M］．北京大学哲学系外国哲学史教研室，译．北京：商务印书馆，1979：115-118.

② 北京大学哲学系外国哲学史教研室．古希腊罗马哲学［M］．北京大学哲学系外国哲学史教研室，译．北京：商务印书馆，1979：324-325.

饮食男女的欲望进行了诸多的科学论证。如果说在人我之辩、群己之辩中这一科学主义论证以道金斯"自私的基因"理论为主要代表的话，那么在身心、欲理之辩中的科学主义思潮其代表人物无疑首推弗洛伊德。弗洛伊德因其创立的精神分析学说而被誉为"真正的科学心理学的创始人"（弗洛姆语）①。在精神病诊断和治疗方面，弗洛伊德不仅提供了一套成体系的治疗理论，而且开创了现代医学心理学之先河。弗洛伊德精神分析学说的核心是其原欲理论。这一理论认为人的情欲等原始本能的东西，构成个体生存活动和传宗接代的主要驱动力。诚然，弗洛伊德也不得不承认，外部的一些诸如社会习俗、伦理规范、文化传统在一定程度上会约束人的这种所谓的原欲冲动，但他根据大量的临床经验和医学实验断定，人的非理性的本能欲望在这其中始终是起主宰和主导作用的。

弗洛伊德的学说对西方文化的影响是巨大的，它甚至被誉为"对人的科学的最独特贡献，因为它业已改变了未来关于人的图景"②。但也正如越来越多的学者指出的那样，弗洛伊德以原欲论为核心的精神分析理论在艺术创作、教育及其他人文科学方面得到过度推崇与应用之后带来了诸多的消极后果。其中最令人担忧的一个后果就是，这一本质上属于非理性的精神分析学说使现代人在相当程度上对自身欲望的理性控制丧失了信心。③

事实上，现代西方的诸多非理性主义哲学思潮，从叔本华的生命意志说和尼采的酒神赞歌，到萨特的神圣的自由之欲理论，再到弗洛伊德的泛性欲主义，人身之诸多的感性欲望，甚至性本能之欲，纷纷被学者们奉为另一个"上帝"而大加崇拜。于是，经过文艺复兴以及科学主义的荡涤，天国里的"上帝死了"（尼采语），但新的"上帝"不仅被造出来而且还被顶礼膜拜。这个新的"上帝"就是爱欲（性欲）、权力欲、财富欲、自我表现欲，等等。关于这一点，当代美国心理学家罗洛·梅（Rollo May）有着非常明确的立场。

---

① 弗洛姆. 在幻想锁链的彼岸——我所理解的马克思和弗洛伊德［M］. 张燕，译. 长沙：湖南人民出版社，1986：10.

② 弗洛姆. 在幻想锁链的彼岸——我所理解的马克思和弗洛伊德［M］. 张燕，译. 长沙：湖南人民出版社，1986：12.

③ 梅耶尔. 弗洛伊德批判［M］. 郭庆岚，唐志安，译. 济南：山东人民出版社，2008：中文版序言.

他主张现代人应该而且必须把欲望解读为一种原始生命力。他曾这样认为："原始生命力是掌握整个人的一种自然功能，性欲与爱欲，愤怒与激昂，以及权能的渴望，便是主要的例证……这种原始生命力是每一个人肯定自身、确认自身、增强自身的一种策动力。"①

可以肯定的是，改革开放之后的西学东渐，包括其欲望论在内的西方文化带给了中国社会许多积极的东西。就身心、欲理之辩而言，西方文化对财富欲望的肯定至少构成我们社会主义市场经济体制得以顺利确立并迅速发展的一个重要理念支撑。重要的还在于，这其中的积极影响决不仅体现在财富之欲方面。但是，如果对西方这些林林总总的欲望论对中国社会的影响做一个全面的审视，那么我们必须承认其消极的一面也是客观存在的。曾经有学者指出其最大的一个消极后果是："西方文化对习惯于做心学功课，习惯于约束自我的中国人产生最直接的一个影响就是，今天在欲望问题上我们开始离经叛道，我们过度地张扬、任性乃至放纵自我之欲，而对理性、理智的内心生成却显得无所谓或冷漠。"② 正是基于这一理由，我们在"不忘本来"，即继承创新优秀传统文化的同时，要特别注意在"学习外来"，即在汲取西方文化合理性的过程中，高度重视剔除其糟粕性的成分。就身心、欲理关系而论，我们主张对西方欲望论中的非理性主义本质予以揭露、批判和超越，正是因此具有了现实必要性和紧迫性。

二、当代西方欲望论的困境与出路

从全球范围来看，近代以来工业文明的发展，尤其是科学技术的进步为消费主义、享乐主义的兴起打下了坚实的物质基础。但是也正如法兰克福学派的马尔库塞批判的那样，每一个生命个体欲望无限膨胀的结果必然地导致了物对人的压迫、摧残与统治，它使自我无时无刻必须面对与其内在需要相对立的"异己的世界"③。正因为如此，对名车豪宅的过度追逐导致的身心疲惫、性自由主义带来的诸如艾滋病的蔓延、因财富梦想的破灭而抑郁乃至跳

---

① 罗洛梅. 爱与意志［M］. 宏梅，梁华，译. 兰州：甘肃人民出版社，1987：165.
② 黄寅. 中华民族精神研究［M］. 北京：当代中国出版社，2000：78.
③ 马尔库塞. 理性和革命——黑格尔和社会理论的兴起［M］. 程志民，译. 重庆：重庆出版社，1993：31.

楼，以及吸毒、酗酒、沉湎网络游戏而无法自拔等问题才会困扰着当今西方社会。这一切无不昭示着在身心、欲理关系问题上，西方文化过度张扬欲望这一传统正面临着空前而严峻的困境。

正如有学者指出的那样，进入 21 世纪的现代人"正面临着重新审视欲理关系这一古老的新问题，正经历着欲望问题上非理性主义立场的痛定思痛之后，对理性主义立场之回归的渴望"①。的确，以马克思的理论与方法视域来看，西方传统中自文艺复兴以来过于推崇身之欲的满足并不符合传统理性主义的立场，故马克思对这一西方文化传统一直是持批判态度的。在《1844 年经济学哲学手稿》中，马克思就明确指出："吃、喝、性行为等等，固然也是真正的人的机能。但是，如果加以抽象，使这些机能脱离了人的其他活动领域，并成为最后的和唯一的终极目的，那它们就是动物的机能。"②对身与心、欲与理之辩中的享乐主义哲学，马克思更是尖锐地批判道："享乐哲学一直只是享有享乐特权的社会知名人士的巧妙说法，……一旦享乐哲学开始妄图具有普遍意义并且宣布自己是整个社会的人生观，它就变成了空话。"③ 事实上，马克思的这一立场也成为现代诸多西方马克思主义，如马尔库塞坚决捍卫的基本立场。

值得关注的是，与西方马克思主义的思路不同，今天的西方学界还有一些学者开始关注古老的中华传统文化，试图通过汲取中华传统文化的智慧来摆脱因过度追求物欲而带来的身心困境。事实上，新儒家在西方成为一道颇为亮丽的文化风景线。其实，不仅是儒家的道统引起西方的关注，道家、佛家文化也引起西方学界乃至普通民众不同程度的关注。在当今美国颇具影响力的新道家代表人物张绪通就曾这样论及老子欲望论的现实意义：老子说"虽有荣观，燕处超然"（《道德经》第二十六章），就是教人不可执着与沉溺身外之物，要像燕子那样超然于物欲之上。试想一个人连手中的一根烟、唇

---

① 袁呈祥. 中国古代的欲理之辩与当下价值开掘 [M]. 台北：台湾智慧大学出版公司，2013：5.

② 马克思. 1844 年经济学哲学手稿 [M]. 中共中央马克思、恩格斯、列宁、斯大林著作编译局，译. 北京：人民出版社，2014：51.

③ 马克思，恩格斯. 马克思恩格斯全集：第 3 卷 [M]. 中共中央马克思、恩格斯、列宁、斯大林著作编译局，译. 北京：人民出版社，1958：489.

边的一杯酒都胜不过，如此一个弱者却心心念念要与天下人争胜夺利，岂非是一个自不量力的大糊涂？① 中国佛教如禅宗的修行理论在西方政界、实业界流行，禅宗的课程进入政府学院、管理学院更是屡见媒体报道。这一切也许在某种程度上证明着以儒、道、佛（禅）为主要代表的中华传统文化也在渐渐影响西方人的生活和观念。

令人忧虑的是，随着改革开放之后的西学东渐，以叔本华、尼采、萨特、弗洛伊德为主要代表的张扬欲望的学说在当今中国正发生着不容忽视的影响。在消费欲望和享受欲望等问题上尤其如此。事实上，包括消费主义和享乐主义在内的这些曾经的西方潮流也开始在当今中国社会出现并有日渐严重的趋势。改革开放以来，我们在发展经济充分关注人的物质欲望满足的过程中出现了诸多的偏差，一些人的心灵家园可怕地荒芜了，在其人生追求中出现了诸如热衷灯红酒绿、纸醉金迷的不健康生活方式，一些媒体也迎合这些低俗之趣，甚至提出诸如"享受至上""娱乐到死"的错误口号。解决这些问题固然有很多路径，但是从价值观上培植传统文化主张的身心、欲理合一立场，重新在国民教育中确立以理制欲的身心观肯定是大有裨益的。它至少可以为解决问题提供清晰的指引。

也就是说，就身心关系中的欲理之辩而论，回归传统，坚定文化自信就意味着要重建传统的欲理合一观，并将其有效地培植为当代中国人的人生观、价值观、身心观。与此同时，我们还必须特别认真地检讨和清算西方文化过度张扬欲望的传统对改革开放之后的中国带来的现实危害。我们必须清醒地意识到，在自我人生的追求中，人的物欲被过分张扬，世人因此特别迷恋物质人生、财富人生的流俗是本末倒置的。

正是缘于此，我们有理由断言在生命之欲的问题上，推崇张扬欲望的纵欲主义的错误不在于首肯和张扬了个人的欲望，而在于把这种对生命之欲的首肯和张扬置于不合理的地位。从理论上分析这种不合理性，至少表现在两方面：其一，纵欲主义把对生命原欲的追逐理解为一个毫无节制的过程，主张无节制地放纵自我，这也许正是纵欲主义之"纵"的一个基本特征。事实上，在生命之欲与社会规范的冲突中，理性主义的立场总是要求对社会的道

---

① 张绪通. 黄老智慧［M］. 北京：人民出版社，2005：250.

德法律等规范谨奉和遵循。这正是节欲之所以必需的社会本体论根据。因而，人生中从来不存在一个人的自我欲望为所欲为的情形。其二，纵欲主义事实上追求的是一种虚假抽象的人生可能性。正如我们凭常识和经验就可以知道的那样，生命之欲的勃发就其本性而言是永无休止的，正所谓欲壑难填，而自我的精力和时间却是有限的。因此，倘若我们把对生命欲望的放纵作为人生的根本目的来追求，那么，我们人生价值的注定会是无法实现的。这也许就是为什么在历史和现实中的纵欲主义者，其人生往往笼罩在消沉与悲观之中的一个根本缘由。

就身心、欲理之辩而言，中国古代的欲望论主张对内心勃发的欲望采取理性主义的立场，无疑充满睿智。它事实上在对内心的欲望做"正"与"妄"的理性判定，它尤其主张对妄念予以克己、消弭。佛家说的"一念天堂，一念地狱"即是此意。习近平曾经援引过朱熹"内无妄念，外无妄动"（《朱子语类·学六·持守》）的话告诫党内领导干部，尤其是作为"关键少数"的高级领导干部，对功名利禄，对物质享受和个人待遇不可起妄念之心。① 这显然是对传统欲理合一智慧的现代发掘，既情真意切，又充满睿智。

事实上，在自我生命原欲问题上的纵欲主义追求不仅是不合理的，而且从根本上说就是不可能的。那些把自我生命放逐于这种纵欲主义的追求之中的人，无疑必须尽快地从这种认知上的迷误中走出来。否则，这种不真不善的追求只会导致自我人生的迷茫、困顿和失足。为此，我们在欲理关系的认知问题上必须反对把原欲当作纵欲主义的张扬，而应在欲望与理智之间寻找一条中庸之道，即以理制欲。这可以说是追求身心合一、欲理合一的中华传统文化启迪我们在身心、欲理之辩问题上的一个重要认知结论和行动原则。

---

① 习近平谈治国理政：第3卷［M］．北京：外文出版社，2020：507.

第三节　古代身心、欲理合一传统内蕴
的以文化人智慧发掘

我们有理由认为，传统文化中的身与心、欲与理合一的文化理念可以为当下处于资本逻辑统治下的人们自我解放提供来自思想史的智慧启迪。它所给出的身心合一、理欲和谐的价值观立场对当下中国社会有着积极而清明的指引意义。当代中国虽然身处于全球化、市场化的时代大潮之中，但吸吮着五千多年中华优秀传统文化的养分，同时借助于马克思主义这一我们这个时代最先进的思想武器，中国共产党在身心、欲理关系问题上不仅可以在理论上提出独特性的理念和创新性的方法论，而且还可以从以文化人的实践层面为国民教育与德性涵养发掘出诸多积极的价值观原则。

一、走出财富主义、消费主义的现代性迷失

从身心、欲理之辩而论，人类理性面对自身欲望的实现问题无非给出了两种路径：一是向外扩张以改变甚至征服外部环境，从而以类或个体的方式实现欲望的尽可能满足。传统的西方文明基本崇尚的是这一路径。二是向内做功以通过节制或消弭欲望从而缓解求不得的内心冲突。以中国为代表的东方哲学尤其推崇这一解决思路。[①] 鸦片战争后的西学东渐，尤其是改革开放之后西方文化的大规模涌入，使中国人在人生欲望的追求中，渐渐认同甚至推崇西方文明张扬欲望的反传统思路。因此，当今中国人无论是在饮食男女方面，还是在财富功名方面的欲望追求，均有着前所未有的勃动和激情。这是社会进步的必然，也带给了中国社会前所未有的活力。

但与此同时，我们也尴尬地发现，在这个过程中出现了欲望被过度张扬的偏颇。尤其是推崇财富最大化的市场经济体制由争论到迅速确立，更是让一些人全身心地投身于财富欲望最大化的激情与冲动之中。当今中国人的欲望世界里正面临着来自两方面的诱惑：一是做人过程中刚性递进的财富占有

---

① 朱元桂. 在欲望与理性之间 [M]. 香港：天马图书有限公司，2003：45.

欲的诱惑；二是做事过程中的财富最大化法则的诱惑。因此，今天我们关注、整理和发掘诸如老子的无欲论，孔子的节欲、孟子的寡欲说，以及禅宗的"看破、放下、自在"（郯虚和尚语）六字真言中的合理思想，重提有所不念、有所不欲、有所不为的儒、道、佛（禅）智慧，不仅是对哲学史的这些理论命题或伦理范式进行学理阐发，更是希望为现代人过度张扬欲望的现实人生提供某种来自传统哲学的有益启迪。它让我们懂得在追求饮食男女、财富、名利、权力等欲望中永远守持身心合一、欲理合一这一理性法则的重要性。

这其中，财富主义与消费主义的批判尤其彰显了重要性。因为这是当下中国社会许多人在身心、欲理关系问题上紧张、焦虑，乃至问题频出的人生观与价值观根源。

2018 年 1 月 11 日习近平总书记在中共十九届中央纪委第二次全会上发表重要讲话时指出：我们的各级领导干部"对功名利禄要知足，对物质享受和个人待遇要知止，'惟江上之清风，与山间之明月，耳得之而为声，目遇之而成色，取之无禁，用之不竭'。苏轼的这份情怀，正是今人所欠缺的，也是最为珍贵的"①。习近平在这里事实上是以古代圣贤名士在身心、欲理关系上的智慧和境界对党内推崇财富主义人生哲学的少数人敲响了警钟。

我们同样可以肯定地说，消费主义的错误也不在于消费本身。人需要正常的消费，社会生产也需要消费的推动。但是，现代西方无处不在的消费主义却把正常的消费异化为人的对立面存在。在推崇"我消费，故我存在"的消费主义者那里，我们可以发现一个本末倒置的逻辑——人仿佛是为了消费才存在的。于是，消费本来是为了生存，现在却反过来了，生存的目的与价值被曲解为消费。

因此，在身心与欲理关系问题上，新时代中国共产党人发掘以理制欲这一古代智慧的现代价值对于社会大众来说，可以使人们据此厘清消费的真实本性以避免出现消费异化，启发人重新回归真实的生活，从而在关注身与心、

---

①　习近平谈治国理政：第 3 卷［M］．北京：外文出版社，2020：507．

欲与理合一的过程中构建起理性而自由的现代生活方式。

毫无疑问，当今中国出现的财富主义与消费主义是身心、欲理之辩中呈现出来的价值观偏差。这一偏差将直接导致中国的现代化建设事业和谋求民族复兴的伟业缺乏来自人格和精神层面的推进机制。正是基于这样的现实语境，我们认为在人的物欲被过分张扬的当今时代，在世人还特别沉湎于诸如物质人生、财富人生、消费人生、享乐人生的今天，中国古代的身心、欲理合一之道无疑具有现实指引意义和以文化人的教化智慧。也就是说，我们有理由认为，传统文化中的身与心、欲与理合一的文化理念可以帮助我们清晰地意识到现代社会以消费主义、财富主义、物欲主义、享乐主义等方式所表露出来的现代人对自我欲望的过度张扬，以及对自我身体的肆意放纵，其本质源自理性的迷失。因这一迷失便认不清生活的本真状态而必然成为马尔库塞声称的"单向度的人"，即忘却了人的思想、道德、审美、社会批判等多向度追求，而沦为了单向度的物欲满足者或商品的占有者、消费者。①

事实上，当年马克思在资本主义还处于蓬勃发展的上升时期，就已经敏锐地意识到资本内蕴的这一消费主义之"恶"。由此，马克思提出了"建立在个人全面发展这一前提下的自由个性"② 的发展理论来超越这一资本逻辑。这里的"全面发展"显然是针对资本逻辑下把人变成"经济人"或"消费人"的片面性而言的。因此，当今中国就欲理关系而论，我们亟待在批判消费主义的现代性迷失中构建起中国特色的消费观。这一消费观必须以理性主义的立场坚守为学理与方法论的基础。

与马尔库塞一样同属于西方马克思主义阵营的弗洛姆，也曾批判现代西方无处不在的消费主义把人变成了"消费机器"③。在弗洛姆看来，消费主义源自资本主义牟取利润的本性。为此，它必然以各种方式创造出"虚假消费"以实现资本牟利的目的。问题的严峻性在于，借助西学东渐之风，消费主义也涌入了中国。为此，我们必须清醒地意识到要在思想文化层面高度重视这一问题的解决。

---

① 马尔库塞.单向度的人 [M].刘继，译.上海：上海译文出版社，2008：41.
② 马克思，恩格斯.马克思恩格斯文集：第8卷 [M].中共中央马克思、恩格斯、列宁、斯大林著作编译局，译.北京，人民出版社，2009：52.
③ 弗洛姆.健全的社会 [M].孙恺祥，译.上海：上海译文出版社，2011：87.

这一问题解决的重要路径之一是回望传统的身心、欲理合一之道，并积极从中汲取思想养分。2012年12月4日，中国共产党第十八次全国代表大会闭幕后不到20天，履职中共中央总书记不久的习近平主持中央政治局会议，审议通过了关于改进工作作风、密切联系群众的八项规定，开启了中国共产党包括反对消费主义在内的全面从严治党的作风之变。2013年1月22日，习近平总书记在中国共产党十八届中纪委第二次全会上以古人"俭则约，约则百善俱兴；侈则肆，肆则百恶俱纵"之句警策党内同志，对党内的消费主义现象进行了不留情面的批评。①

特别值得指出的是，中共中央政治局审议通过的"八项规定"无疑是从制度层面为这一问题的解决提供了充分的保障。从2012年至今，针对违反八项规定的查处力度不仅越来越大并在党内形成了巨大的影响力，而且其影响力还从党内溢出到整个社会，带动了全社会风气的巨大转变。于是，党内外炫耀式消费、繁杂的人情送礼、热衷会所享乐等开始被唾弃，节俭之风开始回归，社会风气为之一新。

正是基于这一点，我们想特别提出一个观点，即绝不能忽视党中央"八项规定"所内蕴的世界观和方法论意义。这种意义既有中国共产党优良作风的历史性传承，也有对中华传统文化身心合一、欲理合一以及勤俭持家、勤俭建国之风在当下的有效激活。事实上，它卓有成效地抑制了消费主义在当今中国社会的蔓延和扩张。对于中国共产党自身来说，有助于避免陷入消费主义的陷阱，从而不忘初心更加坚定共产主义的理想信念；对于社会大众来说，可以在执政党的榜样力量感召下，使人们可以厘清消费的真实本性以避免沦为"消费机器"，启发人重新回归真实的消费生活，从而在关注身与心、欲与理合一的过程中构建起自由而理性的现代生活方式。

二、身心、欲理之辩中理性主义规范的倡导

中国共产党对身心、欲理之辩问题上的中华传统文化这一理性主义传统的合理汲取、开掘与激活，不仅关注其以理制欲的基本立场，而且关注其对

---

① 人民日报评论部. 习近平用典［M］. 北京：人民日报出版社，2015：213.

实现这一立场的具体路径探寻方面的合理思想成果。这些合理思想成果在古代文化传承中常常体现在伦理道德的诸多具体范式方面。相比于西方文化而言，这些传统伦理的范畴显然更体现着中国特色、中国智慧和中国境界。

比如勤俭之德。这自古以来就是中华民族的传统美德，"勤"是指对所从事的事业尽心竭力、孜孜以求的态度和行为；"俭"则是指在自我人生活动中对财富的珍惜和爱护。在中国古代哲人那里，勤俭合称向来被视为齐家治国的最重要德性之一。比如，我国早就有"克勤于邦，克俭于家"（《尚书·大禹谟》）的名言警句记载。

在勤俭之德方面，习近平主席就曾经非常赞赏"一粥一饭，当思来处不易；半丝半缕，恒念物力维艰"的治家格言。① 这句出自《朱子家训》的格言，它以具体的一粥一饭、半丝半缕为例告诫世人要勤俭节约，不可铺张浪费。的确，一饱之需，何必八珍九鼎？三餐之盘，定要一干二净。勤俭节约一直是中华民族的传统美德。正是在党中央的大力倡导和有力推动下，举国上下"光盘行动"广泛开展，"舌尖上的浪费"现象有所改观，特别是群众反映强烈的公款餐饮浪费行为得到了有效遏制。

作为对生命之欲的一种德性规范，勤俭德性的涵养与培植无疑是非常重要的。就身与心、欲与理的关系来审视，我们可以发现并断言，自我人生活动中对生命之欲的所有追求都与勤俭相关。也就是说，勤俭之德并非如一些人理解的那样是无关人生大局的"小德"，是在人类超越了农耕文明进入了现代社会的境遇下，可以将其收进历史博物馆的"过时之德"。这一看法显然是似是而非的。

事实上，就生命之欲的实现与"勤"的相关性而言，自我人生的欲求都是通过辛勤的劳作与努力而得以实现的。也因此，在中国古代历来将勤与劳并称，曾国藩曾说过"勤不必有过人之精神，竭吾力而已矣"（《曾文正公全集·家书》卷七）。可见，勤是一切生命之欲、所有人生理想得以真正实现的德性基础。

同样的道理，就生命之欲的实现与"俭"的关系而言，由于自我人性就

---

① 中共中央文献研究室. 习近平关于社会主义生态文明建设论述摘编［M］. 北京：中央文献出版社，2017：6.

其天性而言内在地有侈欲的特性，所以俭作为对侈欲的一种制约，同样是必不可少的。也因此，古代哲人几乎毫无例外地要倡导崇俭的德性，以俭为善，以奢为恶。比如，在《左传》中就有"俭，德之共也；侈，恶之大也"（《左传·庄公二十四年》）的语录。孔子也极为倡导俭之美德："礼，与其奢也，宁俭。"（《论语·八佾》）

当然，对于生命之欲的实现而言，勤可以说是人生财富的开源，而俭则是人生财富的节流。也因此，在勤俭的德性生成中，人们更注重于勤劳品性的造就。也就是说，勤可以说是自我人生活动中的一个更具普遍意义的德性。而且，在古代针对不同阶层、不同职业的自我个体而言，勤的具体德性要求又有所不同。比如，对于劳动生产者而言，勤的要求是辛勤劳作，关于这一点古人早有"民生在勤，勤则不匮"（《左传·宣公十二年》）的说法，也是鉴于勤的这一重要性，在我国历代劳动人民当中，自古就有吃苦耐劳的优秀品德；对于治国理政的各级为政者而言，勤的要求是勤政尽职，诸葛亮在《后出师表》中留下的"鞠躬尽瘁，死而后已"这一千古名言可谓是勤政尽职最生动感人的写照；而对于诸多在学之人而言，勤则又意味着勤奋刻苦，努力学好本领以报效国家和人民。

可见，在身心、欲理之辩中，勤俭的德性在自我生命之欲的实现过程中具有重要的意义。这一重要性正如韩愈所言"业精于勤，荒于嬉"（《韩昌黎集》卷一）。正是从这个意义上我们可以说，勤俭的德性作为人性的最重要的德性规范之一，是自我之所以长进、人生之所以成功的根本保证。

又比如戒贪之德。自我生命之欲的冲动就其天性而言是贪多不止的。这不仅是前文曾提及的成语"欲壑难填"的基本意思，也是佛家"人心不足蛇吞象"这一口头禅所告谕的含义之所在。由此，道德理性的规范必须对这些欲望进行合理的节制。戒贪的德性要求正是由此而被强调的。

在中国古代的哲人那里，贪欲从来就被视为万恶之源，是成功人生所必须特别加以警策的。比如，明代哲人洪应明就曾这样说过："人只一念贪私，便销刚为柔，塞智为昏，变恩为惨，染洁为污，坏了一生人品。"（《菜根谭》）也正是基于以上的认识，中国古代的先哲们历来十分强调戒贪作为生命德性的重要性。一些哲人既以"不贪为宝"①自勉，也以此语警谕世人。而古代的廉士则更是以"不贪为宝"自律。比如，包拯就曾立下过一条极为严厉的家规："后世子孙仕官有犯赃滥者，不得放归本宗，亡殁之后，不得葬于大茔之中。"（《包拯集》卷十）可见，廉洁不贪的德性要求自古以来就被高度看重，它也构成我们民族最重要的传统美德之一。

在古人看来，唯有不贪方可廉正，唯有戒贪方能廉政。2015年1月12日，习近平总书记在中共中央党校与县委书记座谈时曾以清代著名的廉士张伯行的事迹为例论述过这一问题："被康熙誉为'天下清官第一'的张伯行曾经说过：'一丝一粒，我之名节。一厘一毫，民之脂膏。宽一分，民受赐不止一分；取一文，我为人不值一文。'这些廉政箴言，至今都没有过时，大家要努力学习。"②其语殷殷，其情切切，体现了习近平对廉政问题的高度关切。

其实，作为对自我生命之欲的一种德性规范，戒贪也还是一种理性的智慧。因为自我人生有一个基本的事实是，我们显然不可能去追求所有生命欲望的满足。关于这一点，德国哲学家阿图尔·叔本华（Arthur Schopenhauer）在其生命哲学的理论中曾有过深刻的揭示。在叔本华看来，生命意志是人生最基本的欲求，但这个欲求在实现的过程中却只会带给人两种感受：一是痛苦，一是厌倦。痛苦是源于欲望没有实现，故有"求不得"之苦；而厌倦是源于欲望实现时马上又会有新的欲望产生，而欲望的这种永不竭尽的贪婪总是要降临在众生的内心世界。叔本华曾对因欲望太多而导致的厌倦人生做过这样形象的描写："古代的卢克利特斯，曾在诗里描述陷于'厌倦'的富人的可怜的景象，他诗中所描写的仍可见于今日每个大都市中……那里的富人很少待在自己的家里，因为那儿令他厌烦，但他在外面也不好受，所以仍不得不回到家里；或者会急如星火地想奔赴郊外，好似他在那儿的别墅着火了一

① "不贪为宝"的说法出典于《左传》，其原文为：宋人或得玉，献诸子罕，子罕弗受。献玉者曰："玉人以为宝也，故敢献之。"子罕曰："我以不贪为宝，尔以玉为宝，若以与我，皆丧其宝，不若人各有其宝。"（《左传·襄公十五年》）可见，正因为子罕以"不贪为宝"，把戒贪这一德性视为自我人生最重要、最珍贵的宝贵财富，所以他才能在利的诱惑面前保持了自己德行的尊贵。
② 习近平谈治国理政：第2卷［M］．北京：外文出版社，2017：148.

般；一旦到了郊外，他却又立刻厌倦起来，不是匆匆入睡，好使自己在梦里忘怀一切，便是再忙着起程回到都市中。"① 为了摆脱生命的这种痛苦和厌倦感，叔本华最后无奈地得出了禁欲主义的结论。

显然，就身心、欲理之辩而论，以禁欲来钳制贪欲，这无疑是以一种片面性反对另一种片面性。在这一点上，德国哲学家叔本华的智慧显然不及中国古代那些主张"不贪为宝"的哲人。事实上，在自我生命欲望的追逐中，不禁与不贪应该是自我生命之欲实现过程中的真正智慧之道。这是一个希望成就自我的人在德性涵养方面的必要保障。

不仅如此。在古人看来，要有效地戒贪，须常怀敬畏之心。有"宋代孔子"之誉的朱熹曾经有"君子之心，常存敬畏"（《四书集注·中庸注》）语录流传后世。由此，古代圣贤几乎都明白一个道理：人有所畏，其家必和；官有所畏，其政必兴；行有所畏，其业必成。

如果做点思想史的追溯，那么我们便可发现，早在先秦时期的儒家创始人孔子就曾阐述过敬畏之道。孔子说，"君子有三畏：畏天命，畏大人，畏圣人之言"（《论语·季氏》）。孔子这里所说的就是人应当心存敬畏的三方面内容：一是天命，即敬畏天道运行的规律，敬畏事物的法则、社会人生的规则；二是大人，即敬畏有德有位的人，以其为自我行事处世的楷模；三是圣人，即敬畏且仁且智者的谆谆教诲。也正是这个缘由，《礼记》的开篇就对古代敬畏之道言简意赅地表达为"毋不敬"三字。

可见，中华民族素有培植敬畏之心的传统。"敬"会让人有所为，知晓自己应该做什么；"畏"又会让人有所不为，警告自己不该做什么。这不仅是一种行为准则，更是一种人生态度，不仅是为人处世的存身之道，更是蕴含着为官从政的大智慧。古往今来，许多为官者因"敬畏"而产生清醒的认识，故权力在手时能行为不越界、权力不用偏。比如，清朝乾隆时期的河南巡抚叶存仁，为官甘于淡泊，毫不苟取。他离任时，一位部属执意送行话别，可却迟迟不见人影。叶存仁心存纳闷地等到明月高挂时，终于驶来了一叶小舟。原来是这位部属欲临别赠礼，故刻意等至夜深人静以避人耳目。叶存仁执意将礼物全部送还，赢得部下的敬仰。此事不经意间传至朝廷，文武百官无不

---

① 叔本华. 人生的智慧［M］. 张尚德，译. 哈尔滨：黑龙江人民出版社，1987：21.

交口称赞。人们常说"头顶三尺有神明，不畏人知畏己知"，其典故就来自叶存仁。这是敬畏观念在古代中国产生深刻影响的一个经典故事。

习近平总书记在 2021 年秋季学期中央党校（国家行政学院）中青年干部培训班开班式上发表重要讲话时也曾强调敬畏之心的培植："古人讲：'畏则不敢肆而德以成，无畏则从其所欲而及于祸。'没有敬畏之心，就什么乱七八糟的事都干得出来。有的人干了那么多骇人听闻的事，一个重要原因就是不知敬畏！干部一定要知敬畏、存戒惧、守底线，敬畏党、敬畏人民、敬畏法纪，不能在'月黑风高无人见'的自欺欺人中乱了心智，不能在'你知我知天知地知'的花言巧语中迷了方向，不能在'富贵险中求'的侥幸心理中铤而走险，不能在'法不责众'的错误认识中恣意妄为。"①

正是从这个意义上，我们可以断言中国共产党人在身心、欲理之辩中激活了传统文化倡导的敬畏之道，可谓功莫大焉。事实上，党的十八大以来，党中央对腐败现象坚持无禁区、全覆盖、零容忍，重拳出击、整治到底、震慑到位。"敬畏之心就是流经我们思想之渠的源头活水，涤荡着不时落下的贪欲、邪念的泥垢。心存敬畏，才能心有所畏、言有所戒、行有所止。"②

再比如知耻之德。在自我人生的活动过程中，知耻是指自我生命个体基于一定的是非、善恶、荣辱观而产生的对耻辱之行为自觉不为的一种道德情感和德行。就身心、欲理关系而论，作为对自我生命之欲的一种德性规范，知耻能使自我行为主体在欲望的冲动面前自觉地予以理性节制。可见，知耻的德性要求，对于自我生命之欲的追求也是一个重要的不可或缺的德目。

也是从这个意义上，我们可以理解为什么古代的哲人要非常强调知耻之教。孔子要求人们"行己有耻"（《论语·子路》）；孟子认为"耻之于人大矣""人不可以无耻"（《孟子·尽心上》）；管子则将耻与礼、义、廉诸德并称为"国之四维"："守国之度，在饰四维……四维不张，国乃灭亡。"（《管子·牧民》）清代思想家顾炎武对管子的这一"四维说"更是推崇备至，并认为四维之中，知耻最为重要，因为在他看来，"人之不廉而至于悖礼犯义，

---

① 习近平谈治国理政：第 4 卷 [M]．北京：外文出版社，2022：533-534.
② 万刚．君子之心，常存敬畏 [N]．解放军报，2017-03-28（4）.

其原皆生于无耻"（《日知录》卷十三）。在生命之欲的追求过程中，知耻的重要性在于它乃是自我生命个体为善去恶、积极向上的内生动力。对生命之欲可能导致的恶行，知耻之心使我们有所警惕、有所自律，从而有所不为。也就是说，知耻可以使社会道德和法的外在约束通过自觉的认知而变成内在的自我规范。

而且，重要的还在于，这种由内心的羞耻、知耻、自耻而形成的自律、自制，在生命之欲的追求中对自我的引导和约束的效果是外在的法律或规章制度施加的规范和钳制所无法比拟的，这种效果就如朱熹所言："人有耻则能有所不为"（《朱子语类》卷十三）。

事实上，儒家重德治而不重法治也与此相关。因为在儒家看来，外在的律法因侥幸之心而常被违背，但内在的知耻之心却可以不仅不违背律法，也不违背人伦。正是缘于此，经过宋明理学家的整理和提炼，中华传统文化在为人处世的德性规范方面，提出了"八端"① 说，即孝、悌、忠、信、礼、义、廉、耻。"知耻"由此成为其中一个重要的行为规范。

就身心、欲理之辩而论，知耻对于生命之欲追求的德性规范意义还体现在它能在自我行为主体那里激起不甘落后、奋发向上、见贤思齐的上进心，从而成为自我成功、自强不息的推动力。关于知耻的这方面作用，孟子曾有圣贤教诲："不耻不若人，何若人有？"（《孟子·尽心上》）这句语录的意思是说，不以赶不上他人为羞耻，又怎能赶上他人呢？可见，在孟子看来，一个人倘若能以赶不上他人为耻为愧，便能奋起直追，赶超他人。或许这也就是俗语"若能知耻，即是上进""人必能知耻，而后能向上"之类格言的教谕意蕴之所在。可见，知耻不仅有规范自我之欲不为恶的制约作用，而且有鼓励自我之欲奋发向善的鞭策作用。

正是由此，我们说，一方面，知耻对于生命之欲而言是一道极其重要的道德心理堤防。一旦这个心理堤防坍塌或决堤了，各种恶行、丑行必将在自我人生中肆意泛滥，人生就会因此而跌入无所不为、无恶不作的魔道之中。

---

① 有学者曾经考证民间骂人的俗语"王八蛋"实乃"忘八端"的误传。因为把王八（鳖）的蛋作为贬义词并不好理解，但是说一个人"忘八端"了，那就是缺德的同义词。也许因"王八蛋"与"忘八端"两者发音相仿，于是便出现了以讹传讹的现象。参见：韩文庆.四书悟义［M］.北京：中国文史出版社，2014：219.

也许正是对知耻之德性意义的这一认识，古人才有"五刑不如一耻""人之患莫在乎无耻"之类的格言警句留传于后世。另一方面，知耻对于生命之欲而言又是一条引导自我人生向善的正道，它促使每一个自我生命个体因为羞、恶、憎、丑而对美与善产生仰慕之心，从而自觉地接受教化，从事修身养性的道德克治与涵养工夫。这是自我人生从内心深处由"耻于不善"走向"至于善"的进步过程。自我生命之欲也正是在这个过程中拥有其美与善之内涵的。

不仅如此。古人还在知耻的基础上推衍出克己之功。这就如朱熹所言："由知耻进而知克己。"（《四书集注·论语集注》）这也就是说，克己这一行为范式是基于知耻基础上而对内心欲望所做的理性、理智的自我克制。中国古代自先秦以来的哲人们在承认欲望之合理性的同时，几乎毫无例外地主张对欲望必须进行克制。故孔子称："克己复礼为仁。"（《论语·颜渊》）按朱熹的解释："'己'谓身之私欲也""己私既克，天理自复，譬如尘垢既去，则镜自明；瓦砾既扫，则室自清"（《四书集注·论语集注》）。可见，克己就是抑制自己的私欲，引导它符合礼的社会规范，从而形成孝、悌、忠、信、礼、义、廉、耻之类的德性。与孔子的思路不同，荀子则从人天生有纵欲之恶的本能来论述克己之必要性。在他看来，每一个自我生命"生而有耳目之欲，有好声色焉，顺是故淫乱生而礼义文理亡焉"（《荀子·性恶》）。由此，他的结论是："以道制欲，则乐而不乱；以欲忘道，则惑而不乐。"（《荀子·乐论》）这就是说，在荀子看来，以一定的礼义规范（道）引导人之欲望才能使人"乐而不乱"。

不仅儒家主张克己，道家也持相似的立场。事实上，正是看到了不受约束的生命之欲对人生的不自然性，主张"道法自然"（《道德经》第二十五章）的道家也持克己之道。为此，老子提出了"见素抱朴，少私寡欲"（《道德经》第十九章）；"祸莫大于不知足，咎莫大于欲得"（《道德经》第四十六章）的观点。老子告诫世人："知足之足，常足。"（《道德经》第四十六章）庄子也有"至人无己"（《庄子·逍遥游》）之说，并提出了"坐忘""心斋""悬解"等克己的具体途径。在道家看来，只有克己才能够做到少私寡欲，不为欲望所溺，才是真正恪守了保全自我生命的自然之道。

在先秦诸子思想中，墨家、兵家、法家、农家、小说家等也都持与儒、道相类似的克己立场。汉代传入中国的佛家，其教义中本来就有"诸法无我"的教谕，其清规戒律更是林林总总的诸多克己规范。融儒、道、佛于一体的王阳明心学可谓是集古代克己之学之大成。而且，王阳明曾有名言："破山中贼易，破心中贼难"（《与杨仕德薛尚谦书》），这其实是强调了克己之难。但在王阳明看来，正因为克己不易，所以才有了圣贤与俗人在心学功课和人生成就方面的高下之分野。而这正是阳明心学得以确立的人性论基础。

新时代的中国共产党人继承创新了王阳明的心学。在 2015 年全国党校工作会议上，习近平总书记首次提出共产党人的"心学"概念，其文化渊源正是王阳明创立的以"致良知"和"知行合一"为主旨的阳明心学。习近平认为对共产党人而言，"良知"就是党性，是党员干部立身、立业、立言、立德的基石，修炼共产党人的"心学"就是修炼党性。①

在 2022 年春季学期中央党校（国家行政学院）中青年干部培训班开班式上习近平再次提出"心学"主张："我常说要修炼共产党人的'心学'，坚持学思用贯通、知信行合一。"②

重要的还在于，在古人看来，克己恰恰是自由的前提。也就是说，只要对自我内心欲望进行有效的克制，通过长期的自觉、自制与自律，最终恰能达到自由的境界。这是一个从自发到自觉再到自由的过程。孔子"从心所欲，不逾矩"（《论语·为政》）语录描述的正是这样的自由境界。可见，自由不是随心所欲的任性，更不是肆无忌惮的妄为，它恰恰以对自我生命欲望的克己为前提条件。这就如习近平指出的那样："让党员干部因敬畏而'不敢'、因制度而'不能'、因觉悟而'不想'。"③ 就身心、欲理之辩在当今的呈现而言，我们不得不承认一个多少有些不尽如人意的现状，那就是现代人人的物欲被过分张扬了。因此，在世人还特别推崇豪车大宅、灯红酒绿的当下，先哲时贤们对克己之合理性的这些论述，对于我们形成身心和合的欲望观具有

① 习近平. 在全国党校工作会议上的讲话［J］. 求是，2016（9）：2-5.
② 习近平谈治国理政：第 4 卷［M］. 北京：外文出版社，2022：523.
③ 中共中央政治局就一体推进不敢腐、不能腐、不想腐进行第四十次集体学习［N］. 人民日报，2022-06-18（1）.

极大的智慧启迪意义。

三、倡导超越物欲之上的幸福观

何谓幸福的问题是身心之辩的重要问题。可以肯定地说，不同文化背景下的人对幸福的理解会有巨大的差异。但如果做点归纳的话，那么对幸福的理解古今中外哲人不外乎分为"乐欲"和"乐道"这样两个不同阵营。就身心、欲理关系而论，"乐欲"注重的是身之欲的追逐和满足；"乐道"则倾心于对理性之道的认同、体悟和践行。

以儒家为主要代表的中华传统文化，显然更倾向于把幸福理解为超越物欲之上的精神之乐。这就如孔子赞赏颜回时说的那样："贤哉，回也！一箪食，一瓢饮，在陋巷，人不堪其忧，回也不改其乐。贤哉，回也！"（《论语·雍也》）孔子在此处情不自禁前后用了两个"贤哉，回也"的感叹，肯定了得意弟子颜回以道为乐的人生观。众所周知，这其实也是孔子自己推崇和践行的快乐观。后世称这种快乐为孔颜之乐。

正是在这种文化的影响下，中华传统文化形成了悠久的"君子谋道不谋食"（《论语·卫灵公》），即安贫乐道的幸福观。在中国古代哲人看来，做人有一个非常重要的或者说根本性的功课，这就是对天道与人道之基本规律进行把握，一旦能把握了"道"，循道而为，那么人生的快乐也就在其中了。所以在《论语》，中孔子一方面强调"朝闻道，夕死可矣"（《论语·里仁》），要求诸弟子"志于道，据于德，依于仁，游于艺"（《论语·述而》），另一方面，又教导他的弟子在明道、循道、行道的过程中要做到"君子食无求饱，居无求安"（《论语·学而》）、"君子忧道不忧贫"（《论语·卫灵公》）、"发愤忘食、乐以忘忧"（《论语·学而》）。可见，在孔子看来，人生最重要的不是追求富贵而是探求天下之道，一旦找到了这种"道"，那么，一个人无论处于什么样的境遇，都不会怨天尤人，而是能够非常快乐地生活。事实上，孔子自己的一生就是安贫乐道的一生。他以"仁"这个根本之道去游说各国诸侯，虽然得不到赏识和重用，但他却不忘初心，执着如故。当跟随他的弟子不免有些怨言时，孔子耐心地以安贫乐道之理谆谆教诲，从而重新激发起弟子们的信心。孔子所推崇的这一安贫乐道的生活方式，在他的得意弟子颜回那里也得到了生动的体现。正因为如此，后人用"孔颜乐处"来概括孔子、颜回的这种安贫乐道的生活方式。

关于儒家安贫乐道的幸福观，史籍里曾有一则很具体的事故。子路问于孔子曰："君子亦有忧乎？"子曰："无也。君子之修行也，其未得之，则乐其意；既得之，又乐其治。是以有终身之乐，无一日之忧。小人则不然，其未得也，患弗得之；既得之，又恐失之。是以有终身之忧，无一日之乐也。"（《孔子家语》）这里记载的是孔子与学生子路的对话。子路问孔子说："君子也有忧愁吗？"孔子说："没有。君子在修身实践中，当他做事还没有获得成功时，他会为自己有做事的念想而高兴；当他获得成功的时候，他又会为自己能有所作为而高兴。由此，君子一生都很快乐，而没有一天是忧虑的。小人则不是这样，当他有想获得的东西而还没有得到的时候，他怕得不到而不快乐；得到了，又怕失去而不快乐。由此，他一生都充满忧愁，没有一天是快乐的。"

中国古代哲学所推崇的这种"安贫乐道"的人生幸福论，荀子曾给予这样的总结："君子乐得其道，小人乐得其欲。"（《荀子·乐论》）这意思就是说，君子把快乐理解成对道的把握和遵循，而小人则把物质欲望的满足看成是快乐的。由此可见，古代哲人的"乐道"是一种认知和精神层面上的幸福感受。一旦拥有这种感受，哪怕物质生活再清贫，也能体验人生的快乐，用孔子的话说就是"曲肱而枕之，乐亦在其中矣"（《论语·述而》）。

正是由此，"寻孔颜乐处"，即过一种安贫乐道的生活，便成为中国历代志士仁人的精神追求。比如，宋代的周敦颐就曾论证过安贫乐道对人生的重要性。他认为，富贵是人之所爱，颜回却不爱不求，这是因为在颜回看来，对道的认知和遵循比富贵更有价值，有了它，没有富贵人生也不会感到有缺憾。的确，"道"作为一种强大的精神支柱，可以使人产生一种很充实、很平静的快乐感。也就是说，在古代贤者们看来，人生的快乐就是在精神、在心性、在信仰上保持这种对"道"的认知、求索和领悟的状态。可见，就身心、欲理关系而论，"乐道"是对精神世界的一种追求，而非物质欲望的满足。它与追求豪屋华服、美色佳肴的消费主义、享乐主义人生观完全不同。显然，中华文化推崇这种人生幸福与快乐之道对我们的现实人生无疑有着积极的启迪作用。

习近平总书记对中华传统文化推崇的"道"可谓情有独钟。2015 年 12 月 18 日，他在主持召开中央经济工作会议的讲话中就援引过南宋思想家叶适的名言"物之所在，道则在焉"，借以强调对经济规律客观性的探索与遵循。①

在党的十九大政治报告的结尾处，习近平总书记援引了《礼记》的名句"大道之行，天下为公"，以激励全党同志为夺取新时代中国特色社会主义伟大胜利而踔厉奋进。②

在二十大结束后，习近平总书记在中共中央第二十届政治局常委与媒体见面会上说："只要共行天下大道，各国就能够和睦相处、合作共赢，携手创造世界的美好未来。"③

有外媒评论说，习近平总书记这是给世界各国传递推崇厚道处世的"中国声音"。中国共产党人对中华传统文化之"道"的现代性意蕴开掘、继承与创新，并将对"道"的敬畏与遵循作为治国理政成功与否的前提条件，将对"道"的领悟与践行作为安身立命的快乐之源，其现实意义非常深远。因为它显然可以在身心、欲理关系问题上以共产党人率先垂范的引领作用来有效地匡正"乐欲不乐道"的时弊。

如果做点学理溯源，我们可以发现"乐欲不乐道"的时弊源自西方文化。众所周知，与中华传统文化不同，就身心、欲理之辩而论从古希腊的亚里斯提卜、伊壁鸠鲁到近代霍布斯、洛克、边沁等思想家那里，形成了源远流长的快乐主义传统。这一传统注重肉体的感受性获得，热衷通过物欲的满足而生成快乐和幸福的体验。

正如有学者指出的那样，由于传统文化推崇的孔颜之乐，发展到宋明理学阶段之后被蒙上了浓郁的禁欲主义色彩，所以这一乐道不乐欲的传统在近

---

① 习近平谈治国理政：第 2 卷［M］．北京：外文出版社，2017：239.

② 习近平．决胜全面建成小康社会　夺取新时代中国特色社会主义伟大胜利——在中国共产党第十九次全国代表大会上的报告［M］．北京：人民出版社，2017：70.

③ 习近平．在二十届中央政治局常委同中外记者见面时的讲话［J］．求是，2022（22）：3.

现代的中国遭遇了持久而激烈的批判。① 与之相伴随的是，西方以快乐主义、享乐主义等形态表现出来的物欲主义人生哲学开始被一些人接受甚至追捧。再加上市场经济体制由争论到迅速地被确立，又助长甚至加剧了物欲主义的流行。

针对时下人们热衷于从物欲的满足来理解快乐与幸福，以及这一现象必然衍生的热衷于追逐灯红酒绿、豪车大宅的社会现状，新时代中国共产党在引领人民修正物欲主义的过程中，既积极汲取传统乐道观的合理因素，又扬弃了这其中掺杂的禁欲主义糟粕。这一幸福观强调物质福利的基础性意义，但并不因此认为有了充足的物质福利的享受就拥有了"美好生活"。这不仅是因为物质福利需要奋斗才会被创造出来，而且还因为如果把物欲的满足视为人生的目的，那么正如马尔库塞指出的那样，永无止境的物欲对人的压迫便可谓无处不在。②

正是基于这一理由，习近平总书记在多个场合强调"幸福都是奋斗出来的"③，这既是习近平总书记对执政党要以人民为中心，要积极为人民利益而奋斗，在奋斗中谋幸福的谆谆教诲，也是对广大人民群众积极参与民族复兴大业、实现中国梦和人生幸福梦的殷切期待。

重要的还在于，在践行这一奋斗幸福观方面，习近平总书记本人堪称率先垂范。他在梁家河当知青的七年，就是带着梁家河老百姓奋斗的七年。这既是奋斗幸福观的感性实践，更是对"奋斗即幸福"命题的最好诠释。他曾这样深情地回忆说：七年上山下乡的艰苦奋斗让我获益终生。④ 在党的十八届一中全会上，他更是动情地号召全党："我们的人民热爱生活，期盼有更好的教育、更稳定的工作、更满意的收入、更可靠的社会保障、更高水平的医疗卫生服务、更舒适的居住条件、更优美的环境，期盼孩子们能成长得更好、工作得更好、生活得更好。人民对美好生活的向往，就是我们的奋斗目标。"⑤ 这事实上就把谋求国家和谐稳定、人民丰衣足食的奋斗视为中国共产

---

① 朱晓虹. 传统伦理文化的现代性研究［M］. 杭州：浙江大学出版社，2019：126.
② 马尔库塞. 单向度的人［M］. 刘继，译. 上海：上海译文出版社，2008：56.
③ 习近平发表新年贺词［N］. 人民日报，2018-01-01（1）.
④ 习近平自述：七年上山下乡对我锻炼很大［N］. 人民网，2014-11-30-08：55.
⑤ 习近平谈治国理政［M］. 北京：外文出版社，2014：4.

党最大的幸福。

　　把奋斗理解为幸福，尤其要求共产党人践行执政为民这一宗旨时，要有一种敢于担当的奋斗者勇气。2015 年习近平总书记在与中央党校县委书记研修班学员座谈时特别提及这一问题。他在援引古人"为官避事平生耻"的格言后语重心长地说："干部就要有担当，有多大担当才能干多大事业，尽多大责任才会有多大成就。不能只想当官不想干事，只想揽权不想担责，只想出彩不想出力。"①

习近平总书记这里提及的干事、担责、出力，正是共产党干部作为践行初心的奋斗者必须具备的行动力。新时代中国共产党这一奋斗幸福观的构建和践行，不仅为激励我们党领导人民谋求中华民族伟大复兴注入了强劲的精神动力，而且也为广大的人民群众提供了正确的幸福观，从而为中华民族精神在新时代的重塑提供了先锋队的示范效应。这不仅是新时代我们对身心、欲理之辩传统的批判性继承和创新性发展，更可以据此在身心观、欲理观方面为以文化人确立起明晰而坚定的价值指引。

四、崇德修身、德行不朽的生命观构建

中国共产党人在对古代身心、欲理合一智慧的继承创新方面，还体现于在探求人生终极价值问题上构建了崇德修身、德行不朽的生命观。从身心关系而论，死亡可否超越的问题可谓是古今中外哲学都必须直面的问题。生命科学已经有足够的依据证明身体的长生是不可能的。既然身心两者中，肉身无法永存，那么心灵可否不灭？正是基于这一思路，西方文化便有了灵魂不灭的悠久推断和论证。基督教等西方宗教也沿袭这一思路来企图帮助世人解脱对死亡的恐惧。

　　但是，与西方一直探讨灵魂不灭的文化传统不同，中国古代思想家们更关注死而不亡的问题，以老子的话来说就是："死而不亡者寿。"（《道德经》第三十三章）从人生哲学而论，这事实上是一个死如何向生的转化问题。

　　在中国古代思想史上，早在《春秋·左传》中便有三不朽说："太上有立

---

　　①　习近平谈治国理政：第 2 卷 [M] . 北京：外文出版社，2017：145.

德，其次有立功，其次有立言，虽久不废，此之谓不朽。"（《左传·襄公二十四年》）这立德、立功、立言之三不朽中，"德"指的是个人道德品格和人生修养，像屈原、岳飞、包公、文天祥一类的人，忠信精诚、品格高尚，当时的人们即对其景仰敬爱，更使千百年后的人们怀念崇敬。这便是立德的不朽。"功"是指为国家为百姓建功立业，像秦始皇、汉武帝、唐太宗、宋太祖，一代天骄成吉思汗，他们开辟新天地，统一大中华，为历史谱写了新纪元，从而为子孙后代造福。这是立功的不朽。"言"则是指思想、言论、著作，像孔子的《论语》、老子的《道德经》、墨子的《墨经》、孙武的《孙子兵法》，像司马迁的《史记》、司马光的《资治通鉴》，像罗贯中的《三国演义》、曹雪芹的《红楼梦》等。这是立言的不朽。

可见，中华文化传统的这一不朽说，不问人死后灵魂能否存在，只问他的人格品行、他的思想境界、他的事业有没有永久存在的价值。也正是在这个德行不朽思想的影响下，古人才对生与死有了"生，寄也；死，归也"（《淮南子·精神训》）积极坦然的态度。同样，也是在这个思想的熏陶下，中华民族才形成了"杀身成仁"（《论语·卫灵公》）"舍生取义"（《孟子·告子上》）这样无惧死亡的英雄主义情怀。

中国共产党对古代身心之辩中的不朽观在肯定、继承的基础上更是予以了创新。这其中一个最明显的创新之处在于在古代立德、立功、立言之三不朽的路径中，确立了立德为最高境界的理念。习近平在参加全国政协十三届二次会议文化艺术界、社会科学界委员联组会时，就曾经明确提及这一点："《左传》讲'太上有立德，其次有立功，其次有立言'，立德是最高境界。文艺工作者、政协社会科学工作者都肩负着启迪思想、陶冶情操、温润心灵的重要职责，承担着以文化人、以文育人、以文培元的使命，大家社会影响力大，理应以高远志向、良好品德、高尚情操为社会做出表率。"①

中国共产党人对古代不朽观的创新之处还体现为赋予了"立德"全新的内涵，即为人民利益而不懈奋斗与无私奉献，甚至必要时具有不怕牺牲的精神。早在延安时期毛泽东为纪念张思德而作的《为人民服务》演讲中，就曾明确提出了这一共产党的立德内涵："人总是要死的，但死的意义有不同……

---

① 习近平谈治国理政：第3卷［M］．北京：外文出版社，2020：325.

为人民利益而死，就比泰山还重。"① 新中国成立之后，中国共产党无论是在广大人民群众中倡导向雷锋同志学习，还是在党内提出做焦裕禄式的好干部，其核心精神都是对立德生命观的褒扬和肯定。比如，习近平总书记曾经这样深情地回忆过焦裕禄精神对他刻骨铭心的影响："1966 年，还在上初中，《人民日报》刊登了长篇通讯《县委书记的榜样——焦裕禄》，我的政治课张老师念了这篇通讯。我们几次泣不成声……我后来无论是上山下乡、上大学和参军入伍，一直有焦裕禄的影子伴随。"②

深受这一传统文化熏陶的习近平总书记由此而非常强调以德为本、以德为先的生命价值观："人而无德，行之不远。没有良好的道德品质和思想修养，即使有丰富的知识、高深的学问，也难成大器。"③ 2014 年 5 月 4 日，他在与北大青年学生座谈时更是直接援引《礼记·大学》"德者，本也"的语录切入话题，"蔡元培先生说过：'若无德，则虽体魄智力发达，适足助其为恶。'道德之于个人、之于社会，都具有基础性意义，做人做事第一位的是崇德修身。这就是我们的用人标准为什么是德才兼备、以德为先，因为德是首要、是方向，一个人只有明大德、守公德、严私德，其才方能用得其所"④。

进入新时代的中国，新征程、新挑战、新机遇更是要求共产党要有为人民谋利益、为民族谋复兴的高度自觉性。这是共产党崇德修身在新时代的要义。重要的还在于，"人不率则不从，身不先则不信"（《宋史·宋祁传》），故中国共产党人还清晰地意识到这种以德为本、以德为先的生命价值观必须由每一个共产党人，尤其是党的领导干部率先垂范、身体力行，才可能成为全社会的风向标。事实上，新中国成立以后，也正是因为我们党有一大批像焦裕禄、谷文昌、杨善洲、张富清这样的英雄模范率先垂范，才团结带领人民群众不断开创各项事业发展新局面。这就正如习近平指出的那样："'君子之德风，小人之德草，草上之风必偃。'在上面要求人、在后面推动人，都不如在前面带动人管用。不忘初心、牢记使命，领导机关和领导干部必须做表

① 毛泽东.毛泽东选集：第 3 卷［M］.北京：人民出版社，1991：1004.
② 习近平的"青年观"［N］.人民日报，2018-06-27（2）.
③ 教育部.习近平总书记教育重要论述讲义［M］.北京：高等教育出版社，2020：46.
④ 习近平谈治国理政［M］.北京：外文出版社，2014：173.

率、打头阵。"①

　　习近平总书记堪称是崇德修身这一中华优秀传统文化在新时代继承创新的表率。2019 年 3 月 22 日，习近平总书记在意大利进行国事访问，曾被问及当选中国国家主席是什么心情时，习近平总书记目光沉静而充满力量地回答说："这么大一个国家，责任非常重、工作非常艰巨。我将无我，不负人民！"②

　　这最后八个字言简意赅地描述了新时代中国共产党崇德修身、德行不朽的崇高境界。"我将无我"最终是为了"不负人民"；因为"不负人民"恰可成就卓绝的、不朽的大我。事实上，对于生命的时限问题，习近平借古人的话曾有过感慨："生年不满百，常怀千岁忧。"③（无名氏《古诗十九首》）但是，共产党人坚信通过为人民立德、立功、立言的方式可以超越生命的有限性。也就是说，只要将有限的生命投入到无限的为人民谋幸福的事业中去，我们的生命就将具有不朽的价值。正是基于这样的生命观，习近平才会动情地说："民之所忧，我必念之；民之所盼，我必行之。"④ 习近平在一次与基层代表座谈时，在论及"民心是最大的政治"时，曾深情地讲起红军长征时的"半条棉被"的故事：红军长征途中，在经过汝城县文明乡沙洲村时，我们的三位红军女战士不忍心看到乡亲们缺吃少穿的困境，把仅有的一条被子剪下半条送给了当地的一位老乡，一时传为佳话。他勉励基层代表要更好地发挥带头作用，"要更加聚焦人民群众普遍关心关注的民生问题，采取更有针对性的措施，一件一件抓落实，一年接着一年干，让人民群众获得感、幸福感、安全感更加充实、更有保障、更可持续"⑤。

　　也是因为生命的有限性，故习近平总书记曾在众多场合特别要求全党同志要更加励精图治，以"不畏长路有险夷"的豪情为人民谋幸福。因为只有这样的生命才是最有意义、最有价值的。他曾经援引屈原的诗句"亦余心之

①　习近平谈治国理政：第 3 卷［M］．北京：外文出版社，2020：544.
②　习近平谈治国理政：第 3 卷［M］．北京：外文出版社，2020：144.
③　习近平谈治国理政：第 3 卷［M］．北京：外文出版社，2020：506.
④　习近平主席发表二〇二二年新年贺词［N］．人民日报，2022-01-01（1）.
⑤　习近平谈治国理政：第 4 卷［M］．北京：外文出版社，2022：60.

所善兮，虽九死其犹未悔"（《离骚》），借以勉励中国科学院的诸位院士矢志不移地为国为民建功立业①；也曾在十九届四中全会的讲话中以南宋吕祖谦"天下之势不盛则衰，天下之治不进则退"（《东莱博议·葵丘之会》）之语告诫党内同志须有更加的紧迫感来应对各种挑战。② 2019 年 4 月在重庆考察时更是发表了一段肺腑之言："我们是全心全意为人民服务的党，要追求老百姓的幸福。路很长，我们肩负的责任很重，这方面不能有一劳永逸、可以歇歇脚的思想。唯有坚定不移、坚忍不拔、坚持不懈，才能无愧于时代、不负人民。"③

尤其值得推崇的是，新时代中国共产党不仅倡导这一崇德修身、德行不朽的生命观，而且处处身体力行、率先垂范。正是因为有中国共产党领导，有全体共产党人身先士卒、奋不顾身的先锋模范作用，有全国各族人民对中国共产党的拥护和支持，中国才能创造出世所罕见的经济快速发展奇迹和社会长期稳定奇迹，我们才能成功战洪水、抗地震、化危机、应变局……历史和现实无一不证明了一个基本的事实：只要共产党人永远保持同人民群众的血肉联系，始终发挥出先锋模范作用，我们就一定能够形成强大合力，从容应对各种复杂局面和风险挑战，并不断取得新的伟大胜利。

我们完全有理由期待，中国共产党对古代身心关系所做的这一创新性发掘，尤其是倡导以崇德修身来超越生命的自然时限以达不朽的生命观，会在中华大地浇灌出更多更善更美的生命之花，从而把中华大地装点得更加绚丽多姿。

---

① 习近平谈治国理政：第 3 卷 [M] . 北京：外文出版社，2020：248.
② 习近平谈治国理政：第 3 卷 [M] . 北京：外文出版社，2020：114.
③ 习近平 . 在解决"两不愁三保障"突出问题座谈会上的讲话 [J] . 求是，2019（16）：3.

结束语

> 民族复兴的进程一定伴随着文化的复兴。但这个文化复兴不是复古主义者眼中的那种言必称先秦之类的文化复兴，而是立足中国式现代化的伟大实践，以马克思主义为指导对中华优秀传统文化予以批判性继承与创新性发展的文化复兴。我们有理由期待它将成为 21 世纪世界文化景观中一道厚重而亮丽的中国风景线。
>
> ——题记

1840 年爆发的鸦片战争，让闭关锁国沉醉于"唯我华夏独尊"的国人领教了船坚炮利背后西方文化的穿透力。这其中特别是甲午海战失败之后签订的《马关条约》对清政府的官员及知识界人士影响尤大。众所周知，日本在明治维新之前是极度推崇中国的文明与文化的。他们的"遣隋使""遣唐使"制度即是明证。但随着西方工业革命的兴起，日本政府在明治维新中开始改弦易辙，在文化上甚至提出了"脱亚入欧"（福泽谕吉语）的全盘西化主张。正是在这个背景下，日本如西方列强那样野蛮生长，完成了工业化之后，便开始了其疯狂的对外殖民扩张。甲午海战日本打败了北洋水师，逼迫清政府签订了丧权辱国的《马关条约》。

从中英鸦片战争到中日甲午海战，这期间无数次的战败迫使清政府与西方列强签订了数不清的屈辱条约，割让或租借了无数的土地，赔偿的白银几乎掏空了国库。在反思何以失败、何以面临亡国灭种之境这一时代之问的答案时，近代知识分子和具有维新意识的官员几乎不约而同地认为是传统文化腐朽落后。于是，一方面是对传统文化的怀疑乃至否定，另一方面则是对西方文化的过度推崇，便带有某种必然性地成了近代向现代转型中的中国文化景观中的独特现象。

美国学者吉尔伯特·罗兹曼（Gilbert Rozman）在其《中国的现代化》一书中曾提及这一点："到 20 世纪初叶，中国人已强烈地意识到现代化的重要性……借鉴外国的现代化文化成了知识分子尤其是归国学生的共识。"① 重要的还在于，近代中国的这一段血与火且充满着屈辱的历史作为一种历史惯性，一直延续到 20 世纪上半叶的中国。毛泽东曾以诗人的悲愤写下了"长夜难明赤县天，百年魔怪舞翩跹"的诗句来描述那个时代的中国。以毛泽东为代表的中国共产党人不惜抛头颅、洒热血带领中国人民终于推翻了帝国主义、封建主义、官僚资本主义这三座压在近现代中国人民头上的大山。之后，西方文化优越论的思想依然流行。

"乱花渐欲迷人眼。"正是在国内国外形形色色的西方文化优越论鼓噪于世、不绝于耳的现实语境下，以习近平同志为核心的党中央审时度势地提出了文化自信自强的战略命题。中国共产党提出在坚持文化自信的前提下推进文化自强，以铸就社会主义文化新辉煌的战略任务可谓是高瞻远瞩。也就是说，文化作为"五位一体"② 总体布局中不可或缺的重要组成部分，是推进中国式现代化建设的题中应有之义，它是民族精神力量之源，是形成共同思想的基础，是最基本、最深沉、最持久的力量所在。在新时代的文化自信自强建设中，中国共产党尤其特别强调坚守中华文化立场的必要性与重要性。对于中华文化立场，最新修订的《中国共产党章程》总纲部分的表述如下："推动中华优秀传统文化创造性转化、创新性发展，继承革命文化，发展社会主义先进文化，提高国家文化软实力。"③ 在中华优秀传统文化、革命文化、社会主义先进文化三项中，由于中华优秀传统文化所特有的源头性与基础性的地位，因而其伟大复兴就显得特别重要。

习近平主席在为《复兴文库》作的序言中曾这样写道："中华民族是

---

① 吉尔伯特·罗兹曼. 中国的现代化［M］. 国家社会科学基金"比较现代化"课题组，译. 南京：江苏人民出版社，2010：443.

② "五位一体"总体布局是中国特色社会主义事业的总体布局，主要内容是统筹推进"经济建设、政治建设、文化建设、社会建设、生态文明建设"五个方面，故称"五位一体"。

③ 《中国共产党章程》编写组. 中国共产党章程［M］. 北京：人民出版社，2022：14.

世界上伟大的民族，为人类文明进步做出了不可磨灭的贡献。近代以后，中华民族遭受了前所未有的劫难。从那时起，实现中华民族伟大复兴就成为中国人民和中华民族最伟大的梦想。"① 民族的伟大复兴一定伴随着文化的伟大复兴。这正是中华优秀传统文化得以在当下被继承、弘扬和创新的历史与现实语境。

可以肯定的是，我们要继承和创新中华优秀传统文化，这一定是一个宏大而复杂的文化工程。这其中系统地研究、考辨和梳理已有的传统文化资源，并在这基础上进行批判性的继承和创新性的发展无疑具有基础性的作用。本课题以三个向度从宏观上梳理新时代中国共产党对传统文化在人与自然（天人之辩）、人与他者（人我之辩）以及与诸多他者集合而成的社会（群己之辩）、人与自身（身心、欲理之辩）关系问题上的继承创新工作，并将其内蕴的以文化人的价值予以阐发，所做的正是这一方面的一个切实努力。虽然在阐述的过程中笔者常常有力不从心的感觉，也深知在具体的阐述和发掘中会有诸多的不足或缺憾，但依然不揣浅陋地将其呈现出来，主要是想尽一个马克思主义学院的从业者在继承和创新中华优秀传统文化方面的一点绵薄之力。

在行文结束之际，笔者首先想特别强调一下中华传统文化的世界性意义。尽管这已经不是本课题的主题，如果有可能，完全可以另文专述，但指出这一点将是有必要的。因为它是我们彰显文化自信自强的一个重要途径。事实上，习近平总书记多次论述过这一点。比如，他在出席中国文联十大、中国作协九大开幕式发表重要讲话时就说："中华文化既是历史的、也是当代的，既是民族的、也是世界的"② "让中华文明同各国人民创造的多彩文明一道，为人类提供正确精神指引"③。事实也的确如此：就人与自然关系而言，中华传统文化在天人之辩中形成的天人合一之道以及顺天、慎取、节用等民族精神，为克服西方文化长期以来存在的自然与人类二元对立提供了可贵的中国

---

① 习近平. 在复兴之路上坚定前行——《复兴文库》序言［N］. 人民日报，2022-09-27（1）.

② 习近平总书记出席中国文联十大、中国作协九大开幕式并发表重要讲话［N］. 人民日报，2016-11-30.

③ 习近平. 在全国哲学社会科学工作座谈会上的讲话［M］. 北京：人民出版社，2016：17.

立场；就人与他者关系而言，中华传统文化在人我之辩、群己之辩中形成的人我合一、群己合一之道以及孝亲、睦邻、贵和、敬业、爱国、兼善天下等民族精神，为克服西方文化中因为视他者为异己而导致的利己主义、个人主义文化危机提供了解决问题的中国路径；就人与自身关系而论，中华传统文化在身心之辩中形成的欲理合一之道以及勤俭、戒贪、知耻等民族精神，为克服西方文化中的消费主义、享乐主义提供了中国智慧。我们有理由相信，中华优秀传统文化不仅可以为我们在全球化时代彰显国家的软实力提供深厚的理论基础，更可以帮助我们充满自信地走出国门，为全球性问题的切实解决提供来自中国的智慧与实施方案。

其次，笔者也想对中华传统文化中存在的封建糟粕进行批判。由于我们在本课题中要阐述和发掘的是新时代中国共产党对中华优秀传统文化在天人关系、人我关系、身心关系这三个向度积淀下来的精华成分的继承创新，以及发掘其内蕴的以文化人智慧，因此对这一古老的文化其糟粕方面的分析和批判同样不构成本课题的主题，但这并不意味着我们认可复古主义的立场。事实上，正如习近平总书记指出的那样："传统文化在其形成和发展过程中，不可避免会受到当时人们的认识水平、时代条件、社会制度的局限性的制约和影响，因而也不可避免会存在陈旧过时或已成为糟粕性的东西。这就要求人们在学习、研究、应用传统文化时坚持古为今用、推陈出新，结合新的实践和时代要求进行正确取舍，而不能一股脑儿都拿到今天来照套照用。"[①] 因此，我们清醒地意识到要以中国式现代化与中华民族伟大复兴这一伟大实践为标准对传统文化进行辩证的取舍。通过批判性地继承和萃取，使其升华为有利于解决现实问题的新文化，有利于助推社会全面发展的新文化，有利于培育时代精神和提升文明素养以培育中国式现代化建设者的新文化，有利于持续增强国家软实力的新文化。

最后，笔者还想申明的是，为了更好地推动中华优秀传统文化创造性转化和创新性发展，我们还要在与外来文化交流与互鉴中不断提升中华文化的现代性。尽管由于本课题采用了比较文化的研究方法，更多地通过中西文化

---

① 习近平总书记出席纪念孔子诞辰 2565 周年国际学术研讨会暨国际儒学联合会第五届会员大会开幕式并发表重要讲话 [N]．人民日报，2014-09-24（1）．

在天人观、人我观、身心观方面的孰优孰劣的比较性剖析，行文中常常以西方文化在相关问题上存在的缺陷来反衬中华文化的优秀，但这绝不意味着对西方文化那些优越性的部分视而不见，绝不意味着我们守持民族主义的狭隘立场。仅仅是因为论著的主旨及篇幅方面的原因，对西方文化许多优点我们没有专门论及而已。事实上，中华优秀传统文化在自己的发展历程中，从不抱残守缺、夜郎自大，而总是能以海纳百川、兼容并包的精神与外来文化实现交流与互鉴，从而不断丰富和完善自己。因此，我们必须旗帜鲜明地反对盲目排外，以复兴传统文化之名贬抑外来优秀文化的错误倾向。只有这样，我们才能既"不忘本来"，切实传承好民族的优秀文化基因；又"学习外来"，积极汲取外来文化的积极成分，从而推动中华优秀传统文化以与时俱进、继往开来的新姿态"面向未来"。

附　　录

课题组成员公开发表的学术论文收录（三篇）

新时代中国共产党对中华优秀传统文化继承创新的推进路径与实践主张^①

张应杭　　朱晓虹

[摘要] 中国共产党引领中华民族探索现代化的百年历程中，对中华优秀传统文化的继承创新可谓成就非凡。新时代中国共产党这一继承创新的推进路径与实践主张主要体现为：天人之辩中确立了人与自然生命的共同体理念和倡导绿色发展为基点的新发展观；人我之辩中培育公民爱国、敬业、诚信、友善的核心价值观和构建了人类命运共同体的新全球观；身心之辩中构建起超越消费主义、物欲主义的幸福观和崇德修身、德行不朽的生命观。它不仅为民族复兴提供了清晰的价值观指引和不竭的精神动力，同时也为解决全球化正遭遇的诸多问题提供了中国方案。

[关键词] 中国共产党；中华优秀传统文化；继承创新；推进路径；实践主张

---

① 本文系中央高校基本科研业务费专项资金重点资助项目"新时代中国共产党对优秀传统文化的继承创新"阶段性成果。作者：张应杭，浙江大学马克思主义学院、浙江大学中国特色社会主义研究中心教授；朱晓虹，丽水学院马克思主义学院副教授、法学博士。

在新时代构筑文化自信建设文化强国的历史征程中，以习近平总书记为杰出代表的中国共产党高度重视中华优秀传统文化的继承创新。习近平总书记指出："优秀传统文化是一个国家、一个民族传承和发展的根本，如果丢掉了，就割断了精神命脉。"① 这不仅从坚持和发展中国特色社会主义、实现中华民族伟大复兴这一战略全局的高度首肯了中华优秀传统文化的现时代价值，而且也为中国共产党如何推动中华优秀传统文化创造性转化和创新性发展指明了方向。

中华传统文化不仅内容博大精深，而且其表现形式也多姿多彩。这其中有观念形态的学术思想、伦理观念、人文精神、治国理政之道，又有体现这一思想观念的典章、器物、地方戏曲、民间习俗、名胜古迹等。如果立足于观念形态而论，作为执政党的中国共产党对中华优秀传统文化的继承创新在天人之辩、人我之辩和身心之辩三个维度上的推进路径与给出的实践主张，不仅为中国特色社会主义现代化建设提供了来自传统的文化滋养和价值指引，而且在全球化的语境下正为世界提供着中国智慧、中国理念、中国路径的有益启迪。

一

就天人之辩而论，与西方推崇征服和战胜自然的理念不同，中华文化形成了敬畏自然的天人观。它不仅可以为现代社会克服科学主义的弊端，摆脱人类中心主义和非人类中心主义各执一端的偏执提供新的思路，而且还为现代人如何成为生态文明的促进者提供了最基础性的行动原则。也许正是基于这一点，钱穆先生在其《中国文化对人类未来可有的贡献》一文中曾发表断言：中国文化中的天人合一思想可对世界、对人类的未来求生存做出最主要的贡献。②

众所周知，环境问题是困扰人类已久的全球性问题，中国也未能置身其

---

① 中共中央宣传部，等. 习近平谈治国理政：第 2 卷［M］. 北京：外文出版社，2017：313.

② 刘梦溪. 中国文化［M］. 香港：中华书局（香港）有限公司，1991：4.

外。1992 年联合国通过的关于环境和发展问题的《里约热内卢宣言》曾告诫：没有环境问题的解决，就没有人类的未来。正是基于这一严峻的现实语境，以习近平同志为核心的党中央在治国理政中，非常注重从优秀传统中汲取相关的智慧营养。在中国北京世界园艺博览会开幕式上，习近平总书记曾这样概括天人关系上的中华文化传统："锦绣中华大地，是中华民族赖以生存和发展的家园，孕育了中华民族 5000 多年的灿烂文明，造就了中华民族天人合一的崇高追求。"①

概括地说，新时代中国共产党在继承创新这一天人合一传统的伟大实践中，主要提出了如下一些带有创新性的实践主张：

第一，构筑起人与自然和谐相处、休戚与共的生命共同体理念。2013 年习近平总书记在《关于〈中共中央关于全面深化改革若干重大问题的决定〉的说明》中，首次提出"山水林田湖是一个生命共同体"的命题。尔后在党的十九大报告中，总书记再次明确强调："人与自然是生命共同体，人类必须尊重自然、顺应自然、保护自然。人类只有遵循自然规律才能有效防止在开发利用自然上走弯路。人类对大自然的伤害最终会伤及人类自身，这是无法抗拒的规律。"②在 2019 年的全国生态环境保护大会上，习近平总书记在援引庄子"天地与我并生，万物与我为一"的语录后又一次强调了人与自然的生命共同体理念构筑的必要性和紧迫性。③ 这是中国共产党面临新时代中国社会发展中生态环境难题的重大挑战而提出来的最新论断。这一实践理念的有效构筑极大推动了人与自然和谐共生的中国现代化发展新格局的形成。

重要的还在于，中国共产党以人与自然生命共同体这一理念重新激活了传统文化中敬畏自然的积极因素。将这一传统文化理念与现代社会生态环境治理相融合，其创新性的意义在于不仅使传统的天人合一之道摆脱了抽象性而有了一个具体而清晰的内涵指向，更重要的还在于这一理念的提出和践行，

---

① 中共中央宣传部，等.习近平谈治国理政：第 3 卷［M］.北京：外文出版社，2020：374.

② 习近平.决胜全面建成小康社会 夺取新时代中国特色社会主义伟大胜利——在中国共产党第十九次全国代表大会上的报告［M］.北京：人民出版社，2017：50.

③ 中共中央宣传部，等.习近平谈治国理政：第 3 卷［M］.北京：外文出版社，2020：360.

有利于新时代人民追求美好生活在自然生态环境层面的真切实现。

第二，超越了人类中心主义和非人类中心主义的两极对立而创立了绿色发展为基点的新发展观。党的十八届五中全会提出了"创新、协调、绿色、开放、共享"的新发展理念。在这五项内容中，绿色发展不仅是新时代中国共产党处理人与自然关系的最重要站位，更是新发展观得以实现的基点。事实上，正是因为有了执政的中国共产党这一实践主张的积极引领，在当今中国，绿色发展理念作为一种文化自觉，它不仅与保护蓝天白云的环保意识、取之有度的节俭意识、守护鸟语花香的敬畏生命意识等理念一起越来越得到中国民众的认知认可认同，而且在广大的城市与乡村，在企业、学校、社区、家庭，正被不同阶层的人们积极地践行。

特别值得指出的是，作为对人类中心主义理念的超越，中国共产党提出的绿色发展并不走向非人类中心主义者主张的"零增长""负增长"。习近平总书记之所以反复强调"绿水青山就是金山银山"①的思想，正是因为这里揭示的发展理念恰恰是把绿水青山本身视为发展最为宝贵的财富，认定它是创造新的物质财富的重要基础，是实现可持续发展的根本保障。事实上，绿色发展理念所倡导的循环经济、低碳经济、节约经济、提高资源利用率本身就是创造新经济。我们有理由期待，随着绿色发展理念更加深入人心，它带给我们的生态环境将会越来越好，绿色的生态公共产品将会越来越多，人民对来自生态层面的幸福生活体验感、获得感也必然会越来越强。

第三，以负责的大国形象和使命担当为全球生态文明的进步做出中国贡献。2013 年生态文明贵阳国际论坛开幕之际，习近平总书记曾向论坛致贺信。他在贺信中强调指出："走向生态文明新时代，建设美丽中国，是实现中华民族伟大复兴的中国梦的重要内容。中国将按照尊重自然、顺应自然、保护自然的理念，贯彻节约资源和保护环境的基本国策，更加自觉地推动绿色发展、循环发展、低碳发展，把生态文明建设融入经济建设、政治建设、文化建设、社会建设各方面和全过程，形成节约资源、保护环境的空间格局、产业结构、

---

① 中共中央宣传部，等 . 习近平谈治国理政：第 2 卷［M］. 北京：外文出版社，2017：393.

生产方式、生活方式，为子孙后代留下天蓝、地绿、水清的生产生活环境。"① 这是中国共产党借国际论坛而向全球发出的"中国好声音"。在党的十九大报告中，我们党更是向国际社会庄严承诺，我们要"成为全球生态文明建设的重要参与者、贡献者、引领者"②。正是在这一理念的引领下，作为发展中国家的中国对全球生态可持续发展的贡献，尤其是应对气候变暖问题上的积极作为正被举世瞩目。

与中国的积极参与形成鲜明对照的是西方某些发达国家。1997 年联合国在召开特别大会检讨生态可持续发展的执行情况时发现，许多西方国家显然未能充分履行当初《里约热内卢宣言》就可持续发展所做出的承诺。也正是从这个意义上，我们可以深刻理解习近平总书记提出的构建人类命运共同体思想的非凡意义之所在。也就是说，习近平总书记的命运共同体理念不仅指谓的是全球政治、经济、文化、卫生领域，它也包含了生态领域。在生态利己主义、生态殖民主义依然很有市场的当今世界，当代中国共产党人奉行人类命运共同体理念，对全球生态可持续发展所做出的努力和贡献尤为不易，也特别地令我们自豪。

二

就人我之辩而论，如果说西方文化从古希腊特别是文艺复兴以来，形成了比较悠久的利己主义、个人主义传统的话，那么以中国儒家为主要代表的传统文化在人我关系中守持的是人我合一的立场，并在坚守这一立场的过程中形成了利他主义，甚至是自我牺牲的文化传承。它不仅折射出东西方文化的特质与差异，而且这一文化差异甚至还是当今世界出现文明与文化冲突的价值观根源之一。特别值得指出的是，由于西方文化及其话语体系的强势，当今世界在人我之辩问题上利己主义（包括国家利己主）、个人主义颇为流行。由于形形色色利己主义、个人主义价值观的畅行无阻，无论是国家、地

---

① 中共中央宣传部，等．习近平谈治国理政［M］．北京：外文出版社，2014：211.

② 习近平．决胜全面建成小康社会 夺取新时代中国特色社会主义伟大胜利——在中国共产党第十九次全国代表大会上的报告［M］．北京：人民出版社，2017：6.

区、民族之类的共同体，还是共同体中的个体，无不深受其害。这就更加凸显了超越利己主义、个人主义文化的急迫性与重要性。

如果从治国理政和全球治理的实践主张予以解读和归纳，新时代中国共产党对传统人我合一之道的继承创新主要体现为如下几个方面：

第一，从个体修养层面为超越利己主义、个人主义而提出了公民核心价值观的培育与践行主张。置身全球化的现时代，林林总总的西方价值观不可避免地要进入开放的中国。在人我关系问题上，那种认为市场经济必然匹配利己主义、个人主义的论调就典型的属于西方价值观的渗透。问题的严峻性在于，国内却有相当一些学者和民众却对其持认同的立场。于是，在选择了市场经济的当下中国，利己主义、个人主义便似乎有了合法性的外衣。显而易见，这严重地减损了民众对走中国特色社会主义现代化道路的信心，极大地挫伤了社会各阶层投身实现中华民族伟大复兴这一中国梦的积极性。

面对改革开放和发展社会主义市场经济条件下思想意识多元、多样、多变的新特点，面对世界范围思想文化交流、交融、交锋形势下价值观较量的新态势，迫切需要中国共产党对此积极地加以应对。公民价值观基本规范的提出和培养正是由此应运而生的。党的十八大提出了社会主义核心价值观：富强、民主、文明、和谐；自由、平等、公正、法治；爱国、敬业、诚信、友善。它分别确立了国家层面、社会层面和公民层面的价值目标、价值取向和价值规范。党的十九大报告更是明确提出，要把社会主义核心价值观融入社会发展各方面，转化为人们的情感认同和行为习惯。

就人我之辩而论，新时代中国共产党对公民层面的爱国、敬业、诚信、友善这八字概括，实质上提出了处理人我关系必须遵循的四个最基本价值规范。这些规范无一不凸显出中国共产党对人我合一这一优秀传统的继承创新。比如爱国，中华文明历来有精忠报国的传统。岳飞抗击外侮、苏武牧羊匈奴、张骞出使西域，他们虽历经险阻，但始终不屈不挠，为国为民做出了巨大的牺牲。还有，从屈原到范仲淹、王安石，从包公到海瑞，他们关心国家的治乱和人民的疾苦，尽心尽责报效国家和人民，这同样是精忠报国的生动体现。与古人相比，今天我们的爱国主义情怀有着更确定的指向，那就是爱我中华，实现中华民族伟大复兴。又比如敬业，早在春秋时代的《尚书》中，就记载了官吏的敬业精神："宽而栗，柔而立，愿而恭，乱而敬，扰而毅，直而温，简而廉，刚而塞，强而义。"在《孙子兵法》中对军人的敬业操守则有如下的规定："将者，智、信、仁、勇、严。"对医者的敬业精神，从春秋战国的《黄帝内经》中"疏五过""征四失"到扁鹊"随俗而变"的高尚医德，再到唐代孙思邈在其《太医精诚》中"不得问其贵贱贫富、长幼妍媸、怨亲善友、华夷愚智"的职业规定，无不表明我国古代的敬业传统几乎和社会分工的出现一样源远流长。再比如诚信，孔子有"人而无信不知其可也"（《论语·为政篇》）的语录传世，后世儒家更是将信与仁义礼智并列，称为五常德。而且，自先秦以来的诸子百家也几乎都推崇诚信之德，墨家有"言不信者，行不果"（《墨子·修身》）之说、汉代传入中国的佛教将"不妄语"列为五戒之一、司马迁有"得黄金百斤，不如得季布一诺"（《史记·季布栾布列传》）的记载、法家商鞅变法时有"南门立木，取信于民"的故事流传后世，如此等等。在新时代诚信观培育和践行中，思想史上的这些资源无疑是非常值得传承创新的。还比如友善，它更是中华民族千百年来世代相传的为人处世之道。孔子说："君子成人之美，不成人之恶"（《论语·颜渊》），老子也主张"善者，吾善之，不善者吾亦善之"（《道德经》第四十九章），中国佛教更是主张把行善视为人生的大智慧："诸恶莫作名为戒，众善奉行名为慧"（《坛经·顿渐品》）。儒释道三教合一的传统文化，无不推崇友善之德的养成。这其实也正是中华民族历来被称为勤劳善良民族的传统文化根源。中国共产党作为现代中国文化的建设者和引领者，将友善作为公民的核心价值观的重要德目，显然彰显了对传统文化的尊重、传承和创新精神。这对于我们在新时代解决好人与他人、与社会的关系具有重要的价值引领作用。

　　第二，从国家治理层面为化解社会分配矛盾审时度势地提出了共享发展的理念。就人我关系而论，如果社会分配导致贫富悬殊，那一定会导致人与人之间关系的不和谐。因此，当执政的中国共产党发现我国现阶段在发展成果惠及全体人民方面出现了一些突出问题时，不仅高度重视和警觉，而且积极在实践层面上探索化解矛盾的应对之策。共享发展的理念正是在这一语境下出场的。2015年党的十八届五中全会提出："坚持共享发展，必须坚持发展为了人民、发展依靠人民、发展成果由人民共享，做出更有效的制度安排，使全体人民在共建共享发展中有更多获得感，增强发展动力，增进人民团结，朝着共同富裕方向稳步前进。"① 可见，共享发展首先是我们党对经济社会发展理念的创新发展，反映了我们党对执政规律和建设规律认识的升华。

如果就传统文化的视域而论，共享发展的理念也是中国共产党对人我合一之道在新时代的创新性发展。在当今中国，如果人与人享有的社会产品差距悬殊，出现两极分化，既不符合社会主义原则，也与传统文化倡导的人我合一之道相违背。仅就人我之辩而论，共享发展的伦理本质是反对天下为私，主张天下为公。为此，作为人我合一之道的必然衍生，它历来主张将超越自私的利他主义视为人成为人的伦理本质。这一伦理本质在儒家的大同理想中体现得最为充分："大道之行也，天下为公。选贤与能，讲信修睦。故人不独亲其亲，不独子其子。使老有所终，壮有所用，幼有所长，鳏寡孤独废疾者皆有所养"（《礼记·礼运》）。党的十八届五中全会提出并强调"按照人人参与、人人尽力、人人享有的要求，坚守底线、突出重点、完善制度、引导预期，注重机会公平，保障基本民生"② 的实践主张，堪称是这一古代圣贤理想的当代实现。这一共享发展理念的构建和实践主张的提出意味着我们在继续做大"蛋糕"的同时，尤其要特别关注和解决好如何共享"蛋糕"的问题。

在党的十九大报告的结束语部分，习近平总书记曾援引了"大道之行，天下为公"这一经典名句。③ 它让我们直观地感受到优秀传统文化的当代价值。这一名句既契合了共产党坚守的《共产党宣言》的基本立场，又体现和彰显了中国历代志士仁人推崇的人我观。中国共产党作为这一人我观的继承创新者，正努力使这一优秀传统文化得以在新时代不断地弘扬光大。

第三，从全人类发展层面为引领新的全球化进程构建了人类命运共同体理念。如果我们把人我关系放大到国与国之间的关系，那么随即可以发现，

---

① 中国共产党第十八届中央委员会第五次全体会议公报［N］. 人民日报，2015－10－30（1）.

② 中国共产党第十八届中央委员会第五次全体会议公报［N］. 人民日报，2015－10－30（2）.

③ 习近平. 决胜全面建成小康社会　夺取新时代中国特色社会主义伟大胜利——在中国共产党第十九次全国代表大会上的报告［M］. 北京：人民出版社，2017：70.

当今世界在人我关系方面可谓问题多多、矛盾重重。一方面，全球化已然是个无法逆转的世界性趋势，但另一方面主导和推动全球化的某些西方国家对"谁的全球化"解读时充满着国家利己主义的盘算，而这种盘算必然地遭到别的国家反对。于是，现代人不得不直面一个严峻的问题：全球化的道路究竟应该怎么走？

正如有学者论及的那样："肇始于启蒙运动的现代性发展已然经历了从现代性方案到全球现代性危机的嬗变之路，全球化的推演与资本主义现代性的扩张相辅相成，由西方资本主义主导的现代性进程及其衍生的矛盾困境在全球化时代被无限放大，对人类社会的发展前途和人的生存境遇带来不可回避的负面影响。"①就人与他人的关系而论，人类创造了现代性，但生活在"地球村"里的人们却处在一个由"陌生人""陌生国家"构成的使人困惑和极易迷失的虚幻共同体中。难怪著名的西方马克思主义者同时也是现代性问题专家哈贝马斯要断言："现代性是一项未竟的事业。"②

由此，面对着这一未竟的现代性事业，如何在变动不居的危机中设定界限以求得新机，对全球现代性困境加以警惕与消解的相关议题，不仅引发了全球学者的广泛讨论，更得到了有情怀、有智慧、有担当的政治家们的积极回应。习近平总书记倡导的"推动构建人类命运共同体"③理念堪称是对全球化道路究竟应该怎么走这一全球性问题的积极回应。事实上，从已经有和正在有的实践检验来看，这一中国理念对于全球化语境下的现代性困境破解产生了非常积极的理论感召力和实践功效。

可以肯定地说，推动构建人类命运共同体理念当然是中国共产党在新的时代条件下对马克思恩格斯在《共产党宣言》中奠定的共同体思想的继承和发展，但与此同时，它也是新时代中国共产党以马克思主义为指导对传统人我合一之道的传承和创新。

首先，推动构建人类命运共同体理念是对中华传统的天下观的合理汲取。

---

① 刘同舫. 全球现代性问题与人类命运共同体智慧［J］. 福建论坛（人文社会科学版），2019（9）：59.

② 哈贝马斯. 现代性的哲学话语［M］. 曹卫东，译. 上海：译林出版社，2006：1.

③ 习近平. 决胜全面建成小康社会　夺取新时代中国特色社会主义伟大胜利——在中国共产党第十九次全国代表大会上的报告［M］. 北京：人民出版社，2017：57.

儒家文化历来有"四海之内皆兄弟"(《论语·颜渊》)、"海内存知己,天涯若比邻"(王勃《杜少府之任蜀州》)之说,这其实是以朴实的语言揭示了人类命运共同体的人性基础。这就如习近平总书记说的那样:"中国人历来主张'世界大同,天下一家',中国人民不仅希望自己过得好,也希望各国人民过得好。"① 事实上,墨家也有类似的天下观。在墨家创始人墨子的学说中,"兼爱"不仅是其学说的核心范畴,更是其确立的理想社会目标。而且,在墨子看来,"兼相爱"则可达"交相利"的效果:诸侯相爱,就不会发生战争;大夫相爱,就不会互相篡夺;人与人相爱,就不会彼此伤害;天下的人皆相爱,强对弱,众对寡,富对贫,贵对贱,智对愚,都做到兼爱互利,那就是太平盛世。

其次,推动构建人类命运共同体理念也是对中华传统的和合观的新时代创新。以儒家为主要代表的中华文化历来倡导以和为贵、求同存异、睦邻友邦、和成天下等理念,它为同处命运共同体的各国提供了如何和平共处、共享共赢的中国智慧。比如儒家就主张"君子和而不同"(《论语·子路》)、"君子和而不流"(《礼记·中庸》)。这是承认差异性(即不同、不流)的基础上追求同一性(即和)的和合智慧。这一智慧意味着,虽然不同国家的经济体量、政治制度、文化传统、地理环境等都有差异性,但遵循求同存异的原则就可以结成命运共同体。这也即是习近平总书记说的:"我们应该凝聚不同民族、不同信仰、不同文化、不同地域人民的共识,共襄构建人类命运共同体的伟业。"②

再次,推动构建人类命运共同体理念还是对中华传统以天下为己任这一士大夫情怀的当代传承。在中国古代历来推崇忧国忧民忧天下的士大夫情怀。孔子当年就曾感慨说:"德之不修,学之不讲,闻义不能徙,不善不能改,是吾忧也。"(《论语·述而》)为此他周游列国,历尽艰辛却无怨无悔。正是在这样的传统熏陶下,才有了张载"为天地立心,为生民立命,为往圣继绝学,为万世开太平"(《横渠语录》)的情怀,才有了范仲淹"先天下之忧而

---

① 国家主席习近平发表二〇一七年新年贺词[N].人民日报,2017-01-01(1).
② 习近平.携手建设更加美好的世界——在中国共产党与世界各政党高层对话会上的主旨讲话[N].人民日报,2017-12-02(2).

忧，后天下之乐而乐"（《岳阳楼记》）的豪迈。习近平总书记显然深受这一思想的感染。他曾经深情地回忆说："修身、齐家、治国、平天下，我们这一代人从小就深受这种思想的影响。"① 事实上，我们不难在人类命运共同体的理念中寻觅到古人以天下为己任、为世界谋太平的圣贤志向和文人情怀。事实上，这一以天下为己任、为万世开太平的情怀是古代人我之辩中推崇的最高境界。

令人欣慰的是，中国共产党这一源自传统又凸显新时代精神的推动构建人类命运共同体理念，正在全球范围内赢得越来越多的理性认同和实践追随。尤其在世界各国共同应对新冠病毒流行的当下，这一理念更是彰显出了它无可比拟的真理性力量。

三

如果说天人之辩要解决的是人与自然的矛盾、人我之辩要解决的是我与他者及社会的矛盾，那身心之辩要解决的是自我生命中欲与理的矛盾。在身心之辩问题上，与西方文化的身心二元对立不同，中华传统文化历来主张欲理合一的立场，它推崇的是身之欲与心之理的内在和谐之道。这是中华优秀传统文化中历来备受推崇的身心合一之道。

我们有理由认为，传统文化中的身与心、欲与理合一的文化理念可以为当下处于资本逻辑统治下的人们自我解放提供来自思想史的智慧启迪。它所给出的让人身心合一、理欲和谐的法则对当下中国社会有着积极而清明的指引意义。它可以帮助我们清晰地意识到现代社会以消费主义、物欲主义所表露出来的现代人对自我欲望的过度张扬，以及对自我身体的肆意放纵，其本质源自理性的迷失，从而因认不清生活的本真状态而必然成为马尔库塞声称的"单向度的人"，即忘却了人的思想、道德、审美、社会批判等多向度追求，而沦为了单向度的物欲满足者或商品的占有者、消费者。②

当代中国虽然身处于全球化、市场化的时代大潮之中，但吸吮着五千年

---

① 习近平总书记的文学情缘［N］.人民日报，2016-10-24（3）.
② 马尔库塞.单向度的人［M］.刘继，译.上海：上海译文出版社，2008：41.

中华优秀传统文化的养分，同时借助于马克思主义这一我们这个时代最先进的思想体系，中国共产党在身心关系问题上不仅可以而且应该有其独特性的理论建树和创新性的解决之道。概括地说，在解决新时代的身心关系问题上，中国共产党对传统身心合一之道的继承创新至少体现为如下几个方面：

第一，在批判消费主义的现代性迷失中构建起中国特色的消费观。与马尔库塞一样同属于西方马克思主义阵营的弗洛姆，曾批判现代西方无处不在的消费主义把人变成了"消费机器"。① 在弗洛姆看来，消费主义源自资本主义牟取利润的本性。为此，它必然以各种方式创造出"虚假消费"以实现资本牟利的目的。借助西学东渐之风，消费主义也涌入了中国，并在执政党内也有所滋长。一时间奢侈消费、攀比消费、盲目消费和符号性消费盛行，不仅滋生了大量的贪腐行为，极大损害了执政党在人民心目中的形象，而且也使得整个社会出现了风气渐趋奢靡的严峻现状。为此，中国共产党清醒地意识到必须要在思想文化层面高度重视这一问题的解决。

这一解决的重要路径之一是回望传统的身心合一之道，并积极从中汲取思想养分。习近平总书记就曾在中国共产党十八届中纪委第二次全会上以古人"俭则约，约则百善俱兴；侈则肆，肆则百恶俱纵"之句警策党内同志。② 中共中央政治局审议通过的"八项规定"则更是从制度层面为这一问题的解决提供了充分的保障。从2012年至今，针对违反"八项规定"的查处力度不仅越来越大，在党内形成了巨大的影响力，而且其影响力还从党内溢出到整个社会，带动了全社会风气的巨大转变。炫耀式消费、繁杂的人情送礼、热衷会所享乐等开始被唾弃，节俭之风开始回归，社会风气为之一新。正是基于这一点，我们认为不能忽视"八项规定"所内蕴的世界观和方法论意义。这种意义既有中国共产党优良作风的历史性传承，也有对中华文明的勤俭持家之风在现代社会的文化基因激活。它卓有成效地抑制了消费主义的蔓延和扩张。对于共产党自身来说，有助于避免陷入消费主义的陷阱，从而不忘初心更加坚定共产主义的理想信念；对于社会大众来说，使人们可以厘清消费的真实本性以避免沦为"消费机器"，启发人重新回归真实的生活，从而在关

①　埃里希·弗洛姆. 健全的社会［M］. 孙凯祥，译. 上海：上海译文出版社，2011：87.
②　人民日报评论部. 习近平用典［M］. 北京：人民日报出版社，2015：213.

注身与心、欲与理合一的过程中构建起自由的现代生活方式。

第二，在修正物欲主义的偏颇中构建了新时代的幸福观。何谓幸福的问题是身心之辩的重要问题。可以肯定地说，不同文化背景下的人对幸福的理解会有巨大的差异。但如果做点归纳的话，那么对幸福的理解古今中外哲人不外乎分为"乐欲"和"乐道"这样两个不同阵营。就身心关系而论，"乐欲"注重的是身之欲的追逐和满足；"乐道"则倾心于对道的认同、体悟和践行。

以儒家为主要代表的中华传统文化，显然更倾向于把幸福理解为超越物欲之上的精神之乐，即"君子乐得其道，小人乐得其欲"（《荀子·乐论》）。这就如孔子赞赏颜回时说的那样："一箪食，一瓢饮，在陋巷，人不堪其忧，回也不改其乐。"（《论语·雍也》）后世称谓这种快乐为孔颜之乐。与中华传统文化不同，就身心之辩而论，从古希腊的亚里斯提卜、伊壁鸠鲁到近代霍布斯、洛克、边沁等思想家那里，形成了源远流长的快乐主义传统。这一传统注重肉体的感受性获得，热衷于主张通过物欲的满足而生成快乐和幸福的体验。

由于传统文化推崇的孔颜之乐发展到宋明理学阶段之后被蒙上了浓郁的禁欲主义色彩，所以这一乐道不乐欲的传统在近现代的中国遭遇了持久而激烈的批判。与之相伴随的是，西方以快乐主义、享乐主义等形态表现出来的物欲主义人生哲学开始被一些人接受甚至追捧。再加上市场经济体制由争论到迅速地被确立，又助长甚至加剧了物欲主义流行。

针对时下人们太热衷于从物欲的满足来理解快乐与幸福的偏颇，以及这一偏颇必然衍生的热衷于追逐灯红酒绿、豪车大宅的社会现状，新时代中国共产党在引领民众修正物欲主义偏颇的过程中，既积极汲取传统乐道观的合理因素，又扬弃了这其中的禁欲主义糟粕。这一幸福观强调物质福利的基础性意义，但并不因此认为有了充足的物质福利的享受就拥有了"美好生活"。这不仅是因为物质福利需要奋斗才会被创造出来，而且还因为如果把物欲的满足视为人生的目的，那么正如马尔库塞指出的那样，永无止境的物欲对人的压迫便可谓无处不在。①

---

① 马尔库塞.单向度的人［M］.刘继，译.上海：上海译文出版社，2008.56.

正是基于这一理由，习近平总书记在多个场合强调"幸福都是奋斗出来的""奋斗本身就是一种幸福""新时代是奋斗者的时代"。这既是习近平总书记对执政党要以人民为中心，要积极为人民利益而奋斗，在奋斗中谋幸福的谆谆教诲，也是对广大人民群众参与民族复兴大业、实现中国梦和人生幸福梦的殷切期待。重要的还在于，在践行这一奋斗幸福观方面，习近平总书记本人堪称率先垂范。他在梁家河当知青的七年，就是带着梁家河老百姓奋斗的七年。这既是奋斗幸福观的感性实践，更是对"奋斗即幸福"命题的最好诠释。他曾深情地回忆说："七年上山下乡的艰苦奋斗让我获益终生。"①在党的十八届一中全会上，他更是动情地号召全党："我们的人民热爱生活，期盼有更好的教育、更稳定的工作、更满意的收入、更可靠的社会保障、更高水平的医疗卫生服务、更舒适的居住条件、更优美的环境，期盼孩子们能成长得更好、工作得更好、生活得更好。人民对美好生活的向往，就是我们的奋斗目标。"② 这事实上就把谋求国家和谐稳定、人民丰衣足食的奋斗视为中国共产党最大的幸福。

新时代中国共产党这一奋斗幸福观的构建和践行，不仅为激励我们党领导人民谋求中华民族伟大复兴注入了强劲的精神动力，而且也为广大的人民群众正确处理物质享受与奋斗精神之辩证关系，从而为中华民族精神在新时代的重塑提供了先锋队的示范效应。

第三，在探求人生终极价值问题上构建了崇德修身、德行不朽的生命观。从身心关系而论，死亡可否超越的问题是古今中外哲学都必须直面的问题。生命科学已经有足够的依据证明身体的长生是不可能的。既然身心两者中，肉身无法永存，那么心灵可否不灭？正是基于这一思路，西方文化便有了灵魂不灭的悠久推断和论证。基督教等西方宗教也沿袭这一思路来企图帮助世人解脱对死亡的恐惧。与西方一直探讨灵魂不灭的文化传统不同，中国古代思想家们更关注死而不亡的问题，以老子的话来说就是："死而不亡者寿"（《道德经》第三十三章）。这事实上是一个死如何向生的转化问题。

事实上，在中国古代思想史上，早在《春秋·左传》中便有三不朽说：

---

① 习近平自述：七年上山下乡对我锻炼很大 ［N］．人民网，2014-11-30-20：30.
② 中共中央宣传部，等．习近平谈治国理政 ［M］．北京：外文出版社，2014：4.

"太上有立德，其次有立功，其次有立言，虽久不废，此之谓不朽。"（《左传·襄公二十四年》）这立德、立功、立言之三不朽中，"德"指的是个人道德品格和人生修养，像屈原、岳飞、包公、文天祥一类的人，忠信精诚，品格高尚，当时的人们即对其景仰敬爱，更使千百年后的人们怀念崇敬，这便是立德的不朽。"功"是指为国家为百姓建功立业，像秦皇、汉武、唐宗、宋祖，一代天骄成吉思汗，他们开辟新天地，统一大中华，为历史谱写了新纪元，从而为子孙后代造福，这是立功的不朽。"言"则是指思想、言论、著作，像孔子的《论语》、老子的《道德经》、孙武子的《孙子兵法》，像司马迁写《史记》，像曹雪芹写《红楼梦》等，这是立言的不朽。可见，中国传统的这一不朽说，不问人死后灵魂能否存在，只问他的人格品行、他的思想境界、他的事业有没有永久存在的价值。也正是在这个德行不朽思想的影响下，古人才对生与死有了"生则乐生，死则乐死"的积极坦然态度。同样，也是在这个思想的熏陶下，中华民族才形成了"杀身成仁""舍生取义"这样无惧死亡的英雄主义情怀。

中国共产党对这一身心之辩中的不朽观在肯定、继承的基础上更是予以了创新。其最明显的创新之处在于不仅在古代立德、立功、立言之不朽的路径中确立了立德为最高境界，而且还赋予了立德全新的内涵，即为人民利益而奉献甚至牺牲的精神。早在延安时期毛泽东为纪念张思德而作的《为人民服务》的演讲中，就曾明确提出了这一共产党的立德内涵："人总是要死的，但死的意义有不同……为人民利益而死，就比泰山还重。"[1] 新中国成立之后，中国共产党无论是在广大人民群众中倡导向雷锋同志学习，还是在党内提出做焦裕禄式的好干部，其核心精神都是对立德生命观的褒扬和肯定。习近平总书记曾经深情地回忆过焦裕禄精神对他刻骨铭心的影响："1966 年，还在上初中，《人民日报》刊登了长篇通讯《县委书记的榜样——焦裕禄》，我的政治课张老师念了这篇通讯。我们几次泣不成声……我后来无论是上山下乡、上大学和参军入伍，一直有焦裕禄的影子伴随。"[2]

深受这一传统文化熏陶的习近平总书记由此而非常强调以德为本、以德

---

① 毛泽东．毛泽东选集：第 3 卷［M］．北京：人民出版社，1991：1004.

② 习近平的"青年观"［N］．人民日报，2018-06-27（2）.

为先的生命价值观："人而无德，行之不远。没有良好的道德品质和思想修养，即使有丰富的知识、高深的学问，也难成大器。"① 进入新时代的中国，新征程、新挑战、新机遇更是要求共产党要有为人民谋利益、为民族谋复兴的高度自觉性。这是共产党崇德修身在新时代的要义。

习近平总书记同样堪称是崇德修身这一中华优秀传统文化在新时代继承创新的表率。2019 年 3 月 22 日，习近平总书记在意大利进行国事访问，曾被问及当选中国国家主席时是什么心情，总书记目光沉静而充满力量地回答说："这么大一个国家，责任非常重、工作非常艰巨。我将无我，不负人民!"② 这最后八个字言简意赅地描述了新时代中国共产党崇德修身、德行不朽的崇高境界。"我将无我"最终是为了"不负人民"；因为"不负人民"恰可成就卓绝的、不朽的大我。

值得自豪的是，新时代中国共产党倡导的这一崇德修身、德行不朽的生命观，正在 960 万平方千米的神州大地上处处绽放出美丽的华彩。比如这次举国上下遭受突如其来的新冠病毒时，以医务工作者为杰出代表的各行各业涌现了那么多舍生忘死的"最美逆行者"，谱写出了中国抗疫的无数壮美篇章，令全世界为之瞩目。我们完全有理由期待中国共产党对古代身心关系所做的这一创新性发掘，尤其是倡导以崇德修身来超越生命的自然时限以达不朽的生命观，会在中华大地浇灌出更多更善更美的生命之花，从而把中华大地装点得更加绚丽多姿。

[本文发表于《毛泽东邓小平理论研究》2021 年第 2 期]

---

① 教育部．习近平总书记教育重要论述讲义［M］．北京：高等教育出版社，2020：46.
② 习近平：我将无我，不负人民!［N］．人民日报，2019-03-24（2）．

推进马克思主义同优秀传统文化
相结合的当下语境与现实意义①

朱晓虹

[摘要] 在回应"中国共产党为什么能，中国特色社会主义为什么好"这一时代之问时，中国共产党给出的答复是：归根到底是马克思主义行，是中国化时代化的马克思主义行。正是基于这一理由，习近平总书记号召全党要不断开辟马克思主义中国化时代化新境界。这就是推进马克思主义基本原理与中华优秀传统文化相结合的当下语境与现实意义。

[关键词] 马克思主义；中华优秀传统文化；结合；当下语境；现实意义

一、问题的提出

在庆祝中国共产党成立 100 周年大会的重要讲话中，习近平总书记明确提出"坚持把马克思主义基本原理同中国具体实际相结合、同中华优秀传统文化相结合"② 这一重大命题。这不仅为新时代继续推进马克思主义中国化指明了方向，而且为这一中国化的进程开辟了具体的路径。这也就是说，我们要以马克思主义世界观和方法论为指导，着力推进对优秀传统文化的批判性继承与创新性发展。要做好这一马克思主义同中华优秀传统文化相结合的推进工作，无疑是一项系统的国家意识形态工程，但从社会认识论的层面而言，阐释好这一重大命题提出的当下语境与现实意义，无疑是充分必要的。

二、马克思主义同中华优秀传统文化相结合的当下语境

我们把文化自信的构筑理解为这一命题提出的最重要语境。事实上，文化自信的构筑堪称是近年来当代中国马克思主义理论研究中的重要论题和实

---

① 本文系浙江大学中国特色社会主义研究中心资助立项的重点课题"新时代中国共产党对优秀传统文化的继承创新"的阶段成果之一。作者：朱晓虹，法学博士，丽水学院马克思主义学院马克思主义基本原理教研室主任、副教授。

② 习近平. 在庆祝中国共产党成立 100 周年大会上的讲话 [J]. 求是，2021（14）：13.

践工程。习近平总书记高度重视文化自信问题。他在庆祝中国共产党成立95周年大会上的讲话专门就文化自信做出了一系列深刻阐述。而且，他进而认为："文化自信是更基础、更广泛、更深厚的自信。"① 事实上，当今中国增强文化自信、建设文化强国已然是国家层面的战略任务。

对于文化自信与中华优秀传统文化的关联性，习近平总书记指出过："要讲清楚中华优秀传统文化的历史渊源、发展脉络、基本走向，增强文化自信。"② 他认为中国正处于现代化征程中，必须以厚实的文化底蕴为支撑，这就需要不忘中国文化之源。事实上，习近平总书记在多个场合强调"不忘本来"，要求对古代文化古为今用、返本开新。他认为要梳理这条继往开来的文化线索，离不开"先秦诸子百家争鸣、两汉经学兴盛、魏晋南北朝玄学流行、隋唐儒释道并立、宋明理学发展等几个历史时期"③。他强调："我们不是历史虚无主义者，也不是文化虚无主义者，不能数典忘祖、妄自菲薄。"④

然而，不可否认的是当今中国人正处于市场、资本的深度介入和影响中。人们对财富、商品、效率、价格、价值和消费等词汇已经没有了任何陌生感，更不会如改革开放初期时那样强烈排斥。由此带来的是商业文明迅速在中华大地蔓延与形成气候，与此相关联，文化也已然表现出更为深度的现代性转向。现代主义、后现代主义的理和事在经济急速增长的带领下被催生、被唤醒或者被引入。于是，人们突然发现当代中国也面临着资本逻辑、资本意识形态对人的生活方式的支配，以及对人的自主性和个性的僭越。这其中尤其是物欲主义、消费主义、利己主义、享乐主义等思潮对当代中国人的影响力不可忽视。人在崇拜"物"的五光十色的外表的同时，不再关注内心的安宁、和谐与幸福。另外，中国在全球化的世界浪潮中迅速调整身姿，不断打开国门与世界深度融合。在这个过程中，中国的文化发展面临着更为复杂的环境。

---

① 习近平. 在庆祝中国共产党成立95周年大会上的讲话［N］. 人民日报，2016-07-02（2）.
② 习近平. 习近平在中共中央政治局第十三次集体学习时强调　把培育和弘扬社会主义核心价值观作为凝魂聚气强基固本的基础工程［N］. 人民日报，2014-02-26（2）.
③ 习近平. 在纪念孔子诞辰2565周年国际学术研讨会暨国际儒学联合会第五届会员大会开幕会上的讲话［N］. 人民日报，2014-09-25（2）.
④ 习近平. 习近平在中共中央政治局第十八次集体学习时强调　牢记历史经验历史教训历史警示　为国家治理能力现代化提供有益借鉴［N］. 人民日报，2014-10-14（2）.

于是，作为当代中国文化源头和基础部分的中国传统文化该如何在新的场域中发出自己的声音，去回应资本的全球化这些问题呢？事实上，在近代以来的中西大论战中，传统文化的优与劣问题就曾屡屡被论及。自20世纪80年代以来，"国学复兴""传统文化热"也曾引领过不小的社会风尚。在当下，文化自信作为中国共产党治国理政的重要理念，更是促使传统文化的发掘、传授、研修走入了大众生活，对优秀传统文化的继承与创新已成为当下中国文化领域里的一道异常亮丽的风景线。

但是，毋庸讳言的一个基本事实是，至今人们对于传统文化的态度依然是非常复杂的。无论是民众还是学界，无论是东方还是西方，对中华传统文化的评价显然充满着不同立场、不同观点的争议。有学者认为，当代中国所面临的文化矛盾，主要包括"'中国模式'中的文化主体分化""马克思主义的建构与解构""社会主义市场经济的内在冲突"等。① 这里，传统与现代之间的矛盾即便不再显示为当今社会的主要文化矛盾，但这一矛盾始终潜隐地存在着。传统文化在当代中国人的文化血脉和基因里起着不可估量的影响作用，以海外新儒家为主要代表在世界范围掀起的中国传统文化热，一定程度上表明了人们已然站在现时代的角度思索中国传统文化的时代价值。重要的还在于，这事实上正凸显了文明的现代危机和中国传统文化具有超越这一危机的不竭潜力。

但同样毋庸讳言的是，传统文化无法不经批判与转化就彰显其现代价值。马克思主义以其对人类生存关切的内在逻辑而在超越传统与现代的对立中衍生了可贵的文化批判精神。而且，这一文化批判精神直接被以法兰克福学派为主要代表的西方马克思主义阵营所继承和弘扬。事实上，西方马克思主义者对西方启蒙时代以来的文化批判和反思可谓成就斐然。当代中国的马克思主义者显然可以从中汲取诸多的理论与方法的启迪。

可见，在马克思主义文化批判理论视域下对中国传统文化现代价值进行发掘、传承与转化不仅有着充分的必要性，而且也有了现实的可能性。这正是推进马克思主义基本原理同中华优秀传统文化相结合的当下语境。

---

① 黄力之. 后革命语境中的中国文化矛盾［M］. 上海：生活·读书·新知三联书店，2016：46-53.

三、马克思主义同中华优秀传统文化相结合的意义

传统文化在当代社会既不是完全无用的，也不是像文化复古主义者所主张的那样是不需要批判就可以直接拿来嫁接于现代社会的。它需要现代转化与重新开掘才能适应并应用于现代人的生活世界。推进马克思主义同中华优秀传统文化相结合，从马克思主义文化批判理论的视域下去探寻中国传统文化的现代意义，至少将凸显出以下的理论意义：

一是可以从马克思主义文化批判的角度来全面审视中国传统文化的时代价值与创造性转化的可能性。在以往对马克思主义中国化的研究中，在文化层面上比较多地关注了马克思主义与争取民族独立解放年代形成的革命文化和社会主义建设时期产生的先进文化的关联性，对马克思主义与中国传统文化的关联性，尤其在思想细节的展开方面仍有很大研究空间可以拓展。比如，在马克思主义中国化进程中做出颇为重要理论贡献的冯契先生就认为，20世纪初在"主义的论战"中，中国为什么选择了马克思主义而不是别的主义，这其中就有一个问题很值得研究。这个问题就是：马克思主义在诸如人我（群己）之辩、义利之辩问题上具有诸多与中国传统文化（尤其是儒家的道统）相契合的精神气质。① 依据这样的思路，我们显然可以为当今中国马克思主义中国化找到一条与传统文化相结合的新的、具体的发展路径。

二是以传统文化为切入点，可以为构建中国特色哲学社会科学体系提供理论和方法的参考。2016年5月习近平总书记在哲学社会科学工作座谈会上发表讲话时，曾经提出了加快构建中国特色哲学社会科学的理论体系和话语体系的要求。也就是说，他希望哲学社会科学工作者要从对西方理论和话语体系的过度推崇甚至迷信中走出来。而且，在论及打造中国特色的话语体系时，习近平总书记主张"要善于提炼标识性概念，打造易于为国际社会所理解和接受的新概念、新范畴、新表述，引导国际学术界展开研究和讨论"②。事实上，我们从中国文化的天人合一、人我合一、身心合一等概念中显然可

---

① 杨海燕. 智慧的回望——纪念冯契先生百年诞辰访谈录［M］. 桂林：广西师范大学出版社，2015：131.

② 中共中央宣传部，等. 习近平谈治国理政：第2卷［M］. 北京：外文出版社，2017：346.

以读出鲜明的中国特色、中国风格、中国气派。这些中国文化的标识性概念，经过创造性的转化一定可以凸显出其特有的智慧，它对哲学社会科学工作者深入研究关系国计民生的重大课题和积极探索关系人类前途命运的全球性问题均有着重要的智慧启迪。

三是可以为当前构筑文化自信、建设文化强国提供重要的学理支撑。在着力推进马克思主义同中华优秀传统文化相结合的进程中，尤其就文化自信与中华优秀传统文化价值开掘的关联性为楔子，以马克思的历史唯物主义理论为指导，借助中西文化的比较研究方法，梳理和概括出若干条凸显中华民族文化特性的基本价值原则，可以为构筑文化自信提供若干来自思想史的智慧启迪。特别值得指出的是，因为这个学理支撑是源自我们的传统，因而它对中国人而言也许更具亲切感和认同感。毋庸讳言的是，自鸦片战争以来，因为屡战屡败之后的痛定思痛，我们一方面对西方文化产生了敬仰之情，另一方面则对传统文化产生了诸多偏激乃至否定的情绪。于是，中华民族的文化自信就这样渐渐地丢失了。事实上，传统文化的意义正如习近平总书记说的那样，它"体现着中华民族世世代代在生产生活中形成和传承的世界观、人生观、价值观、审美观等，其中最核心的内容已经成为中华民族最基本的文化基因。这些最基本的文化基因，是中华民族和中国人民在修齐治平、尊时守位、知常达变、开物成务、建功立业过程中逐渐形成的有别于其他民族的独特标识"①。今天当我们不再偏激而是能够心平气和地看待传统文化时，便可发现它具有许多优秀成分。我们将这些中华优秀传统文化具有的现代性做若干具体的展示，不仅可以为中国特色社会主义文化建设提供重要的思想史资源，也可以为"构筑中国精神、中国价值、中国力量，为人民提供精神指引"提供智慧启迪。

近代以来，中国人民在中国共产党的带领下以马克思主义为指导对中国传统文化进行了深度的反思与剖析，也取得了诸多创造性转化的积极成果。比如毛泽东在《新民主主义论》中提出的"以共产主义思想为指导的、民族的、科学的、大众的文化"这一新民主主义文化纲领就曾被认为是对中国近

---

① 习近平. 在纪念孔子诞辰 2565 周年国际学术研讨会暨国际儒学联合会第五届会员大会开幕会上的讲话［N］. 人民日报，2014-09-25（2）.

代思想史上一直悬而未决的古今、中西之争的一个积极成果。① 它既凸显了民族性又彰显了现代性，为新民主主义革命的胜利奠定了思想文化层面的根本基础。"而今迈步从头越"。在进入新时代之后的中国，我们同样需要从马克思主义文化批判的角度来审视传统文化的现代转化与价值创新问题，并致力于将这一转化和创新成果融入当代中国文化自信的建构过程之中。

不仅如此，从现实意义角度来考察，大力推进马克思主义基本原理同中华优秀传统文化相结合，还将有着以下两个向度的实践价值：

一是从中西马文化研究的角度综合分析传统文化的现代价值与价值创新的可能性及路径，有助于推进国家文化软实力的建构。当今中国虽然在包括文化在内的各个领域都取得了举世瞩目的成就，但不容否认的是，文化大国并不等于文化强国，我国文化软实力的表现尚跟不上国家硬实力前进的脚步。因此，提升文化软实力便成了国家战略高度的问题。实施这一国家战略当然是个庞大的系统工程，但这其中从历史源头着手构筑文化自信，让中华优秀文化既走进国民的内心，又以自觉自信自豪的姿态走向世界，肯定是很重要的一个环节。正如"欲人勿疑，必先自信"格言所阐述的道理那样，对自己的文化我们要构筑起坚定的自信，从中国文化的源头出发，并大力推动中国文化走出去，向世界传递中国好声音，让中国智慧、中国方案、中国道路充满自信地亮相全球，不仅可以为中国影响力的全球扩展提供有效的"软保护"，构筑有利于中国长期发展的"软环境"，更可以为我们的强国之路提供强大精神力量。

二是通过具体分析中国共产党对传统文化创造性转化和创新性发展的理论与实践，可以引领人们对中华优秀传统文化有一个整体而清晰的把握，在创造吸收中实现传统文化与现代生活方式的有机融合。事实上，已经有越来越多的事实证明，中西马克思主义文化的百年争论以当今中国现代化发展为基础终于有了一个相对合理的解决方式。只是这种解决方式在意识形态的表达方面还需要对传统文化有一个现代转化与价值创新的跟进。也就是说，对中国传统文化现代价值的讨论，我们要走出"空对空"的理论抽象，要在面对现实生活世界及其学理难题的过程中将其核心价值转变为积极的方法和生

---

① 杨焕章．毛泽东哲学思想研究概述［M］．天津：天津教育出版社，1988：309．

活理念。事实上，在人与自然、人与社会、人与自身的关系上，现代性的发展确实带来了诸多理论与实践层面的难题，传统文化只有在积极回应并解答这些难题的过程中才能够真正彰显其现代性价值，发挥其对现代社会"以文化人"的影响作用。正是由此，我们断言：传统文化虽然产生于以小农经济和宗法等级制为前提的社会中，但从文明进化和累积的角度考察，它显然有着诸多普遍性的价值可以用于解决现代人类生活中的诸如物欲主义、消费主义、享乐主义、个人主义、利己主义以及价值虚无、精神涣散等问题。这不仅对社会主义和谐社会以及社会主义核心价值观构建大有裨益，而且，这些经过了现代转化与价值创新的传统文化的优秀成分，其本身就是中国特色社会主义现代化进程中"中国特色"之语境的重要含义之一。

四、余论

还值得一提的是，中华民族的这些优秀传统文化正日益彰显出其全球性的价值。比如，就人与自然关系而论，中华传统文化推崇的天人合一之道以及顺天、慎取、节用等民族精神，为克服西方文化长期以来存在的自然与人类二元对立提供了可贵的中国立场。这一立场的最终目标是在敬畏自然的基础上构建起天人和谐的理想境界。又比如，就我与他人关系而论，中华传统文化推崇的人我合一之道以及孝亲、贵和、崇义等民族精神，为克服西方文化中因为视他者为异己而导致的利己主义现代性危机提供了解决问题的中国方案。这一方案的核心理念是通过诸如"和而不同""美美与共"之类的路径构建起"我"与"他者"的和合关系。还比如，就人与自身关系而论，中华传统文化推崇的欲理合一之道以及知耻、克己、尚俭等民族精神，为克服西方的消费主义、享乐主义提供了中国主张。这一主张的核心是以道德理性来主导和制约消费的本能，从而营造出身与心、欲与理的平和状态。

这就正如习近平总书记在全国宣传思想工作会议上强调的那样："中华优秀传统文化是中华民族的文化根脉，其蕴含的思想观念、人文精神、道德规范，不仅是我们中国人思想和精神的内核，对解决人类问题也有重要价值。要把优秀传统文化的精神标识提炼出来、展示出来，把优秀传统文化中具有当代价值、世界意义的文化精髓提炼出来、展示出来。"我们在深刻洞察马克思主义基本原理同中华优秀传统文化相结合的现实语境和现实意义的基础上，无疑可以更加自觉更加系统也更加自信地向世界传递这些中国声音、中国智慧、中国方案。

［本文选自刘同舫、马建青主编的《传承·发展·创新——浙江大学马克思主义理论研究所成立30周年纪念文集》，杭州：浙江大学出版社，2022年版］

中国共产党对中华优秀传统文化的
现实定位与继承创新路径①

官依群

[摘要] 中华优秀传统文化是古代文化传承中那些具有现代性价值，能够通过创造性转化和创新性发展而获得新生的传统文化。以中国特色社会主义文化强国构建的伟大实践为客观依据，可将这一文化的优秀性定位为它培育着中华民族的根与魂。在置身文化自信自立自强的当下，积极推进马克思主义基本原理与中华优秀传统文化相结合的意义就在于可为中华儿女固根铸魂，为中国式现代化的实现和中华民族伟大复兴提供不竭的精神动力。

[关键词] 中国共产党；中华优秀传统文化；现实定位；继承；创新

中国共产党的十九届六中全会公报指出：以习近平总书记为主要代表的中国共产党人，坚持把马克思主义基本原理同中国具体实际相结合、同中华优秀传统文化相结合，坚持毛泽东思想、邓小平理论、"三个代表"重要思想、科学发展观，深刻总结并充分运用党成立以来的历史经验，从新的实际出发，创立了习近平新时代中国特色社会主义思想。《公报》中这一"两个结合"的概括中后面一个"结合"，即坚持把马克思主义基本原理同中华优秀传统文化相结合，绝非仅是一个新的提法，事实上它把新时代中国共产党人的一个重要的文化使命彰显出来了。它对于我们坚定文化自信，建设中国特色社会主义文化强国具有重要的理论阐释和实践指引意义。

一、文化、传统文化和优秀传统文化

文化的概念学界虽有不同的解读和界定，但有一个基本的共识，即文化

---

① 本文系浙江大学中国特色社会主义研究中心资助立项的重点课题"新时代中国共产党对优秀传统文化的继承创新"的阶段成果之一。作者：官依群，浙江大学马克思主义学院2020级在读硕士研究生，课题组成员。

是人类的创造物。它既指观念形态的创造物，如意识形态、伦理、审美、宗教，也指这些观念的物化形态，如制度、器皿、建筑、名胜古迹等。一般而论，学者们倾向于认为全球有三大文化圈，即基督教文化圈、伊斯兰教文化圈和儒家文化圈。基督教文化圈主要分布在欧洲、美洲、澳洲等地，伊斯兰教文化圈主要分布在亚洲西部、南部和北非等地，儒家文化圈主要分布在东亚等地。

相比于文化的整体概念，传统文化无疑是其中的一个部分。无论哪个民族的文化，一定既有历史上传承下来的传统文化，也有当下社会生活实践创造的现实文化，还会有域外传入的外来文化。在传统文化、现实文化和外来文化中，传统文化一般被视为是一个民族原发性和基础性的文化。比如在中国，以儒道佛为主要代表的传统文化就是这样一个原发和基础性的本土文化。

优秀传统文化则是传统文化中那些具有现代性价值，能够通过创造性转化和创新性发展而获得新生的传统文化。比如，习近平总书记在 2014 年 9 月 24 日纪念孔子诞辰 2565 周年国际学术研讨会暨国际儒学联合会第五次会员大会上的讲话中，曾将儒家文化中的优秀成分概况为：天下为公、厚德载物、以民为本、为政以德、经世致用、知行合一、仁者爱人、以德立人、以诚待人、讲信修睦、勤勉奉公、俭约自守、和而不同等。这就是对儒家文化中那些优秀成分的学理概述和现代阐释。

二、中华优秀传统文化的现实定位

习近平总书记立足坚持和发展中国特色社会主义、实现中华民族伟大复兴和构筑文化自信的战略全局，对传承与发展中华优秀传统文化做出了一系列重要论述。把中华优秀传统文化定位为中华民族的根和魂，就是这其中的一个重要论述："泱泱中华，历史悠久，文明博大。中华民族在几千年历史中创造和延续的中华优秀传统文化，是中华民族的根和魂。"[①]

中华优秀传统文化之所以是中华民族的根之所系，是因为它是我们民族生存和发展的精神源头。从上古时期女娲造人、夸父追日的神话传说，到春

---

① 习近平. 在庆祝澳门回归祖国 15 周年大会暨澳门特别行政区第四届政府就职典礼上的讲话［N］. 人民日报，2014-12-20（2）.

秋战国百家争鸣的出现；从汉唐雄风的横空出世，到近代鸦片战争开始的救亡图存；从先秦的《诗经》《离骚》诸子散文，到汉赋唐诗宋词元曲明清小说……千百年来，中华优秀传统文化既是中华民族大一统发展形态的文化基石和维系民族凝聚力、向心力的精神纽带，也是我们民族虽历经磨难却总能自强不息、浴火重生的原动力。正是它使中华文明成为全球四大古文明中唯一没有中断的文明形态。

"万物有所生，而独知守其根"（《淮南子·原道训》）。因此，抛弃中华优秀传统文化，中华民族必将成为无源之水、无本之木。这就正如习近平总书记谆谆告诫的那样："抛弃传统、丢掉根本，就等于割断了自己的精神命脉。"① "历史和现实都表明，一个抛弃了或者背叛了自己历史文化的民族，不仅不可能发展起来，而且很可能上演一场历史悲剧。"②

中华优秀传统文化之所以是中华民族的魂之所在，是因为它是我们民族精神得以熔铸并辉煌绽放的精神内核。在中华文明的历史长河中，源远流长、博大精深的中华优秀传统文化，以其和合共生、天下大同的发展理念，求同存异、兼容并包的处事方法，不畏艰险、图强奋进的爱国情怀，惠民利民、安民富民的人文精神，崇德向善、见贤思齐的人格境界，孝悌忠信、礼义廉耻的荣辱观念，里仁为美、美美与共的审美情怀等，不仅成为滋养一代代中国人精神世界的源头活水，而且因为它积淀和承载着中华民族千百年来最深沉、最博大、最悠久的民族精神，故成了我们民族特有的精神基因，是我们不同于世界上其他民族的精神标识和文化识别码。为此，习近平总书记明确提出了"我们要坚守中华文化立场，传承中华文化基因，展现中华审美风范"③ 的要求。

特别值得一提的是，习近平总书记认为，这些构成中华民族根与魂的优秀传统文化正日益彰显出其全球性的现代价值："中华文化既是历史的，也是

① 习近平. 在中共中央政治局第十三次集体学习时强调　把培育和弘扬社会主义核心价值观 作为凝魂聚气强基固本的基础工程［N］. 人民日报，2014-02-26（1）.
② 习近平. 在中共中央政治局第十三次集体学习时强调　把培育和弘扬社会主义核心价值观 作为凝魂聚气强基固本的基础工程［N］. 人民日报，2014-02-26（1）.
③ 习近平. 在文艺工作座谈会上的讲话［N］. 人民日报，2015-10-15（2）.

当代的，既是民族的，也是世界的"① "让中华文明同各国人民创造的多彩文明一道，为人类提供正确精神指引。"② 比如，就人与自然关系而论，中华传统文化推崇的天人合一之道以及顺天、慎取、节用等民族精神，为克服西方文化长期以来存在的自然与人类二元对立提供了可贵的中国立场。又比如，就我与他人关系而论，中华传统文化推崇的人我合一之道以及孝亲、贵和、崇义等民族精神，为克服西方文化中因为视他者为异己而导致的利己主义现代性危机提供了解决问题的中国路径。还比如，就人与自身关系而论，中华传统文化推崇的欲理合一之道以及知耻、克己、尚俭等民族精神，为克服西方文化中的消费主义、享乐主义提供了中国主张。

我们有理由相信，中华优秀传统文化不仅可以为我们在全球化时代彰显国家的软实力提供深厚的理论基础，更可充满自信地走出国门，为全球问题的切实解决提供来自中国的启示。

三、推动中华优秀传统文化的创造性转化和创新性发展的路径

既然中华优秀传统文化是中华民族的根和魂，那么如何才能使其在实现中华民族伟大复兴的当下，充分展示其磅礴的影响力？这就需要我们以马克思主义的立场和方法为指引，积极推动其创造性转化和创新性发展。就如习近平总书记说的那样："要坚持古为今用、以古鉴今，坚持有鉴别的对待、有扬弃的继承，而不能搞厚古薄今、以古非今，努力实现传统文化的创造性转化、创新性发展，使之与现实文化相融相通，共同服务以文化人的时代任务。"③

首先，要推动中华优秀传统文化创造性转化和创新性发展，我们就要系统地发掘、考辨和梳理已有的传统文化资源。

习近平总书记在党的十九大报告中指出："文化是一个国家、一个民族的

---

① 习近平．在中国文联十大、中国作协九大开幕式上的讲话［N］．人民日报，2016-11-30（2）．
② 习近平．在哲学社会科学工作座谈会上的讲话［N］．人民日报，2016-05-17（2）．
③ 习近平．在纪念孔子诞辰 2565 周年国际学术研讨会暨国际儒学联合会第五届会员大会开幕会上的讲话［N］．人民日报，2014-09-24（2）．

灵魂。文化兴国运兴，文化强民族强。"① 在文化建设中，传统文化具有源头和基础性的地位，对其进行系统的发掘、考辨和梳理无疑是我们推动优秀传统文化创造性转化和创新性发展的认知前提。离开了这一前提，我们的工作就会成为没有根基的空中楼阁。中华传统文化不仅内容博大精深，而且其表现形式也多姿多彩。这其中有观念形态的学术思想、伦理观念、人文精神，又有体现这一思想观念的典章、器物、地方戏曲、民间习俗、名胜古迹等。我们要以客观、科学、礼敬的态度认真对待这些中华民族在几千年历史长河中创造和延续下来的文化遗产。以习近平总书记的话说就是"要系统梳理传统文化资源，让收藏在禁宫里的文物、陈列在广阔大地上的遗产、书写在古籍里的文字都活起来"②。只有做好这项基础性的工作，我们才可能把这其中优秀的东西提炼和展示出来，并使其成为我们在世界性的多元文化激荡中保持定力和底气的不竭源泉。

其次，要推动中华优秀传统文化创造性转化和创新性发展，我们也要以当今中国特色社会主义现代化建设的伟大实践为标准，做好对传统文化"取其精华、去其糟粕"的萃取工作。

习近平总书记在论及这一问题时曾这样指出："传统文化在其形成和发展过程中，不可避免会受到当时人们的认识水平、时代条件、社会制度的局限性的制约和影响，因而也不可避免会存在陈旧过时或已成为糟粕性的东西。这就要求人们在学习、研究、应用传统文化时坚持古为今用、推陈出新，结合新的实践和时代要求进行正确取舍，而不能一股脑儿都拿到今天来照套照用。"③ 中国共产党人不是复古主义者，我们清醒地意识到要以社会实践为标准对传统文化进行辩证的取舍，通过批判性的继承和萃取，使其升华为有利于解决现实问题的新文化，有利于助推社会发展的新文化，有利于培育时代精神和提升文明素养的新文化。这其中尤其要对那些经过实践充分检验，得

① 习近平. 决胜全面建成小康社会　夺取新时代中国特色社会主义伟大胜利——在中国共产党第十九次全国代表大会上的报告 [M]. 北京：人民出版社，2017：40-41.
② 习近平. 在中共中央政治局第十二次集体学习时强调　建设社会主义文化强国 着力提高国家文化软实力 [N]. 人民日报，2014-01-01（1）.
③ 习近平. 在纪念孔子诞辰 2565 周年国际学术研讨会暨国际儒学联合会第五届会员大会开幕会上的讲话 [N]. 人民日报，2014-09-24（2）.

到了广大人民群众高度认可的传统文化传播形式，如《百家讲坛》《中国诗词大会》《国家宝藏》《经典咏流传》等给予充分的认可、积极的推广和形式更加多样的深度发掘。在这方面，以习近平总书记为杰出代表的中国共产党人，立足当今中国和世界现代化进程的实践，从古代的天人合一理念中发展出两山理论，从儒家的天下观及其大同理念中开掘出了命运共同体的构想，从古代的丝绸之路中创新出一带一路战略布局等，堪称是对传统文化进行创造性转化和创新性发展的新时代典范。

再次，为了更好地推动中华优秀传统文化创造性转化和创新性发展，我们还要在与外来文化交流与互鉴中不断提升中华文化的全球影响力。

2013 年习近平在接受金砖国家媒体联合采访时说："中国人自古就主张和而不同。我们希望，国与国之间、不同文明之间能够平等交流、相互借鉴、共同进步，各国人民都能够共享世界经济科技发展的成果，各国人民的意愿都能够得到尊重，各国能够齐心协力推动建设持久和平、共同繁荣的和谐世界。"① 事实上，中国传统文化在自己的发展历程中，从不抱残守缺、夜郎自大，而总是能以非凡的包容和会通精神通过与外来文化的交流与互鉴从而丰富和完善自己。因此，我们必须旗帜鲜明地反对盲目排外，以复兴传统文化之名贬抑外来优秀文化的错误倾向。只有这样，我们才能切实传承好民族的文化基因，从而推动中华优秀传统文化以日新日成、继往开来的姿态走向世界。

四、结语

"一个国家、一个民族的强盛，总是以文化兴盛为支撑的，中华民族伟大复兴需要以中华文化发展繁荣为条件。"② 中华民族的伟大复兴需要民族文化的复兴作为序曲。我们有理由期待，在这个百年未遇之风云激荡的历史征程中，中华优秀传统文化作为中华民族的根和魂，在为中华儿女立根塑魂，提供精神滋养的过程中，其自身也将在创造性转化和创新性发展中完成凤凰涅

---

① 习近平．接受金砖国家媒体联合采访［N］．人民日报，2013-03-20（1）．
② 习近平．在山东考察时强调认真贯彻党的十八届三中全会精神 汇聚起全面深化改革的强大正能量［N］．人民日报，2013-11-29（1）．

槃式的新生。

　　而且，我们坚信这一经过创造性转化和创新性发展的中华优秀传统文化，正如它曾经对世界文化与文明发展做出过巨大贡献那样，在 21 世纪全球化的进程中，必将以诸如中国理念、中国智慧、中国方案、中国道路等全方位的方式，继续推进全人类可持续的发展与进步。而这恰是中国作为一个负责任的大国积极创造人类文明新形态的一个重要的、不可替代的实践路径。

　　[本文选自刘同舫、马建青主编的《传承·发展·创新——浙江大学马克思主义理论研究所成立 30 周年纪念文集》，杭州：浙江大学出版社，2022 年版]

主要参考文献

［1］马克思．1844 年经济学哲学手稿［M］．中共中央马克思、恩格斯、列宁、斯大林著作编译局，译．北京：人民出版社，2014.

［2］马克思，恩格斯．德意志意识形态［M］．中共中央马克思、恩格斯、列宁、斯大林著作编译局，译．北京：人民出版社，1961.

［3］恩格斯．反杜林论［M］．中共中央马克思、恩格斯、列宁、斯大林著作编译局，译．北京：人民出版社，1972.

［4］毛泽东．毛泽东选集：第 3 卷［M］．北京：人民出版社，1991.

［5］邓小平．邓小平文选：第 2 卷［M］．北京：人民出版社，1994.

［6］邓小平．邓小平文选：第 3 卷［M］．北京：人民出版社，2001.

［7］习近平谈治国理政［M］．北京：外文出版社，2014.

［8］习近平谈治国理政：第 2 卷［M］．北京：外文出版社，2017.

［9］习近平谈治国理政：第 3 卷［M］．北京：外文出版社，2020.

［10］习近平谈治国理政：第 4 卷［M］．北京：外文出版社，2022.

［11］习近平．决胜全面建成小康社会　夺取新时代中国特色社会主义伟大胜利——在中国共产党第十九次全国代表大会上的报告［M］．北京：人民出版社，2017.

［12］习近平．高举中国特色社会主义伟大旗帜　为全面建设社会主义现代化国家而团结奋斗——在中国共产党第二十次全国代表大会上的报告［M］．北京：人民出版社，2022.

［13］人民日报评论部．习近平用典［M］．北京：人民日报出版社，2015.

［14］中共中央，国务院．新时代公民道德建设实施纲要［M］．北京：

人民出版社，2019.

[15]《中国共产党章程》编写组．中国共产党章程［M］．北京：人民出版社，2022.

[16] 张岱年．中国哲学大纲［M］．北京：中国社会科学出版社，1982.

[17] 张岱年．中国伦理思想研究［M］．南京：江苏教育出版社，2009.

[18] 张岱年，方克立．中国文化概论［M］．北京：北京师范大学出版社，1994.

[19] 冯友兰．中国哲学简史［M］．北京：北京大学出版社，2010.

[20] 梁漱溟．中国文化的命运［M］．北京：中信出版社，2010.

[21] 冯契．人的自由和真善美［M］.//冯契文集：第 3 卷．上海：华东师范大学出版社，2016.

[22] 冯契．中国古代哲学的逻辑发展：上卷［M］.//冯契文集：第 4 卷．上海：华东师范大学出版社，2016.

[23] 冯契．中国近代哲学的革命进程［M］.//冯契文集：第 7 卷．上海：华东师范大学出版社，2016.

[24] 冯契．智慧的探索［M］.//冯契文集：第 8 卷．上海：华东师范大学出版社，2016.

[25] 李泽厚．中国古代思想史［M］．北京：人民出版社，1979.

[26] 陈来．宋明理学［M］．北京：生活·读书·新知三联书店，2011.

[27] 赵朴初．佛教十讲［M］．北京：宗教文化出版社，1997.

[28] 阙道隆．中国文化精要［M］．北京：中国青年出版社，1996.

[29] 刘梦溪．中国文化［M］．香港：中华书局（香港）有限公司，1991.

[30] 许倬云．中西文明的对照［M］．杭州：浙江人民出版社，2016.

[31] 张绪通．黄老智慧［M］．北京：人民出版社，2005.

[32] 黄力之．后革命语境中的中国文化矛盾［M］．北京：生活·读书·新知三联书店，2016.

[33] 钱穆．国学概论［M］．台北：商务印书馆，1997.

[34] 度阴山．知行合一王阳明［M］．北京：北京联合出版公司，2014.

[35] 周宁．天朝遥远：上卷［M］．北京：北京大学出版社，2006.

[36] 萧功秦．儒家文化的困境——中国近代士大夫与西方挑战［M］.

成都：四川人民出版社，1986.

［37］墨子刻．摆脱困境——新儒学与中国政治文化的演进［M］．南京：江苏人民出版社，1996.

［38］葛荣晋．儒道智慧与现代社会［M］．北京：中国人民大学出版社，1996.

［39］方克立，李锦全．现代新儒家学案：上卷［M］．北京：中国社会科学出版社，1995.

［40］杜维明．杜维明学术文化随笔［M］．北京：中国青年出版社，1999.

［41］姜林祥．儒学在国外的传播与影响［M］．济南：齐鲁书社，2004.

［42］蔡仁厚．再论新儒家的精神方向［M］．台北：学生书局，2002.

［43］黄寅．中华民族精神研究［M］．北京：当代中国出版社，2000.

［44］韩文庆．四书悟义［M］．北京：中国文史出版社，2014.

［45］陈文辉．朱熹理学思想论稿［M］．北京：中国文史出版社，1997.

［46］马云华．传统的辩证法［M］．哈尔滨：哈尔滨出版社，1998.

［47］朱晓虹．传统伦理文化的现代性研究［M］．杭州：浙江大学出版社，2019.

［48］马明伟．学思践悟共产党人的"心学"［M］．北京：中共中央党校出版社，2022.

［49］李军．走向生态文明新时代的科学指南——学习习近平同志生态文明建设重要论述［M］．北京：中国人民大学出版社，2015.

［50］北京大学哲学系外国哲学史教研室．古希腊罗马哲学［M］．北京大学哲学系外国哲学史教研室，译．北京：商务印书馆，1979.

［51］北京大学哲学系外国哲学史教研室．十八世纪法国哲学［M］．北京大学哲学系外国哲学史教研室，译．北京：商务印书馆，1979.

［52］费尔巴哈．费尔巴哈著作选集：上卷［M］．荣震华，李金山，译．北京：生活·读书·新知三联书店，1959.

［53］黑格尔．小逻辑［M］．贺麟，译．北京：商务印书馆，1980.

［54］黑格尔．历史哲学［M］．王造时，译．北京：生活·读书·新知三联书店，1956.

［55］康德．实践理性批判［M］．韩水法，译．北京：商务印书

馆，2003.

　　［56］休谟．人性论［M］．关文运，译．北京：商务印书馆，1984.

　　［57］叔本华．人生的智慧［M］．张尚德，译．哈尔滨：黑龙江人民出版社，1987.

　　［58］马尔库塞．单向度的人［M］．刘继，译．上海：上海译文出版社，2008.

　　［59］马尔库塞．理性和革命——黑格尔和社会理论的兴起［M］．程志民，译．重庆：重庆出版社，1993.

　　［60］汤因比，池田大作．展望21世纪——汤因比、池田大作对话录［M］．荀春生，朱继征，陈国梁，译．北京：中国国际文化出版社，1999.

　　［61］罗素．罗素文集［M］．王正平，译．北京：改革出版社，1996.

　　［62］弗洛姆．占有还是生存［M］．关山，译．北京：生活·读书·新知三联书店，1989.

　　［63］弗洛姆．在幻想锁链的彼岸——我所理解的马克思和弗洛伊德［M］．张燕，译．长沙：湖南人民出版社，1986.

　　［64］弗洛姆．健全的社会［M］．孙恺祥，译．上海：上海译文出版社，2011.

　　［65］李约瑟．道家与道教［M］．余仲珏，译．台北：大同出版事业公司，1972.

　　［66］舒马赫．小的是美好的［M］．虞鸿钧，郑关林，译．北京：商务印书馆，1984.

　　［67］世界环境与发展委员会．我们共同的未来［R］．王之佳，柯金良，译．长春：吉林人民出版社，2017.

　　［68］道金斯．自私的基因［M］．卢允中，张岱云，译．长春：吉林人民出版社，1998.

　　［69］萨缪尔·亨廷顿．文明的冲突与世界秩序的重建［M］．周琪，刘绯，张立平，等，译．北京：新华出版社，2010.

　　［70］吉尔伯特·罗兹曼．中国的现代化［M］．国家社会科学基金"比较现代化"课题组，译．南京：江苏人民出版社，2010.

后　记

　　作为一名长期从事马克思主义理论课教学的教师，我一直渴望在马克思主义基本原理同中国传统文化相结合方面寻找到教学与研究的契合点。20 世纪初的中国在"主义的论战"中最终会选择马克思主义，是因为这个学说与我们中华传统文化有着颇多的契合点，同时我期待 21 世纪马克思主义中国化、时代化的发展可以在对中华优秀传统文化继承、开掘和创新中找到一个新的生长点。本书正是我们所做的一个尝试。为此，我们特别期待学界同人的批评指正。

　　之所以说"我们"，是因为本书的确是全体课题组同人集体智慧的成果。博士生朱晓虹对本书的贡献尤大。事实上，她在浙大经济学院攻读硕士学位时，我们就有颇多的学术交流。就本书而言，作为本课题组核心成员的她不仅提出了很多非常有见地的观点，而且还直接起草了初稿的一部分文字。另一位课题组成员硕士生官依群对本书的完稿也功不可没。在她撰写相关主题的毕业论文过程中，作为导师的我与她常常相互启发，达成诸多共识。故在书稿完成后，我理所当然地将她们两位列为合作者共同署名。可她们俩却一而再再而三地推辞不受，我最终只好遂其所愿。唯有借这段文字以表达对她们的谢意。除了要感谢完成一半书稿写作与我共同署名的周玲俐及没有署名的朱晓虹、官依群之外，我也要感谢梁殷兄对全书注释所做的考据和订正工作。这方面工作量大且繁杂，他不厌其烦地付出令人感动。

　　令我们欢欣的是，本书完稿之际正逢中国共产党第二十次全国代表大会召开。在二十大的政治报告中，习近平总书记提出中国共产党在第二个百年奋斗目标的重要使命之一就是"推进文化自信自强，铸就社会主义文化新辉煌"。而推进文化自信自强的一个重要路径就是将马克思主义基本原理同中华优秀传统文化相结合，使得这些优秀传统文化可以得到创造性转化与创新性发展，从而成为中国式现代化建设的重要文化推进力。的确，正如我们在书中论述的那样，这些经过新时代中国共产党创造性转化与创新性发展的优秀传统文化，通过以文化人的方式在人民坚定信仰、涵养德性、塑造人格方面有着不可替代的重要作用。因为它可以为不断提升国家文化软实力提供文化滋养，从而为中华民族伟大复兴提供强大的精神力量。事实上，这也是置身新时代的每一位理论工作者必须肩负起的使命担当。

我们也深知"初心易得，始终难守"的道理。为此，我们将以踔厉奋发、笃行不怠的精进心态努力继续做好这方面的研究，以尽新时代理论工作者的绵薄之力。

是为后记。

张应杭

2022 年 11 月 15 日记于浙江大学马克思主义学院